事 業 者 必 携　　　最 新

労働保険
【労災保険・雇用保険】
のしくみと届出・
申請書類の書き方

社会保険労務士
林 智之 [監修]

三修社

はじめに

　会社などの事業所の運営においては、従業員の採用や退職、各種の変更事務に伴い、社会保険や労働保険など、公的保険の手続きを避けて通ることはできません。

　公的保険とは、法律で加入が義務づけられている保険のことで、労働保険と社会保険を意味します。会社であれば従業員を1人でも雇った場合には、労働保険に加入しなければなりません。

　労働保険は労働者災害補償保険（労災保険）と雇用保険の2つの制度からなります。

　労働者災害補償保険（労災保険）は、仕事中や通勤途中に発生した労働者のケガ、病気、障害、死亡に対して、迅速で公正な保護をするために必要な保険給付を行うことをおもな目的としています。労災保険が対象とする保険事故は、業務災害と通勤災害です。

　また、会社の倒産やリストラによって職を失うと、ふだんの生活に支障をきたします。そこで、失業している期間について、国でなんとか面倒をみようという趣旨でできたのが雇用保険の制度です。

　本書では、最新の制度や保険料率をふまえた上で、労働保険の実務の処理のために必要になる法律知識や書類の記載の仕方を1冊に集約しています。

　労働保険の申告などの定例事務や変更手続きなどはもちろんのこと、採用・退職からケガや病気、業務中や通勤途中の災害、労災による死亡、育児・介護、高齢者の雇用まで、さまざまなケースについての手続きや申請書式の書き方のポイントをわかりやすく解説しました。

　この他、電子申請の活用の仕方や、雇用保険法、育児介護休業法の改正など、最新の制度や法改正にも対応させています。

　本書を活用して、労働保険（労災保険、雇用保険）の全体像を理解していただき、日常の労働保険事務に役立てていただければ幸いです。

監修者　社会保険労務士　林　智之

Contents

第3章 雇用保険のしくみ

第4章　ケース別　離職証明書の書き方

第5章　社員の変動にかかわる事務

第6章　会社に関する定例・変更事務

第1章

労働保険のしくみ

① 労働保険とは

● 事業場を単位として適用を受ける

　労働者保護の観点から設けられた公的保険である労働保険は、労働者災害補償保険（労災保険）と雇用保険の総称です。

　労働保険では、1人でも労働者を使用する事業場は、事業主の意思に関係なく、原則として適用事業となります。公的保険として強制的に加入しなければなりません。

　労働保険は「事業場」を単位として適用を受けます。事業とは、仕事として反復継続して行われるものすべてを指します。たとえば、本社の他、支社、支店、工場、営業所、出張所などがある会社では、本社だけでなく、支社から出張所に至るまでそれぞれが別々に事業場として成立していることになります。そのため、それぞれの事業場が個別に労働保険の適用を受けることになるので、必要な手続きについても事業場ごとに個別に行います。これが原則です。ただし、支店や営業所において労働保険の手続きを行うことのできる適任者がいないなどの理由がある場合は、本社などの上位の事業所で一括して手続きを行うこともできます。その場合、所定の届出が必要です。

● 労災保険では継続事業と有期事業を区別している

　労働保険のうち労災保険では、事業の内容によって継続事業と有期事業の2つに分けられています。

　継続事業とは、通常の事業所のように期間が予定されていない事業のことです。一方、有期事業とは、建設の事業や林業の事業のように、一定の予定期間に所定の事業目的を達成して終了する事業のことです。継続事業と有期事業は労働保険料の申告書なども違いますので、どち

らの事業にあたるのかを確認する必要があります。

● 労災保険と雇用保険は普通一緒に取り扱う

　労働保険の保険給付は、労災保険の制度と雇用保険の制度でそれぞれ別個に行われています。

　しかし、保険料の申告・納付は、原則として２つの保険が一緒に取り扱われます。このように、雇用保険と労災保険の申告・納付が一緒に行われる事業のことを一元適用事業といい、大部分の事業が一元適用事業に該当します。そのため、一般的には会社などの事業所を設立して１人でも労働者を雇った場合には、労災保険と雇用保険の両方の保険に同時に加入することになります。

　ただ、労災保険と雇用保険のしくみの違いなどから、事業内容によっては別個の保険関係として取り扱うことがあります。これを二元適用事業といい、下図の①～⑤に掲げる事業が該当します。

　なお、労災保険の有期事業に該当する事業は、必ず二元適用事業に該当することになります。

■ 二元適用事業 ···

①（国を除く）都道府県と市区町村の行う事業

②都道府県に準ずるものと市区町村に準ずるものが行う事業

③東京や横浜などの６大港における港湾運送関係の事業

④農林水産などの事業

⑤建設の事業

労働保険料の区分と事務委託

● 労働保険料は5種類に区分されている

　国は、保険給付をはじめとする労働保険の事業の費用にあてるために労働保険料を徴収します。労働保険料は労働者の種類によって①〜⑤の5種類に区分されています。一般保険料と特別加入保険料については、保険料率によって決定しますが、印紙保険料については定額制とされています。

　特別加入保険料は労災保険料にだけかかる保険料です。

①　一般保険料

　事業主が労働者に支払う賃金を基礎として算定する通常の保険料です。単に労働保険料というときは、通常この一般保険料のことを指します。

②　第1種特別加入保険料

　中小企業の事業主やその事業に従事する家族従事者などが労災保険に特別に加入する場合の保険料です。

③　第2種特別加入保険料

　大工や左官などの一人親方、個人タクシーの運転手などの個人で自営をする者、またはその家族従事者などが労災保険に加入（特別加入）した場合の保険料です。

④　第3種特別加入保険料

　国内の事業から海外に派遣されている者が労災保険に加入（特別加入）した場合の保険料です。

⑤　印紙保険料

　雇用保険の日雇労働被保険者についても一般保険料は必要ですが、印紙保険料は、一般保険料以外に事業主と日雇労働被保険者がそれぞれ折半で負担して、雇用保険印紙によって（印紙保険料納付計器も使

用できる）納付する保険料です。印紙保険料は雇用保険だけにかかる保険料です。

● 保険事務は労働保険事務組合に委託できる

　労働保険の事務負担を軽減するために、小規模な事業を営む事業主は、労働保険事務組合に労働保険事務を委託することができます。

　労働保険事務組合とは、事業主の委託を受けて、労働保険の事務を代行する中小事業主などの団体です。労働保険事務組合となるには、厚生労働大臣の認可が必要です。認可を受けているおもな団体としては商工会、商工会議所、事業協同組合などが挙げられます。

● 委託できるのは中小企業だけである

　労働保険事務組合は中小企業の労働保険事務の負担軽減が目的なので、事務組合に事務処理を委託できる事業主は、常時使用する労働者が、金融・保険・不動産・小売業では50人以下、卸売の事業・サービス業では100人以下、その他の事業では300人以下という制限があります。

■ 労働保険料の種類 ･･････････････････････････････････････

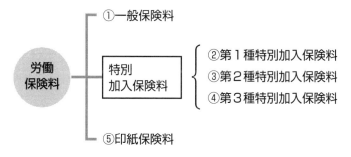

3 労働保険への加入手続き

● 一元適用事業と二元適用事業は加入手続が異なる

　一元適用事業と二元適用事業（13ページ）とでは労働保険の加入手続が異なりますので、それぞれ別々に確認しておきます。

① 一元適用事業が加入する場合

　「労働保険保険関係成立届」を管轄の労働基準監督署に提出します。その上で、その年度分の労働保険料（保険関係が成立した日からその年度の末日までに労働者に支払う賃金の総額の見込額に保険料率を乗じて算出した額となります）を前払いで納付することになります。このように前払いで納める保険料を概算保険料といいます。

　労働基準監督署で受け取った保険関係成立届の控えは事業所を管轄する公共職業安定所に持参する必要があります。そして「雇用保険適用事業所設置届」を提出し、同時に労働者の「雇用保険被保険者資格取得届」も提出します。

② 二元適用事業が加入する場合

　二元適用事業の場合、保険料の申告・納付も別個に扱うことになります。そのため、労災保険と雇用保険の手続きが異なります。

　労災保険の手続きについては、「労働保険保険関係成立届」を管轄の労働基準監督署に提出します。そして、その年度分の労働保険料（労災保険分）を概算保険料として申告・納付することになります。

　また、雇用保険の手続きについては、管轄の公共職業安定所に「労働保険保険関係成立届」を提出します。同時に「適用事業所設置届」と「被保険者資格取得届」も提出します。そして、都道府県労働局へ概算保険料（雇用保険分）を申告・納付します。

● 加入手続を怠るとさかのぼって保険料を徴収される

保険関係成立届を提出していない場合に起きた労災事故であっても、被災労働者は労災の給付を受けることができます。

ただ、事業主が「労働保険保険関係成立届」を提出していない期間について、国は法律上保険関係が成立した時にさかのぼって、保険関係を成立させることになります。その上で、さかのぼった期間の分も含めた労働保険料（最高2年間分、その他追徴金として保険料の10％）が徴収されることになります。

● 故意または重過失の場合は給付分まで徴収される

事業主が故意（わざと）または重大な過失（あやまち）によって、「労働保険保険関係成立届」を提出していなかった間に労働災害が生じてしまった場合は、労災保険の保険給付を行うたびに国（政府）から費用が徴収されることになります。

徴収される金額は国が労災保険として給付した額の40％または100％相当額です。特に、事業主が故意に手続を行わないものと認定された場合、その災害について支給された保険給付額の100％相当額が徴収されることになっています。

ただ、療養（補償）給付、介護（補償）給付、二次健康診断等給付については、費用徴収がなされません。

■ 費用が徴収される場合 ⋯⋯⋯⋯⋯⋯⋯⋯⋯⋯⋯⋯⋯⋯⋯⋯⋯⋯⋯

故意または重大な過失により成立届未提出 ➡ 労災事故 ➡ 保険給付 ➡ 費用徴収 40％または100％

労働保険料の算定と納付

● 労働保険料とは

　労働保険料は労災保険料と雇用保険料に大別されます。労災保険料については、そもそも労災事故に対して労働基準法で事業主が補償義務を負い、その義務を肩代わりしているのが労災保険という考え方から、全額、事業主が負担します。一方の雇用保険料は、事業主と被保険者がそれぞれ定められた割合の保険料を負担します。なお、労災保険か雇用保険のどちらか一方の保険関係だけが成立している事業の場合は、その一方の保険料率だけが一般保険料率となります。

● 中小事業主の特別加入制度

　本来であれば労働者ではない中小事業主やその家族従事者、一人親方その他の自営業者やその家族従業者、海外に派遣される労働者や事業主が労災保険へ特別に加入する制度もあります。

● 保険料は1年分を概算払いし、翌年に精算する

　労働保険の保険料は、年度更新という手続きで毎年6月1日から7月10日までの間に行います。まず、年度当初に1年分の概算保険料を計算して申告・納付し、翌年度に確定保険料として精算する方法をとっているため、事業主は前年度の確定保険料と当年度の概算保険料をあわせて申告・納付します。

　年度更新に際して、概算保険料が40万円以上であること、または、労働保険事務組合に労働保険事務の処理を委託する場合は、保険料を3期に分割して納付することができます。このような一括納付の保険料負担を軽減する分割納付制度を「延納」といいます。ただし、10月

1日以降に成立した継続事業は分割納付ができず、保険関係成立日から3月末までの保険料を一括納付します。

● 事業拡大したときは増加概算保険料を申告・納付する

概算保険料申告書を提出した後、年度の途中に事業規模の拡大で労働者が大幅に増え、賃金総額が増加する場合があります。

この場合、増加が見込まれる賃金の総額に応じて、新たに増加分の保険料（増加概算保険料）の申告・納付をしなければなりません。増加概算保険料の納付が必要な場合は、賃金総額の見込額が当初の申告額の2倍を超えて増加し、さらに、その賃金総額によって算出された概算保険料額が申告済の概算保険料に比べ13万円以上増加する場合です。

■ 労働保険料の延納の納期限 ………………………………………

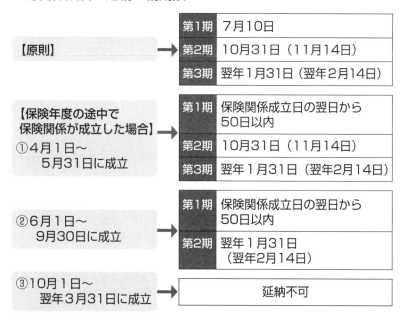

【原則】	第1期	7月10日
	第2期	10月31日（11月14日）
	第3期	翌年1月31日（翌年2月14日）

【保険年度の途中で 保険関係が成立した場合】 ①4月1日〜 　5月31日に成立	第1期	保険関係成立日の翌日から 50日以内
	第2期	10月31日（11月14日）
	第3期	翌年1月31日（翌年2月14日）

②6月1日〜 　9月30日に成立	第1期	保険関係成立日の翌日から 50日以内
	第2期	翌年1月31日 （翌年2月14日）

| ③10月1日〜
　翌年3月31日に成立 | 延納不可 | |

※労働保険事務組合に委託している場合はカッコ内の日付となる

労働保険料の計算方法

● 労働保険料＝年間賃金総額×一般保険料率

　労働保険料は、事業主が1年間に労働者に支払う賃金の総額（見込み額）に一般保険料率（労災保険率と雇用保険率を足しあわせた率）を掛けて算出した額になります。

　保険料の算定にあたって賃金総額に掛ける労災保険率は、業種によって1,000分の2.5 ～ 1,000分の88まで分かれており、事業主のみが負担することになります。また、雇用保険率は、1000分の15.5 ～ 1000分の18.5まで分かれており（令和5年度）、事業主と労働者が双方で負担することになります。

● 賃金は給与・手当など名称を問わない

　労働保険料は労働者に支払う賃金の総額に所定の保険率を掛けて算出することになっています。

　賃金とは、賃金、給与、手当、賞与などの名称を問わず労働の対償として、事業主が労働者に支払うすべてのものをいいます。一般的には労働協約、就業規則などによって、支給が事業主に義務づけられているものです。ただ、結婚祝金などは、労働協約、就業規則などで支給が義務づけられていても、賃金として取り扱わなくてもよいとされています。また、原則として所定の現金給付の代わりに現物給付するもの（定期券など）についても賃金となります。

● 労災保険に限り、賃金総額の特例で計算できる

　賃金総額を正確に計算することが難しい次ページの図の事業については、特例によって賃金総額を計算することができます。これは、労

災保険の保険料の額の算定に限って認められているもので、雇用保険の保険料の額の算定については、実際に労働者に支払う賃金の総額により保険料の額を算定します。ただ、賃金算定の特例が認められている事業であっても、賃金の算定ができる場合は特例によらず、原則通り実際に労働者に支払う賃金の総額により保険料を計算します。

　①の請負による建設の事業の賃金総額は、請負金額に労務費率を掛けて計算します。請負金額とは請負代金の額そのものではなく、注文者から支給を受けた工事用の資材または貸与された機械器具等の価額相当額を加算します。また、機械装置の組立または据付の事業の請負代金の中に機械装置の額が含まれているときは請負代金の額から、それらの機械装置の額を差し引きます。

　②の立木の伐採の事業の賃金総額は、素材1㎥を生産するために必要な労務費の額に生産するすべての素材の材積（木材の体積）を掛けて算出します。

　下図の③と④に記載した事業については、厚生労働大臣が定める平均賃金相当額にそれぞれの労働者の使用期間の総日数を掛けて賃金総額を求めます。

■ 賃金算定の特例が認められている事業 …………………………

賃金算定の
特例

①請負による建設の事業

②立木の伐採の事業

③造林の事業、木炭又は薪を生産する事業、
　その他の林業の事業

④水産動植物の採捕・養殖の事業

保険料率と負担割合

● 一般保険料率＝労災保険率＋雇用保険率が原則

　一般保険料率とは、一般保険料の額を算定するときに使用する保険料率で、労災保険率と雇用保険率を合計した率のことです。

① 労災保険率

　事業の種類ごとに業務の危険性を考慮して定められています。最高1,000分の88（金属鉱業、非金属鉱業または石炭鉱業）から最低1,000分の2.5（通信業、放送業、新聞業または出版業など）に分類されています。労災保険率の中には、通勤災害等にかかる率1,000分の0.6が含まれています。労災保険の保険料は、全額事業主が負担します。

② 雇用保険率と負担割合

　事業の種類などにより、３段階に分かれます。雇用保険は事業主と被保険者がそれぞれ定められた割合によって、保険料を負担することになります。

● 事業主の努力で労災保険料は抑えることができる

　労災保険の保険率は、業種によって災害リスクが異なることから、事業の種類ごとに定められています。しかし、事業の種類が同じでも、作業工程、機械設備などの労働環境整備や、事業主の災害防止への努力の違いにより、個々の作業場の災害率には差が生じます。

　そこで、保険料負担の公平性の確保と、労働災害防止努力の一層の促進を目的として、労働保険料の割引・割増を行うメリット制が採用されています。メリット制には継続事業のメリット制、中小事業主のための特例メリット制、有期事業のメリット制、の３種類があります。

　継続事業のメリット制が適用されるためには、次ページ図の①及び

②の要件を満たすことが必要です。図中の要件に、「100人以上」「40万円以上」「３年以上」とあるように、メリット制が適用されるためにはある程度の規模の事業が一定期間以上続いていることが必要ということになります。

　以上のような要件を満たしている事業において、連続する３保険年度の保険料に対する保険給付の割合（収支率）が100分の85を超えた場合、または100分の75以下となった場合にメリット制が適用されます。具体的には、100分の85を超えた場合には労災保険率は引き上げられ、逆に100分の75以下となった場合には引き下げられます。

■ メリット制が適用される事業 ･････････････････････････

①　連続する３保険年度中の各保険年度において、次の@〜©のいずれかに該当する事業

@　100人以上の労働者を使用する事業

⑥　20人以上100人未満の労働者を使用する事業にあっては、労働者数に労災保険率から通勤災害等にかかる率（1,000分の0.6）を引いた率を掛けて求めた数が0.4以上であること

©　有期事業の一括の適用を受けている建設の事業又は立木の伐採の事業については、連続する３保険年度中の各保険年度の確定保険料の額が40万円以上であること

②　連続する３保険年度の最後の保険年度に属する３月31日（基準日）現在において、労災保険の保険関係が成立後３年以上経過している事業

雇用保険料の計算方法

● 雇用保険の保険料率は事業によって異なる

　雇用保険の保険料は事業主と労働者がそれぞれ負担します。事業主は、労働者に支払う賃金や賞与の中から保険料を預かり、事業主負担分とあわせて国（政府）に納付します。労働者から徴収する保険料は、労働者の賃金総額に労働者負担分の保険料率を掛けて算出します。雇用保険の保険料率は業種によって異なり、令和5年4月1日から令和6年3月31日までの雇用保険料率は、次ページの図のとおりです。一番保険料率が高いのは建設業で1000分の18.5、次に保険料率が高いのが農林水産事業や清酒製造の事業で1000分の17.5、その他の一般の事業は1000分の15.5となっています。この保険料率の中には、事業主が全額負担する雇用保険二事業の保険料率と、労働者と事業主が折半して負担する失業等給付・育児休業給付の保険料率が含まれています。したがって、労働者は失業等給付・育児休業給付の保険料率のみを負担するしくみになっています。なお、雇用保険二事業とは、雇用安定事業（雇用調整助成金などの事業主に対する助成金など）と能力開発事業（ジョブカード制度の構築など）のことで、事業主からの保険料のみを原資としています。

　雇用保険料が徴収される賃金については、次ページの表を参照してください。

■ 雇用保険料が徴収される賃金と料率 ……………………

●雇用保険科率（令和5年4月1日から令和6年3月31日まで）

事業区分	雇用保険率	事業主負担率	被保険者負担率
① 一般の事業	$\dfrac{15.5}{1000}$	$\dfrac{9.5}{1000}$	$\dfrac{6}{1000}$
② 農林水産事業 ※1 清酒製造の事業	$\dfrac{17.5}{1000}$	$\dfrac{10.5}{1000}$	$\dfrac{7}{1000}$
③ 建設の事業	$\dfrac{18.5}{1000}$	$\dfrac{11.5}{1000}$	$\dfrac{7}{1000}$

※1 「農林水産事業」のうち牛馬の飼育、養鶏、酪農、養豚、園芸サービス及び内水面養殖事業は「一般の事業」に該当する

●賃金に含まれるものと含まれないもの

賃金に含まれるもの	賃金に含まれないもの
○基本給 ○超過勤務手当、深夜手当、休日手当 ○扶養手当、子供手当、家族手当 ○日直・宿直料 ○役職手当・管理職手当 ○地域手当 ○教育手当 ○別居手当 ○技能手当 ○特殊作業手当 ○奨励手当 ○物価手当 ○調整手当 ○賞与 ○通勤手当 ○通勤定期券、回数券 ○皆勤手当 ○さかのぼって昇給した場合に支給される差額の給与 ○有給休暇日の給与 ○休業手当 　（労働基準法第26条の規定に基づくもの） ○所得税・雇用保険料・社会保険料等の労働者負担分を事業主が負担する場合 ○チップ 　（奉仕料の配分として事業主から受けるもの） ○住居の利益 　（社宅等の貸与を行っている場合のうち貸与を受けない者に対し均衡上住宅手当を支給する場合）	○労働基準法第76条の規定に基づく休業補償 ○退職金 ○結婚祝金 ○死亡弔慰金 ○出張旅費・宿泊旅費 ○解雇予告手当 ○制服、赴任手当 ○会社が全額負担する生命保険の掛金 ○役員報酬 ○災害見舞金、出産見舞金等（いずれも、労働協約等によって事業主にその支給が義務づけられていても賃金として取り扱わない） ○住居の利益 　（一部の社員に社宅等の貸与を行っているが、他の者に均衡給与が支給されない場合）

特別加入者の労災保険料

● 特別加入保険料の額はどうなっているのか

　特別加入者（労働者以外の中小事業主や一人親方などが特別に加入できる労災保険に加入している者）が労災保険に加入する際に都道府県労働局長によって承認された給付基礎日額を365倍した額（特別加入保険料算定基礎額）の総額に第1〜3種特別加入保険料率を掛けた額となります。

　特別加入保険料 ＝ 保険料算定基礎額の総額×第1〜3種特別
　　　　　　　　　　　保険料率

---

① **第1種特別加入保険料は事業主とその家族が対象**

　中小事業主やその事業に従事している家族（家族従事者）などが特別に労災保険への加入を認められた場合の保険料です。特別加入保険料算定基礎額は、最低3,500円から最高25,000円までの範囲内で（次ページの図）、特別加入者本人が申請した額に基づき都道府県労働局長が承認した給付基礎日額に365を掛けた額となります。なお、第1種特別加入保険料率は一般の労災保険率と同じものを使用します。

② **第2種特別加入保険料は自営業者が対象**

　大工や左官などの一人親方や個人タクシーの運転手などのように個人で営業している者などが労災保険に加入する場合の保険料です。家内労働者については、2,000円、2,500円、3,000円、という額を算定基礎日額とすることもできます。第2種特別加入保険料率は従事する作業の種類によって異なり、1,000分の3から1,000分の52までの25種類が定められています。

③ 第3種特別加入保険料は海外派遣者が対象

　国内の事業から海外に派遣されている者が労災保険に加入する場合の保険料です。第3種特別加入保険料の額は、特別加入者本人が申請し、都道府県労働局長が承認した給付基礎日額（3,500円～25,000円の範囲内）を365倍した額（特別加入保険料算定基礎額）の総額に第3種特別加入保険料率を掛けて計算します。第1種や第2種と異なり、第3種特別加入保険料だけは特別加入保険料率が定率になっていて、現在のところ、1,000分の3です。

■ 第1種・第2種・第3種特別加入保険料算定基礎額 …………

給付基礎日額	保険料算定基礎額
25,000円	9,125,000円
24,000円	8,760,000円
22,000円	8,030,000円
20,000円	7,300,000円
18,000円	6,570,000円
16,000円	5,840,000円
14,000円	5,110,000円
12,000円	4.380,000円
10,000円	3,650,000円
9,000円	3,285,000円
8,000円	2,920,000円
7,000円	2,555,000円
6,000円	2,190,000円
5,000円	1,825,000円
4,000円	1,460,000円
3,500円	1,277,500円
（第2種特別加入者のうち家内労働者のみ適用）	
3,000円	1,095,000円
2,500円	912,500円
2,000円	730,000円

⑨ 電子申請のしくみ

◉ 電子申請とは

　従来、労働保険料の申告などの手続きは、管轄の行政機関（労働保険の場合、労働基準監督署や公共職業安定所など）に出向いた上で、申請書などの紙を提出することによって行っていました。

　しかし、現在では、行政手続きについての電子化が進んでいます。労働保険関連の申請手続きも同様で、パソコンを使ってインターネット経由で電子申請を行うことができるようになりました。

　令和2年（2020年）4月からは、特定の法人（資本金が1億円を超える法人など）は、一部の手続きを電子申請で行うことが義務化され、行政手続きのコスト削減化が進められています。

　政府は、電子政府の総合窓口としてe-Gov（イーガブ）というホームページを開設しており（https://shinsei.e-gov.go.jp/）インターネットを利用した電子申請を行う場合には、この電子政府の総合窓口を利用します。

　電子申請のメリットは、システムのメンテナンス時間を除いて、いつでも、どこからでも、申請することができる点です。紙による申請の場合のように、実際に出向いて書類の提出や手数料の納付をすることなく、一連の手続きをすませることができます。

◉ どんな手続きに利用できるのか

　労働保険に関するほとんどの手続きについて、e-Govを利用して電子申請することができます。たとえば、「雇用保険被保険者資格取得届」「労働保険 保険関係成立届」「労働保険年度更新申告」といった手続きで電子申請を利用することができます。

● 事前にどんな準備が必要なのか

　電子申請を行う場合には、申請データに対する電子署名をしなければなりません。この電子署名をするには、認証局が発行する電子証明書が必要となります。電子証明書とは、身分や所属組織を電子的に証明するものです。この電子署名と電子証明書によって、セキュリティ上安全な電子申請が行えるようになっています。

　電子証明書を取得するには、認証局に対して利用申請書と必要書類一式を郵送し、ICカードなどを取得する必要があります。なお、署名用の電子証明書が内蔵されたマイナンバーカードを電子証明書として利用することもできます。

　電子証明書は、マイナンバーカードなどのICカード形式のものの他に、ファイル形式のものもあります。セキュリティの面から考えるとICカード形式のほうが、安全性が高いようです。ICカードを利用する場合には、別途ICカードリーダーを準備しておく必要があります。ICカードリーダーは市販されていますから、機能をよく見て必要なものを購入するようにしましょう。また、ICカードリーダー機能のあるスマートフォンを ICカードリーダーとして使うこともできます。

　令和2年（2020年）11月からは、Gビズ（ジービズ）ID（共同認証システム）を使い、e-Govから電子申請をすることが可能となりました。GビズIDを使う場合は、電子証明書は不要になります。ただし、一部の労働保険の申請手続きについては、GビズIDを使って電子申請をすることができないため、その場合は、電子証明書を使用して電子申請をすることになりますので注意が必要です。

　GビズIDの取得には、申請書・印鑑登録をした印鑑・印鑑（登録）証明書が必要です。一度取得すれば、電子証明書のような有効期限はなく、更新の手続きなども必要ありません。

　次に、電子申請に利用するパソコンを設定します。設定する前に、そのパソコンで電子申請を行うことができるかどうかを確認しておく

必要があります。e-Govのサイトに掲載されている要求スペックを確認し、性能の面で問題がないかどうか確認してください。

　次に、e-Gov電子申請のログインに必要なアカウントを準備します。ログインに使用できるのは、①e-Govアカウント、② GビズID 、③ Microsoftアカウントのいずれかです。

　次に、ブラウザの設定とe-Gov電子申請アプリケーションのインストールを行います。e-Gov電子申請アプリケーションとは、e-Govで電子申請する際に利用するアプリケーションのことです。いずれもe-Govのサイト内で、設定の手順やアプリケーションのインストール方法が説明されています。

　また、申請データ作成をサポートするソフトウェアも多数発売されており、業務支援ソフトウェア製品等を使用することで、より簡単に電子申請を行うことができるようになっています。電子申請を利用する場合には、事前に電子証明書や GビズID 、e-Gov電子申請のログインに必要なアカウントを取得し、使用するパソコンに電子申請のための設定をする必要があります。手続きの流れは下図のとおりです。

■ 電子申請を利用した手続きの流れ ……………………………………

電子証明書の取得・プログラムのインストールなど動作環境を整える

▶ 電子申請システムの画面で、申請する手続を検索し、申請データを作成する

▶ 作成した申請データに電子署名を行い、申請データを保存した上で送信する

▶ 受信した申請書の内容と電子署名の検証が行われ、問題がなければ申請書の到達として扱われる

▶ 到達番号が申請者に送信されるので、申請案件一覧で申請状況を確認する

▶ 申請手続きが終了する

※上記の手続きの流れは一般的な流れを概略して記載したもので、代理人申請を行う場合、手順が異なることもある

電子申請手続きの仕方

● 申請手順について

　電子申請を行うための事前準備をすませたら、実際に電子申請をする際に使用するデータを作成します。使用するデータを作成したら、いよいよ実際にe-Govから電子申請を行うことになります。

　電子申請を実際に行う際には、e-Govのウェブサイトにアクセスし、そこから「電子申請のトップページ（https://shinsei.e-gov.go.jp/）」に移動します。

【電子申請のトップページ】

【初めての方はこちら】というリンクボタンがあるので、そのボタンをクリックし、【e-Gov電子申請のご利用の流れ】を確認します。特に問題がなければトップページに戻り、【ログイン】ボタンをクリックします。

【e-Gov電子申請アプリケーションの起動】

e-GOV 電子申請

e-Gov電子申請アプリケーション起動

申請等の手続は「e-Gov電子申請アプリケーション」を使って行います。
インストールがお済みの場合は、下のボタンからアプリケーションを起動し、手続に進んでください。

e-Gov電子申請アプリケーションを起動
☐ 次回からはこの画面を省略し、直接アプリケーションを起動する。

▌e-Gov電子申請アプリケーションのインストールがお済みでない方は

e-Gov電子申請アプリケーションのインストールがお済みでない方は、こちらからダウンロードしてインストールしてください。

e-Gov電子申請アプリケーションのダウンロード

▌アカウントの準備がお済みでない方は

e-Gov電子申請サービスへのログインには、e-Govアカウント、GビズID、または他認証サービス（2020年12月現在、Microsoftアカウント）のうち、どれか1種類のアカウントが必要です。
アカウントの準備がお済みでない方は、利用準備の①をご確認の上、e-Gov電子申請サービスで利用できるアカウントをご準備ください。

　e-Govから電子申請をするには、e-Gov電子申請アプリケーションが必要です。e-Gov電子申請アプリケーションをインストール済の場合は、【e-Gov電子申請アプリケーションを起動】をクリックします。e-Gov電子申請アプリケーションをインストールしていない場合は、【e-Gov電子申請アプリケーションをダウンロード】をクリックし、インストールを行います。

【e-Gov電子申請アプリケーションでのログイン】

e-Gov電子申請アプリケーションを起動すると、ログイン画面が出てきます。e-Govアカウントを持っている場合は、メールアドレスとパスワードを入力します。 e-Govアカウントを持っていない場合は、GビズIDまたはMicrosoftアカウントのいずれかを選択し、同様のログインをします。

ログインをすると、最初にマイページが出てきます。申請を行う際には、マイページのメニューから【手続検索】をクリックして、必要な手続きを検索した上で、画面に従って作業を進めていくことになります。

【手続検索】

　申請の具体的な手順としては、まず、電子申請を行う手続きを検索します。

　たとえば、「手続名称から探す」の検索窓に、「雇用保険被保険者資格取得届」と入力すると、以下のように検索結果が表示されます。

【「雇用保険被保険者資格取得届」の検索結果】

雇用保険被保険者資格取得届（令和4年6月以降手続き）

電子署名必要　らビジ印電子署名証明　　　　　　　　　　　　□ブックマーク

手続概要	事業主が、その雇用する労働者が当該事業主の行う適用事業に係る被保険者となったときに届け出る手続です。
根拠法令	雇用保険法第7条、雇用保険法施行規則第6条 雇用保険法第7条 雇用保険法施行規則第6条
電子申請方法別利用案内	【添付情報】詳細は記載要領・記述欄の「電子申請の御案内」をご覧ください。 【手続可能な時間】24時間365日サービスしております。但し、年末年始、本システムの保守等が必要な場合は、上記ご利用時間内であっても、システム運用停止、停止、中断を行うことがありますので、あらかじめご承知願います。 電子申請の御案内（PDF形式）　PDF 電子申請の御案内（WORD形式）　Word
告知情報	【手続対象者】事業主 【提出時期】被保険者となった事実のあった日の属する月の翌月の10日まで 【手数料】無 【返戻公文書】有　（雇用保険資格喪失届、資格取得等確認通知書（事業主用）、雇用保険被保険者証、資格取得等確認通知書（被保険者用）　等） 【相談窓口】公共職業安定所 【審査基準】－ 【標準処理期間】届出のためありません 【不服申立方法】雇用保険法第69条第1項に規定するとおり 【備考】 【別送書類】添付書類が電子ファイルで準備出来ない場合は、郵送により提出してください。 【備考】電子申請の際は、記載要領・記述欄の「電子申請の御案内」をご覧ください。

戻る　　　　　　　　　　　　　　　　　　　　　申請書入力へ

　表示された検索結果の中から適切なもの（今回の例は雇用保険被保険者資格取得届）を選択すると、電子申請システムによる手続に関する情報が表示されるので【申請書入力へ】ボタンをクリックします。

申請書入力

基本情報を選択し、申請・届出様式に必要な事項を入力してください。

1. 基本情報

未設定・変更する場合には、それぞれ設定ボタンを押してください。

申請者情報		申請者情報を設定
必須		
法人名		
申請者氏名		
住所		

連絡先情報		連絡先情報を設定
必須		
法人名		
連絡先氏名		
住所		

【申請者情報入力】

　【申請書入力へ】ボタンをクリックすると、基本情報の入力画面が表示されますので、申請者情報（法人名、申請者氏名、住所）、連絡先情報（法人名、連絡先氏名、住所）を入力します。

基本情報の入力後、画面を下にスクロールすると申請する様式が出てくるので、様式を確認し申請内容についての必要な情報を入力します。

【申請様式の確認と入力】

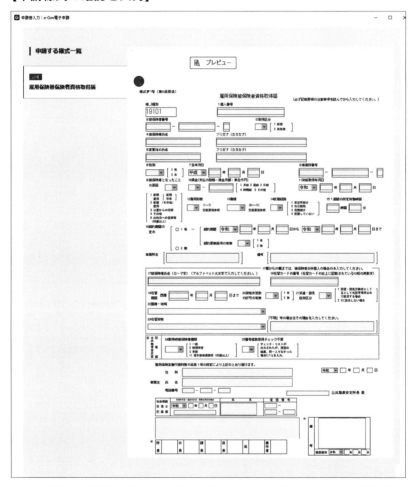

　その際に、書類を添付しなければならない手続きについては添付書類の入力操作を行います。そして、申請書の提出先を選択します。

【添付書類と提出先選択】

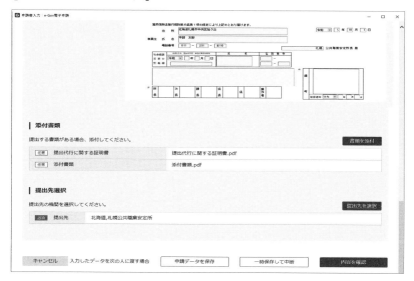

　申請情報の入力、必要書類の添付、提出先の選択後、【内容を確認】をクリックします。申請データを保存する場合は、【申請データを保存】または【一時保存して中断】をクリックします。

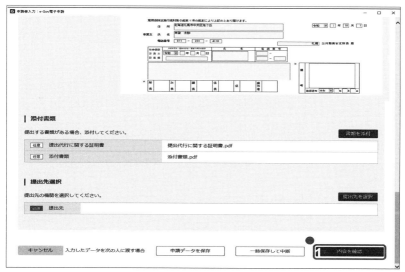

【電子証明書の選択】

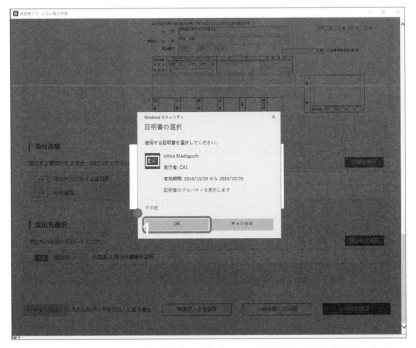

　電子署名が必要な申請手続きの場合は、電子証明書を選択します。

　その後、【申請内容確認】の画面が出てきますので、入力した内容のチェックを行い、修正がなければ【提出】ボタンをクリックして申請します。申請内容に修正がある場合は【修正】ボタンをクリックし修正を行います。【申請内容を出力（PDF)】をクリックすると、申請内容をPDFで出力することができます。

【申請内容確認】

【提出完了メッセージの表示】

　一連の手続きが完了すると、到達番号が表示されます。【申請書控えを出力（PDF）】をクリックすると、申請書の控えを保存することができます。

◉ 申請状況の確認と手続きの終了

　申請手続の終了後、提出先の労働基準監督署や公共職業安定所で届出の審査が行われます。申請者は、e-Gov電子申請アプリケーションから申請が受理されるまでの状況を確認できます。状況照会は、e-Gov電子申請アプリケーションの【申請案件一覧】をクリックして行います。申請や添付書類に不備がある場合、労働基準監督署などから補正の通知が送られてくることがありますので、状況確認を怠らないようにしましょう。

　申請後、審査が終了すると終了通知がメールで届きます。公文

書（雇用保険被保険者資格取得届申請における雇用保険被保険者証や、雇用保険被保険者資格喪失届申請における離職票など）が発行される手続きを行った場合には、公文書確認の通知メールも届くので、e-Gov電子申請アプリケーションのマイページの【公文書】、またはメニューから【申請案件一覧】をクリックして公文書を取得します。

【申請案件状況】

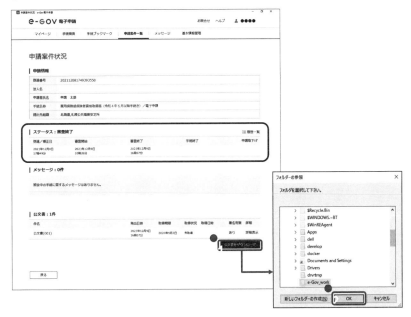

資料　労災保険の料率

労災保険率表

（単位：1／1,000）　（平成 30 年 4 月 1 日改定）

事業の種類の分類	業種番号	事業の種類	労災保険率
林業	02又は03	林業	60
漁業	11	海面漁業（定置網漁業又は海面魚類養殖業を除く。）	18
	12	定置網漁業又は海面魚類養殖業	38
鉱業	21	金属鉱業、非金属鉱業（石灰石鉱業又はドロマイト鉱業を除く。）又は石炭鉱業	88
	23	石灰石鉱業又はドロマイト鉱業	16
	24	原油又は天然ガス鉱業	2.5
	25	採石業	49
	26	その他の鉱業	26
建設事業	31	水力発電施設、ずい道等新設事業	62
	32	道路新設事業	11
	33	舗装工事業	9
	34	鉄道又は軌道新設事業	9
	35	建築事業（既設建築物設備工事業を除く。）	9.5
	38	既設建築物設備工事業	12
	36	機械装置の組立て又は据付けの事業	6.5
	37	その他の建設事業	15
製造業	41	食料品製造業	6
	42	繊維工業又は繊維製品製造業	4
	44	木材又は木製品製造業	14
	45	パルプ又は紙製造業	6.5
	46	印刷又は製本業	3.5
	47	化学工業	4.5
	48	ガラス又はセメント製造業	6
	66	コンクリート製造業	13
	62	陶磁器製品製造業	18
	49	その他の窯業又は土石製品製造業	26
	50	金属精錬業（非鉄金属精錬業を除く。）	6.5
	51	非鉄金属精錬業	7
	52	金属材料品製造業（鋳物業を除く。）	5.5
	53	鋳物業	16
	54	金属製品製造業又は金属加工業（洋食器、刃物、手工具又は一般金物製造業及びめつき業を除く。）	10
	63	洋食器、刃物、手工具又は一般金物製造業（めつき業を除く。）	6.5
	55	めつき業	7
	56	機械器具製造業（電気機械器具製造業、輸送用機械器具製造業、船舶製造又は修理業及び計量器、光学機械、時計等製造業を除く。）	5
	57	電気機械器具製造業	2.5
	58	輸送用機械器具製造業（船舶製造業又は修理業を除く。）	4
	59	船舶製造又は修理業	23
	60	計量器、光学機械、時計等製造業（電気機械器具製造業を除く。）	2.5
	64	貴金属製品、装身具、皮革製品等製造業	3.5
	61	その他の製造業	6.5
運輸業	71	交通運輸事業	4
	72	貨物取扱事業（港湾貨物取扱事業及び港湾荷役業を除く。）	9
	73	港湾貨物取扱事業（港湾荷役業を除く。）	9
	74	港湾荷役業	13
電気、ガス、水道又は熱供給の事業	81	電気、ガス、水道又は熱供給の事業	3
その他の事業	95	農業又は海面漁業以外の漁業	13
	91	清掃、火葬又はと畜の事業	13
	93	ビルメンテナンス業	5.5
	96	倉庫業、警備業、消毒又は害虫駆除の事業又はゴルフ場の事業	6.5
	97	通信業、放送業、新聞業又は出版業	2.5
	98	卸売業・小売業、飲食店又は宿泊業	3
	99	金融業、保険業又は不動産業	2.5
	94	その他の各種事業	3
	90	船舶所有者の事業	47

第2章

労災保険のしくみ

1 労災保険とは

● 労災保険は仕事中・通勤途中の事故を対象とする

労働者災害補償保険（労災保険）は、就業中や通勤途中に発生した労働者のケガ、病気、障害、死亡に対して、迅速で公正な保護をするために必要な保険給付を行うことをおもな目的としています。また、その他にも負傷労働者やその遺族の救済を図るためにさまざまな社会復帰促進等事業を行っています。労災保険は労働者の稼得能力（働いて収入を得る能力）の損失に対する補てんをするために、必要な保険給付を行う公的保険制度ということになります。

労災保険は事業所ごとに適用されるのが原則です。本社の他に支社や工場などがある会社については、本社も支社も、それぞれ独自に労災保険に加入することになります。ただ、支店などで労働保険の事務処理を行う者がいないなどの一定の理由がある場合には、本社で事務処理を一括して行うこともできます。

● 1人でも雇うと自動的に労災保険が適用になる

労災保険は労働者を1人でも使用する事業を強制的に適用事業とすることにしています。つまり、労働者を雇った場合には自動的に労災保険の適用事業所になります。届出があってはじめて労災保険が適用されるわけではありません。ただし、個人経営の農林水産業の一部（次ページ図）では、従業員が家族だけという場合もあるため、事業主が申請し、厚生労働大臣の許可があって初めて、適用事業所と取り扱うことになります（暫定任意適用事業）。

● 労災保険が適用される労働者と保険料

　労災保険の対象となる労働者については、その事業所で労働者として働いている者すべてに労災保険が適用されます。労働者とは、正社員であるかどうかにかかわらず、アルバイト・日雇労働者や不法就労外国人であっても、賃金を支払われているすべての人が対象となります。労働者にあたるかどうかの判断は、①使用従属関係があるかどうかと、②会社から賃金（給与や報酬など）の支払いを受けているかどうかによって決まります。

　代表取締役などの会社の代表者は労働者ではなく、使用者であるため、原則として労災保険は適用されません。一方で、工場長や部長などの兼務役員については、会社の代表権をもたないことから、労災保険の適用があります。また、同居の親族は、使用従属関係があり、他の労働者と同じ就業実態がある場合は、適用されます。

　労災保険の保険料は、業務の種類ごとに、1000分の2.5 ～ 1000分の88まで定められています（22ページ）。保険料は全額事業主が負担しますので、給与計算事務において、労働者の給与から労災保険料を差し引くということはありません。

■ 暫定任意適用事業 ··

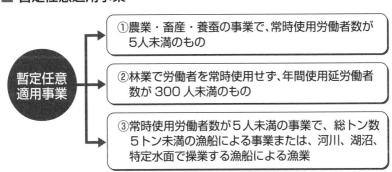

暫定任意適用事業

①農業・畜産・養蚕の事業で、常時使用労働者数が5人未満のもの

②林業で労働者を常時使用せず、年間使用延労働者数が300人未満のもの

③常時使用労働者数が5人未満の事業で、総トン数5トン未満の漁船による事業または、河川、湖沼、特定水面で操業する漁船による漁業

労災保険の適用対象

● 労災保険はすべての労働者に適用される

労災保険は、労働者を保護するための保険です。正社員やパート、日雇労働者などの雇用形態は関係なく、労働者であればすべての労働者に適用されます。二つ以上の事業に雇用される複数就業者については、それぞれの事業場において労災保険が適用されます。また、派遣労働者については、派遣元の事業場において労災保険が適用されます。

外国人労働者については、不法就労者（在留資格や就労資格がない外国人労働者）についても、労災保険の適用労働者となります。

● 個人事業主などは特別加入できる

本来、労災保険が適用されない会社の代表者や個人事業主などであっても、現実の就労実態から考えて一定の要件に該当する場合には、例外的に特別に労災保険から補償を受けることができます。この制度を特別加入といいます。特別加入することができる者は、以下の①〜③の３種類に分けられています。

① 第１種特別加入者

中小企業の事業主（代表者）とその家族従事者、その会社の役員が第１種特別加入者となります。ただ、中小企業（事業）の範囲を特定するために常時使用する労働者の数に制限があり、業種によって図（次ページ）のように異なります。

第１種特別加入者として特別加入するためには、ⓐその者の事業所が労災保険に加入しており、労働保険事務組合に労働保険事務を委託していること、ⓑ家族従事者も含めて加入すること、が必要です。

② 第２種特別加入者

第２種特別加入者はさらに、ⓐ一人親方等、ⓑ特定作業従事者の２種類に分かれています。

ⓐ 一人親方等

個人タクシーや左官などの事業で、労働者を使用しないで行うことを常態としている者のことです。

ⓑ 特定作業従事者

農業の従事者など、災害発生率の高い作業（特定作業）に従事している者が特定作業従事者となります。

第２種特別加入者の特別加入のための要件は、ⓐとⓑ共通で、所属団体が特別加入の承認を受けていることが必要です。

③ 第３種特別加入者

海外に派遣される労働者（一時的な海外出張者を除く）については、日本国内の労災保険の効力が及ばないため、一定の条件を満たした場合に限り、労災保険に第３種特別加入者として加入する方法があります。海外派遣者が第３種特別加入者に該当するための要件は、派遣元の国内の事業について労災の保険関係が成立していることと、派遣元の国内の事業が有期事業でないことのいずれも満たすことです。

■ 第１種特別加入者として認められるための要件 ………………

業　　　　種	労働者数
金融業・保険業・不動産業・小売業	50人以下
卸売業・サービス業	100人以下
その他の事業	300人以下

③ 業務災害とは

● 業務災害は仕事中に起きた事故

　労災保険は、業務災害と通勤災害を対象としています。

　業務災害とは、労働者の仕事（業務）中に起きた事故によるケガ、病気、障害、死亡のことです。業務上の災害といえるかどうかは、労働者が事業主の支配下にある場合（＝業務遂行性）、および、業務（仕事）が原因で災害が発生した場合（＝業務起因性）、という2つの基準で判断されます。たとえば、以下のようなときに起こった災害が業務災害として認められ、その判断は労働基準監督署が行います（複数業務要因災害の場合は、複数の事業の業務上の負荷を総合的に評価します）。

① 労働時間中の災害

　仕事に従事している時や、作業の準備・後片付け中の災害は、原則として業務災害として認められます。

　また、用便や給水などによって業務が一時的に中断している間についても事業主の支配下にあることから、業務に付随する行為を行っているものとして取り扱い、労働時間に含めることになっています。

② 昼休みや休憩中など業務に従事していないときの災害

　事業所での休憩時間や昼休みなどの業務に従事していない時間については、社内（会社の敷地内）にいるのであれば、事業主の支配下にあるといえます。ただし、休憩時間などに業務とは関係なく行った行為は個人的な行為としてみなされ、その行為によって負傷などをした場合であっても業務災害にはなりません。

　なお、その災害が事業場の施設の欠陥によるものであれば、業務に従事していない時間の災害であっても、事業用施設の管理下にあるものとして、業務災害となります。

③　出張中で事業所の外で業務に従事している場合

　出張中は事業主の下から離れているものの、事業主の命令を受けて仕事をしているため、事業主の支配下にあります。したがって、出張中の災害については、ほとんどの場合は業務中に発生したものとして、業務災害となります。

　ただし、業務時間中に発生した災害であっても、その災害と業務との間に関連性が認められない場合は、業務遂行性も業務起因性も認められず、業務災害にはなりません。たとえば、就業時間中に脳卒中などが発症し転倒して負傷したケースなどが考えられます。脳卒中が業務に起因していると認定されなければ、たとえ就業時間中の負傷であっても業務災害にはなりません。

● 業務上の疾病には災害性疾病と職業性疾病がある

　業務上の疾病には、下図のように2種類があります。

　災害性疾病とは、事故による負傷が原因で疾病になるもの、または、事故による有害作用で疾病になるもののことです。

　一方、職業性疾病とは、長期間にわたり有害作用を受けることによって徐々に発病する疾病のことです。たとえば、じん肺症、頸肩腕症候群、潜水病、皮膚疾患、中皮腫などです。アスベスト（石綿）と中皮腫の関係はその典型例といえます。

■ 業務上の疾病 ···

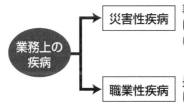

業務上の疾病
→ 災害性疾病　事故による負傷や有害作用により疾病になるもの
（例）機械の使用による事故、足場からの転落など

→ 職業性疾病　長期間にわたる有害作用を受けることにより徐々に発病する疾病のこと
（例）じん肺症、中皮腫など

通勤災害とは

● 複数の事業所間の移動も通勤に含まれる

　通勤災害とは、通勤途中に発生した災害のことです。たとえば、労働者が通勤途中の駅の階段で転び、ケガをした場合などが該当します。

　通勤災害における通勤とは、①住居と就業の場所との間の往復であること、②厚生労働省令で定める就業の場所から他の場所への移動の間であること、③住居と就業の場所との間の往復に先行するもの、または、後続する住居間の移動であること、とされています。②の厚生労働省令で定める就業の場所とは、労災の適用事業所や暫定任意適用事業所、特別加入者にかかる就業の場所などのことをいい、複数の事業場で就労している者の事業所間の移動がこれに該当します。また、③の往復に先行するもの、または、後続する住居間の移動については、単身赴任者の赴任先住居と帰省先住居間の移動が該当します。

　そして、上記の通勤が、①就業との関連性があること、②合理的な経路および方法であること、③業務の性質を有するものではないこと、のすべての要件に該当した場合に、通勤災害での保護対象となります。なお、①の就業との関連性については、所定の業務開始時間とかけ離れた時間に会社に出勤する場合や、午後の遅番出勤者である労働者が、朝の早い時間に家を出るなどの場合は、就業との関連性がないものとされています。また、②の合理的な経路および方法とは、一般に労働者が用いるものと認められる通勤経路および通勤手段のことをいいます。③の「業務の性質を有するもの」とされる具体例としては、会社の提供するマイクロバスなどを利用して移動する場合などが該当します。業務の性質を有するものとされた移動については、通勤災害ではなく業務災害として解されることになります。

●「寄り道」には適用されない

通勤途中において、通勤とは無関係な目的のため通常の通勤経路からいったん外れることを逸脱といいます。また、通勤途中において、

■ 通勤の定義 ・・・

	例
「就業に関し」とは	・業務の終了後、事業場施設内でサークル活動などをした後に帰途につくような場合、就業と帰宅との直接的関連性を失わせるような事情がないときは就業との関連性が認められる ・遅刻やラッシュを避けるための早出など、通常の出勤時刻と時間的にある程度の前後があっても就業との関連は認められる
「住居」とは	・労働者が家族の住む自宅とは別に就業の場所の近くにアパートを借り、そこから通勤している場合には、自宅とアパートが住居となる ・単身赴任者で、通常は赴任地のアパートから通勤し、毎週末家族の住む自宅に帰って、月曜日にそこから直接出勤し、途中で事故にあった場合でも、家族の住む自宅が「住居」に該当するものと認められる ・天災や交通ストライキなどのため、やむを得ず会社近くのホテルに泊まる場合、そのホテルが住居となる
「就業の場所」とは	・得意先に届け物をしてから自宅に直接帰る場合のその得意先は就業の場所となる
「合理的な経路および方法」とは	・会社に届けてある鉄道、バスなどの通常利用する経路 ・経路の道路工事など当日の交通事情のために迂回する場合の経路 ・特段の理由もないのに著しく遠回りするような場合は合理的な経路とは認められない
「業務の性質を有するもの」とは （通勤災害ではなく業務災害となる）	・事業主の提供する専門交通機関（会社専用の送迎バスなど）を利用して行う出退勤は業務に含む ・突発的事故などによる緊急用務のため、休日に呼び出しを受け緊急出勤する場合は住居を出た時から業務に含む

※個別の事情により通勤災害と認められるかどうかの判断が分かれる場合もある

通勤とは無関係の行為を行うことを中断といいます。逸脱または中断の間とその後の移動は、日常生活上必要な行為であって、やむを得ない最小限度のものである場合を除き、通勤には含みません。

なお、日常生活上必要な行為であって、やむを得ない最小限度のものである場合とは、①日用品の購入その他これに準ずる行為、②職業訓練や教育訓練、③選挙権の行使、④病院などで診察または治療を受ける行為、⑤要介護状態にある配偶者など一定の親族の介護（継続的または反復して行われるものに限る）が該当し、これらについては、逸脱または中断の間を除いて、通勤と認められます。

これに対して、通勤途中で近くにある公衆トイレを使用する場合や駅構内でジュースを立ち飲む行為など、ささいな行為と認められる行為については、そのささいな行為を行っている時間も含めて、すべての移動時間が通勤時間と扱われます。

■ 逸脱・中断の取扱い ……………………………………………

⑤ 労災保険の補償内容

● 労災保険の給付は業務災害と通勤災害に分かれている

　労働者災害補償保険の給付は、業務災害と通勤災害の２つに分かれています。

　業務災害と通勤災害は、給付の内容は基本的に変わりません。しかし、給付を受けるための手続きで使用する各提出書類の種類が異なります。

　業務災害の保険給付には、療養補償給付、休業補償給付、障害補償給付、遺族補償給付、葬祭料、傷病補償年金、介護補償給付、二次健康診断等給付の８つがあります。

　一方、通勤災害の保険給付には療養給付、休業給付、障害給付、遺族給付、葬祭給付、傷病年金、介護給付があります。

　これらの保険給付の名称を見ると、業務災害には「補償」という２文字が入っていますが、通勤災害には入っていません。これは、業務災害については、労働基準法によって事業主に補償義務があるのに対して、通勤災害の場合は、事業主に補償義務がないためです。

　たとえば、休業補償給付と休業給付は療養のため休業をした日から３日間は支給されません。この３日間を待期期間といいます。ただ、業務災害の場合は、上記のように労働基準法によって事業主に補償義務があるため、待期期間の３日間については休業補償をしなければなりません。一方で、休業給付については、通勤災害に起因することから、事業主は休業補償を行う必要はありません。

　なお、業務災害と通勤災害の保険給付の支給事由と支給内容はほとんど同じです。そこで、本書では、業務災害と通勤災害の保険給付をまとめて「○○（補償）給付」などと表記しています。

● 労災保険は社会復帰促進等事業も行っている

　労災保険では、業務災害または通勤災害による被災労働者やその遺族に対する各種の保険給付を行います。

　また、その他に被災労働者の社会復帰の促進、被災労働者やその遺族の援護、適正な労働条件の確保などのサービスも行っています。これが社会復帰促進等事業です。社会復帰促進等事業は大きく分けると社会復帰促進事業、被災労働者等援護事業、安全衛生・労働条件等の確保事業に分かれています。

■ 労災保険の給付内容 ……………………………………………

目的	労働基準法の災害補償では十分な補償が行われない場合に国（政府）が管掌する労災保険に加入してもらい使用者の共同負担によって補償がより確実に行われるようにする	
対象	業務災害と通勤災害	
業務災害（通勤災害）給付の種類	療養補償給付（療養給付）	病院に入院・通院した場合の費用
	休業補償給付（休業給付）	療養のために仕事をする事ができず給料をもらえない場合の補償
	障害補償給付（障害給付）	傷病の治癒後に障害が残った場合に障害の程度に応じて補償
	遺族補償給付（遺族給付）	労災で死亡した場合に遺族に対して支払われるもの
	葬祭料（葬祭給付）	葬儀を行う人に対して支払われるもの
	傷病補償年金（傷病年金）	治療が長引き1年6か月経っても治らなかった場合に年金の形式で支給
	介護補償給付（介護給付）	介護を要する被災労働者に対して支払われるもの
	二次健康診断等給付	二次健康診断や特定保健指導を受ける労働者に支払われるもの

6 療養（補償）給付

● 療養（補償）給付には現物給付と現金給付がある

　労働者が仕事中や通勤途中にケガをしたときや、仕事が原因で病気にかかって病院などで診療を受けたときは、療養（補償）給付が支給されます。療養（補償）給付には、①療養の給付、②療養の費用の支給、の2種類の方式で行うことが認められています。

①　療養の給付

　労災病院や指定病院などの診察を無料で受けることができます。つまり、治療の「現物給付」になります。なお、本書では、労災病院と指定病院などをまとめて、「指定医療機関」といいます。

②　療養の費用の支給

　業務災害や通勤災害で負傷などをした場合の治療は、指定医療機関で受けるのが原則です。

　しかし、負傷の程度によっては一刻を争うような場合もあり、指定医療機関ではない近くの病院などにかけ込むことがあります。指定医療機関以外の医療機関では、労災保険の療養の給付による現物給付（治療行為）を受けることができないため、被災労働者が治療費を実費で立替払いをすることになります。

　この場合、被災労働者が立て替えて支払った治療費は、後日、労災保険から「療養の費用」として現金で支給を受けることができます。つまり、療養の費用は、療養の給付に替わる「現金給付」ということです。

● 指定医療機関は変更（転院）することができる

　業務災害や通勤災害によって負傷したために労災保険の指定医療機関で治療を受けた場合、1回の治療では足らず、その後も治療のため

に何回か通院する必要があるケースや、症状によっては入院しなければならないケースがあります。

　通院または入院することとなった指定医療機関が自宅から近ければ問題はないものの、出張先で負傷して治療を受けた場合などのように指定医療機関が自宅から離れているときは、近くの指定医療機関に転院することができます。また、現在治療を受けている指定医療機関では施設が不十分なため、効果的な治療ができない場合などにも指定医療機関を変えることができます。

　指定医療機関を変更する場合は、変更後の指定医療機関を経由して所轄の労働基準監督署長に所定の届出を提出する必要があります。この届出を「療養補償給付及び複数事業労働者療養給付たる療養の給付を受ける指定病院等（変更）届」といいます。この届出を提出することで変更後の指定医療機関で引き続き労災保険による療養（補償）給付の現物給付（治療など）を受けることができます。

　なお、指定医療機関になっていない医療機関に転院する場合は、被災労働者のほうで治療費の全額をいったん立て替えて、後日、療養の費用の支給を受けます。

■ 労災から受けられる治療のための給付 ……………………

療養（補償）給付

　①療養の給付 … 現物給付
　→「治療行為」という現物をもらう

　②療養の費用の支給 … 現金給付
　→ 後日かかった費用が支払われる

休業（補償）給付

● 休業（補償）給付は所得補償として支給される

　労働者が仕事中や通勤途中の災害で働くことができず、収入が得られない場合には、労災保険から休業（補償）給付の支給を受けることができます。

　休業（補償）給付は、療養中の労働者の生活保障（所得補償）を目的として支給されるものです。休業（補償）給付の支給額は、給付基礎日額の6割が支給されます。また、休業（補償）給付に加えて給付基礎日額の2割の特別支給金が支給されるため、合計としては給付基礎日額の8割の金額が被災労働者に支給されます。

　給付基礎日額は、その事業場で支払われている賃金額をもとにして決定されますが、複数事業労働者（事業主が同一ではない複数の事業場に同時に使用されている労働者）については、災害が起こった事業場の賃金額だけで給付基礎日額が決定されるのではなく、それぞれの事業場で支払われている賃金額を合算した金額をもとにして給付基礎日額が決定され、その6割が支給されることになります。

休業（補償）給付 ＝ 給付基礎日額（複数事業労働者については、複数就業先に係る給付基礎日額に相当する額を合算した額）の60％ × 休業日数
休業特別支給金 ＝ 給付基礎日額（複数事業労働者については、複数就業先に係る給付基礎日額に相当する額を合算した額）の20％ × 休業日数

🌑 1日のうち一部分だけ働く場合

　被災労働者の負傷の程度によっては、1日の所定労働時間のうち一部分だけ働き、その分について賃金の支給を受けることができる場合があります。そのような場合、休業（補償）給付の支給額が減額支給されます。

　1日のうち一部分だけ働いて賃金の支払いを受けた場合の支給額は、1日当たり「（給付基礎日額−労働に対して支払われる賃金額）×60％」という式によって算出します。

　たとえば、給付基礎日額が1日1万円の労働者が被災した場合の休業（補償）給付を計算します。この労働者が午前中のみ働いて5,000円の賃金を受けることができた場合、労災保険は1日当たり3,000円（＝（10,000円−5,000円）×60％）が支給されます。なお、複数事業労働者は、各事業場での判断になります。

🌑 3日間の待期期間がある

　休業（補償）給付は、療養のため労働することができずに賃金を受けられない日の4日目から支給されます。療養のため労働することができなかった最初の3日間を待期期間（待機ではなく待期）といい、休業（補償）給付の支給がありません。待期期間は連続している必要はなく、通算して3日間あればよいことになっています。待期期間の3日間については、業務災害の場合、事業主に休業補償の義務があります。複数事業労働者の場合は、被災した事業場の事業主の義務になります。

　待期期間の3日間を数えるにあたり、労働者が所定労働時間内に被災し、かつ被災日当日に療養を受けた場合は、被災日当日を1日目としてカウントします。しかし、所定労働時間外の残業時間中などに被災した場合は、たとえ被災日当日に療養を受けたとしても被災日の翌日を1日目とします。

　なお、休業（補償）給付の受給中に退職した場合は、要件を充たす限り支給が続きます。ただ、療養の開始後1年6か月が経った時点で

その傷病が治っていない場合には、傷病（補償）年金に切り替えられる場合があります。

　また、事業所では業務災害によって労働者が死亡し、または休業したときは、「労働者死傷病報告書」という書類を所轄労働基準監督署に提出しなければなりません。

● 給付基礎日額は労働者の１日当たりの稼得能力

　労災保険の休業（補償）給付を算出する場合に計算の基礎とした労働者の賃金の平均額を給付基礎日額といいます。給付基礎日額は労働者の一生活日（休日なども含めた暦日のこと）当たりの稼得能力を金額で表したものです。給付基礎日額とは、通常、次の①の原則の計算方法によって算出された平均賃金に相当する額のことです。ただ、原則の計算方法で給付基礎日額を計算することが不適切な場合は、①以外の②〜⑤のいずれかの方法によって計算することになります。

① 原則の計算方法

　事故が発生した日以前３か月間にその労働者に実際に支払われた賃

■ 休業（補償）給付のしくみ（一の事業場にのみ使用されている労働者の場合）

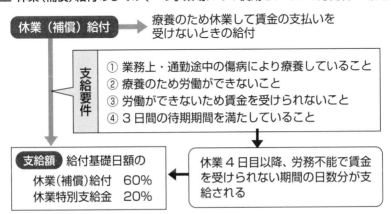

金の総額を、その期間の暦日数で割った金額です。ただ、賃金締切日
があるときは、事故が発生した直前の賃金締切日からさかのぼった3
か月間の賃金総額になります。

② 最低保障平均賃金

　労働者の賃金が日給、時間給、出来高給の場合は、平均賃金算定期
間内に支払われた賃金総額を、その期間中に実際に労働した日数（有
給休暇を含みます）で割った額の60％の額と①の原則の計算方法で計
算した額のいずれか高いほうの額となります。

③ 原則の計算方法と最低保障平均賃金の混合した平均賃金

　賃金の一部が月給制で、その他に時給制で支給されている賃金があ
る場合などに用いる計算方法です。月給制の賃金は①の原則の計算方
法で計算し、時給制などの賃金は②の最低保障平均賃金で計算します。
そして、両方の額を合算した額と①の原則の計算方法で計算した額と
を比較して、高いほうの額を給付基礎日額とします。

④ 算定期間中に私傷病による休業期間がある場合

　私傷病によって休業した期間の「日数」とその休業期間中に支払わ
れた「賃金額」を控除して算定した額と、①の原則の計算方法で計算
した額を比較していずれか高いほうの額を給付基礎日額とします。

■ 複数事業労働者の賃金額合算 ·················

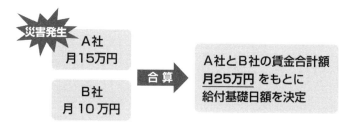

災害発生事業場であるＡ社のみではなく、Ｂ社の賃金額も合算して計算する

⑤ 給付基礎日額の最低保障額

算定された給付基礎日額が4,020円（令和5年8月1日から支給事由が生じたもの）に満たない場合は、4,020円が給付基礎日額になります。

■ 給付基礎日額の算出例 ··

【原則式】…賃金締切日が 20 日の場合

事故が発生した直前の賃金締切日からさかのぼって3か月間の賃金で計算する

① 給付基礎日額 $= \dfrac{4月賃金総額 + 5月賃金総額 + 6月賃金総額}{3か月の暦日数}$

$= \dfrac{28万円 + 33万円 + 31万円}{31日+30日+31日} = 10,000円$※

※4,020円に満たない場合は4,020円とする

【最低保障平均賃金】…労働者が日給、時給、出来高払給の場合

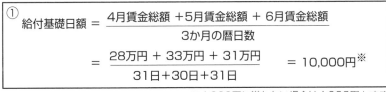

① と②の高い方を給付基礎日額とする

月給制の賃金と時給制の賃金が混在する場合

賃 金	基本給(時給)	1,000円/時	②で計算
	時間外手当	1,250円/時	
	皆勤手当	5,000円/月	①で計算
	通勤手当	4,100円/月	

この①、②の合計とすべて①で計算した場合の額を比較し、高い方を採用する

8 傷病（補償）年金

● 労基署長の職権で支給決定される

　傷病（補償）年金は、労災保険の他の給付と異なり、労働者からの請求により支給がなされる給付ではありません。傷病（補償）年金は一定の要件に該当する場合に所轄労働基準監督署長の職権で支給決定する給付（年金）です。

　傷病（補償）年金は、仕事中（または通勤途中）の傷病（ケガまたは病気）によって、労働者が療養を開始後1年6か月経過した日、またはその日以後に、次のいずれにも該当する場合に支給されます。

① その傷病が治っていないこと

② 傷病の障害の程度が傷病等級の1級～3級に該当すること

　療養開始後1年6か月を経過しても障害の程度が傷病等級に該当しない場合は、傷病（補償）年金は支給されずに、休業（補償）給付（57ページ）が支給されることになります。

　傷病（補償）年金が支給されることになった場合、同時に特別支給金も支給されることになります。支給される特別支給金は、傷病特別支給金と傷病特別年金です。

　傷病特別支給金は該当する傷病等級に応じて定額（114万円、107万円、100万円のいずれかの額）の一時金が支給されるものです。傷病特別年金は該当する傷病等級に応じて年金を支給するものです。傷病（補償）年金の支給決定は実務上、療養開始後1年6か月を経過した日から1か月以内に被災労働者が「傷病の状態等に関する届」という書類を所轄労働基準監督署（長）に提出することによって行います。

■ 傷病（補償）年金のしくみ ·····················

| 傷病（補償）年金 | → | 業務上の傷病が1年6か月経過後も治っておらず、傷病による障害の程度が一定の障害等級に該当しているときに支給 |

労働者が請求するのではなく → 労働基準監督署長の決定により支給

↓ 年金給付が支給される

傷病等級	傷病（補償）年金	傷病特別支給金	傷病特別年金
第1級	給付基礎日額の313日分	114万円	算定基礎日額の313日分
第2級	給付基礎日額の277日分	107万円	算定基礎日額の277日分
第3級	給付基礎日額の245日分	100万円	算定基礎日額の245日分

■ 傷病（補償）年金のための傷病等級表 ·····················

傷病等級	給付の内容	障 害 の 状 態
第1級	当該障害の状態が継続している期間1年につき給付基礎日額の313日分	(1) 神経系統の機能又は精神に著しい障害を有し、常に介護を要するもの (2) 胸腹部臓器の機能に著しい障害を有し、常に介護を要するもの (3) 両眼が失明しているもの (4) そしゃく及び言語の機能を廃しているもの (5) 両上肢をひじ関節以上で失ったもの (6) 両上肢の用を全廃しているもの (7) 両下肢をひざ関節以上で失ったもの (8) 両下肢の用を全廃しているもの (9) 前各号に定めるものと同程度以上の障害の状態にあるもの
第2級	同 277日分	(1) 神経系統の機能又は精神に著しい障害を有し、随時介護を要するもの (2) 胸腹部臓器の機能に著しい障害を有し、随時介護を要するもの (3) 両眼の視力が0.02以下になっているもの (4) 両上肢を腕関節以上で失ったもの (5) 両下肢を足関節以上で失ったもの (6) 前各号に定めるものと同程度以上の障害の状態にあるもの
第3級	同 245日分	(1) 神経系統の機能又は精神に著しい障害を有し、常に労務に服することができないもの (2) 胸腹部臓器の機能に著しい障害を有し、常に労務に服することができないもの (3) 一眼が失明し、他眼の視力が0.06以下になっているもの (4) そしゃく又は言語の機能を廃しているもの (5) 両手の手指の全部を失ったもの (6) 第1号及び第2号に定めるものの他、常に労務に服することができないものその他前各号に定めるものと同程度以上の障害の状態にあるもの

障害（補償）給付

● 障害（補償）給付は後遺症に対して支給される

　労働者が業務上（または通勤途中）負傷し、または病気にかかった場合、そのケガまたは病気が治った（治癒）としても障害が残ってしまうこともあります。そのような場合にその障害の程度に応じて支給される労災保険の給付が障害（補償）給付です。ここでいう「治ったとき」とは、完治や全快ということではなく、傷病の症状が安定して、これ以上治療を行っても治療の効果が期待できなくなった状態になったことを意味します。

● 障害（補償）給付は14種類に区分される

　障害の程度によって1～14等級の障害等級に分かれます。第1級から第7級に該当した場合には障害（補償）年金が支給されます。第8級から第14級に該当した場合には障害（補償）一時金が支給されます。

　第1級～第7級の場合は給付基礎日額の313日～131日分の障害（補償）年金、第8級～第14級の場合は給付基礎日額の503日～56日分の障害（補償）一時金が支給されます。

　また、障害（補償）年金が支給される者には障害特別支給金と障害特別年金が支給され、障害（補償）一時金が支給される者には障害特別支給金と障害特別一時金がそれぞれ支給されます。

● 前払一時金の制度もある

　治癒直後においては、一時的に資金を必要とすることも多く、被災労働者や家族の要求に応えるために、障害（補償）年金受給権者の請求に基づいて、一定額までまとめて前払いする障害（補償）年金前払

一時金の制度が設けられています。

　また、障害（補償）年金を受けていた労働者が受給開始直後に死亡した場合、障害（補償）年金前払一時金の支給額まで受け取っていないという不公平なケースもあり得ます。そこで、その遺族に対して、障害（補償）年金前払一時金の最高額とすでに支給された年金額もしくは一時金の差額を、障害（補償）年金差額一時金として支給する制度もあります。

■ 障害（補償）給付の支給額 ·····························

障害等級	障害（補償）年金		障害特別支給金		障害特別年金
第1級	年金	給付基礎日額の313日分	一時金	342万円	年金 算定基礎日額の313日分
第2級		給付基礎日額の277日分		320万円	算定基礎日額の277日分
第3級		給付基礎日額の245日分		300万円	算定基礎日額の245日分
第4級		給付基礎日額の213日分		264万円	算定基礎日額の213日分
第5級		給付基礎日額の184日分		225万円	算定基礎日額の184日分
第6級		給付基礎日額の156日分		192万円	算定基礎日額の156日分
第7級		給付基礎日額の131日分		159万円	算定基礎日額の131日分

障害等級	障害（補償）一時金		障害特別支給金		障害特別一時金
第8級	一時金	給付基礎日額の503日分	一時金	65万円	一時金 算定基礎日額の503日分
第9級		給付基礎日額の391日分		50万円	算定基礎日額の391日分
第10級		給付基礎日額の302日分		39万円	算定基礎日額の302日分
第11級		給付基礎日額の223日分		29万円	算定基礎日額の223日分
第12級		給付基礎日額の156日分		20万円	算定基礎日額の156日分
第13級		給付基礎日額の101日分		14万円	算定基礎日額の101日分
第14級		給付基礎日額の 56日分		8万円	算定基礎日額の 56日分

障害（補償）給付

障害等級1〜7級に認定

障害等級8〜14級に認定

⑩ 介護補償給付

● 介護（補償）給付を受けられる場合とは

　業務災害や通勤災害で、一定の障害が残ってしまった場合、障害（補償）年金や傷病（補償）年金が支給されます。しかし、障害の程度によっては介護が必要になる場合があり、障害（補償）年金などでは不十分で、介護費用の負担が増大する恐れがあります。また、近年では核家族化などにより家族間での介護ではなく民間の介護事業所から介護サービスを受けることも増え、さらに費用負担が大きくなる可能性があります。

　そこで、介護（補償）給付を設け介護に要した費用を労災保険の中から給付できるようにしました。

　具体的に、介護（補償）給付の対象者は、障害（補償）年金または傷病（補償）年金の１級と２級の受給権者で常時または随時介護を受けている必要があります。ただし、２級の受給権者は、精神神経・胸腹部臓器に障害をもつ受給権者に限られます。介護を行う者は、民間の有料の介護サービスだけに限定されず、親族、友人などによって介護を受けている場合も含まれます。

　また、受給権者が①障害者支援施設（生活介護を受けている場合）、②特別養護老人ホームまたは原子爆弾被爆者特別養護ホーム、③介護老人保健施設、介護医療院、④病院または診療所に入所している間は、十分な介護サービスが受けられているものと考えられるため、支給対象にはなりません。

● 介護（補償）給付には上限と下限がある

　給付は月を単位として支給されます。支給額は、受給対象者が常時

介護を受けているか随時介護を受けているかによって異なります。親族などによる介護の有無によっても異なります。

① 受給対象者が常時介護を必要とする場合

　民間の介護サービスを利用した場合には172,550円を上限として実際の支出に応じた介護費用が支給されます。親族などが介護を行った場合には、現実に支出した費用が77,890円未満の場合には、費用が発生していなくても一律77,890円が支給されます。77,890円を上回って費用を支出した場合は、172,550円を上限として、その額が支給されます。

② 受給対象者が随時介護を必要とする場合

　民間の介護サービスを利用した場合には86,280円を上限として実際の支出に応じた介護費用が支給されます。親族などが介護を行った場合には、現実に支出した費用が38,900円未満の場合には、費用が発生していなくても一律38,900円が支給されます。38,900円を上回って費用を支出した場合は、86,280円を上限として、その額が支給されます。

■ 介護補償給付 ……………………………………………………………

介護（補償）給付

常時介護必要
① 民間の介護サービスを利用する場合
　…実費（上限 172,550 円）
② 親族などが介護を行う場合で支出した額が 77,890 円未満
　…一律 77,890 円
③ 親族などが介護を行う場合で支出した額が 77,890 円以上
　…支出した額（上限 172,550 円）

随時介護必要
① 民間の介護サービスを利用する場合
　…実費（上限 86,280 円）
② 親族などが介護を行う場合で支出した額が 38,900 円未満
　…一律 38,900 円
③ 親族などが介護を行う場合で支出した額が 38,900 円以上
　…支出した額（上限 86,280 円）

遺族（補償）給付

● 遺族（補償）給付は遺族の生活保障を目的とする

　労働者が仕事中（業務上）または通勤途中に死亡した場合に、残された遺族の生活保障を目的として支給されるのが労災保険の遺族（補償）給付です。遺族（補償）給付には、遺族（補償）年金と遺族（補償）一時金の２種類があります。

　遺族（補償）年金の受給資格者がいる場合には、その者に遺族（補償）年金が支給されます。遺族（補償）年金の受給資格者がいない場合や、遺族（補償）年金の受給資格者はいるがその権利が消滅し、他に年金を受け取る遺族がいない場合には、一定の遺族に遺族（補償）一時金が支給されます。

● 受給権者だけが給付を受けられる

　遺族（補償）年金を受ける権利のある遺族を「受給資格者」といいます。

　受給資格者になることができる遺族は、労働者の死亡当時にその労働者の収入によって生計を維持していた配偶者、子、父母、孫、祖父母、兄弟姉妹です。この場合の配偶者には事実上婚姻関係（内縁関係）と同様の事情にある者を含みます。また妻以外の遺族については、18歳未満であることや一定の障害状態にあることなどの要件があります。なお、18歳未満とは、18歳になってから最初の３月31日までの者を指します。

　これらの受給資格者のうち、最も先順位の者（遺族）だけが受給権者となって、実際に遺族（補償）年金を受給することになります。

　なお、労働者が労災事故で死亡した場合、受給権者（遺族）は給付基礎日額の最高1,000日分まで（200日単位）の希望する額の一時金を

前払いで請求することができます。これを遺族（補償）年金前払一時金といいます。

● 受給権者が２人以上のときは等分して支給される

　労災で亡くなった労働者の遺族に対しては、遺族（補償）年金が支給されますが、遺族（補償）年金は遺族の数に応じて支給額が変わります。受給権者が２人以上あるときは、遺族（補償）年金の支給額を等分した額がそれぞれの受給権者に支給されます。さらに、特別支給金として遺族特別支給金（一時金）と遺族特別年金が支給されます。

　ただ、遺族は誰でもよいわけではありません。続柄や年齢などの制限があり、受給権の順位も決まっていて、最先順位の遺族だけに支給されます。最先順位の遺族が死亡や婚姻などにより受給権者でなくなったときは、次順位の遺族が受給することになります。これを転給といいます。

■ 遺族（補償）給付 ・・・

生計維持の人数	遺族（補償）年金		遺族特別支給金※2		遺族特別年金※2	
1人	年金	給付基礎日額の153日分	一時金	300万円	年金	算定基礎日額の153日分
		給付基礎日額の175日分※1				算定基礎日額の175日分
2人		給付基礎日額の201日分				算定基礎日額の201日分
3人		給付基礎日額の223日分				算定基礎日額の223日分
4人以上		給付基礎日額の245日分				算定基礎日額の245日分

※1　55歳以上の妻、または一定障害の妻の場合の支給日数です。
※2　遺族特別支給金、遺族特別年金とは遺族（補償）年金に加えて行われる給付です。
　　遺族特別年金の支給額の単位となる算定基礎日額は、原則として１年間に支払われた
　　賞与の総額を基にして決定します。

葬祭料

● 葬祭料は遺族や葬儀を行った者に支給される

葬祭料（葬祭給付）は、労働者が業務上または通勤途中に死亡した場合に、死亡した労働者の遺族に対して支給されます。

業務上の災害などで死亡した場合の給付を「葬祭料」、通勤途中の災害などで死亡した場合の給付を「葬祭給付」といいます。

葬祭料（葬祭給付）の支給対象者は、実際に葬祭を行う者で、原則として死亡した労働者の遺族です。

ただし、遺族が葬儀を行わないことが明らかな場合には、実際に葬儀を行った友人、知人、近隣の人などに支払われます。

また、社葬を行った場合は、会社に対して葬祭料が支給されます。なお、葬祭を行う遺族がいないわけではなく、会社が「恩恵的、功労的趣旨」で社葬を行った場合には、葬祭料は会社ではなく遺族に支払われます。

葬祭料（葬祭給付）は、次の①と②の2つを比較していずれか高いほうの金額が支給されます。

① 315,000円＋給付基礎日額の30日分
② 給付基礎日額の60日分

● 葬祭料はどのように請求するのか

葬祭料（葬祭給付）を実際に請求する場合は、死亡した労働者が勤めていた事業所の所轄労働基準監督署に「葬祭料又は複数事業労働者葬祭給付請求書」または「葬祭給付請求書」を提出します。死亡した労働者の住所地の管轄労働基準監督署ではないので注意が必要です。

葬祭料（葬祭給付）を請求する場合の添付書類には、死亡診断書や

死体検案書などがあり、労働者の死亡の事実と死亡年月日を確認するための書類となります。

　なお、葬祭料（葬祭給付）は、あくまでも労働者の死亡に対して支給される給付であるため、葬祭を執り行った際にかかった費用の額を証明する書類の提出などは必要ありません。

● 遺族補償年金との関係は

　葬祭料（葬祭給付）の支給要件は、「労働者が業務上または通勤途中に死亡した場合」です。そのため、たとえ傷病（保障）年金を受給している労働者が死亡した場合でも、その死亡理由が「私的な疾病」などによる場合は、葬祭料（葬祭給付）は支給されません。

　また、葬祭料（葬祭給付）の請求は、遺族（補償）給付と同じ時期に行う必要はありません。ただし、遺族（補償）給付の請求書をすでに提出している場合は、労働者の死亡に関する証明書類を提出していることになるため、改めて提出する必要はありません。なお、葬祭料（葬祭給付）の請求者が、必ずしも遺族（補償）給付の受給権利を持つ者である必要はありません。

■ 葬祭料・葬祭給付の請求 ……………………………………………

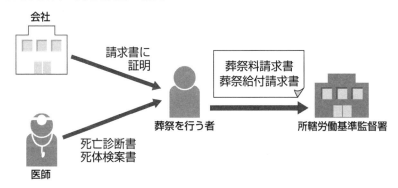

13 二次健康診断等給付

● 二次健康診断等給付は労災予防のためにある

　近年、会社などの定期健康診断によって身体に何らかの異常が発見されるなど、健康に問題を抱える労働者が増えています。また、業務によるストレスや過重な労働により、脳血管疾患や心臓疾患などを発症し、死亡または障害状態になったとして労災認定される件数も増えてきています。

　そこで、労災保険では、あらかじめ医師による検査や指導を受けることができる給付を設けました。これが「二次健康診断等給付」です。

　二次健康診断等給付は、社会問題にもなった過労死の最大の原因とされる生活習慣病（従来の成人病）の発症を予防することを目的として、平成13年（2001年）に始まった制度です。

　会社などでの定期健康診断（一次健康診断）の結果、①肥満、②血圧、③血糖、④血中脂質の4つの項目すべてに異常の所見（医師のコメント）が認められた場合に、二次健康診断や特定保健指導を受けることができます。

● 二次健康診断等給付の診断

　二次健康診断等給付では、指定医療機関になっている病院・診療所で健康診断や指導などを無料で受けることができます（現物給付）。

　健康診断とは、脳血管や心臓の状態を把握するために必要な医師による検査のことです。一方、二次健康診断等給付で行われる指導とは、前述の医師による検査の結果に基づいて行われる指導です。これを特定保健指導といい、医師または保健師が面接によって行います。特定保険指導では、二次健康診断の結果に基づき、脳血管疾患及び心臓疾

患の発生の予防を図るために医師または保健師による面接により、栄養指導、運動指導、生活指導が行われます。

　なお、会社の定期健康診断などの前にすでに脳・心臓疾患の病状があった労働者については、二次健康診断等給付の対象とはなりません。

● 二次健康診断等給付の請求手続き

　二次健康診断等給付の請求は、労働者本人が労災指定病院に対して行いますが、給付請求書には事業主の証明が必要になります。二次健康診断等給付を受けようとする医療機関（病院など）を経由して所轄都道府県労働局に、二次健康診断等給付請求書を提出します。

■ 二次健康診断等給付の概要 ……………………………………

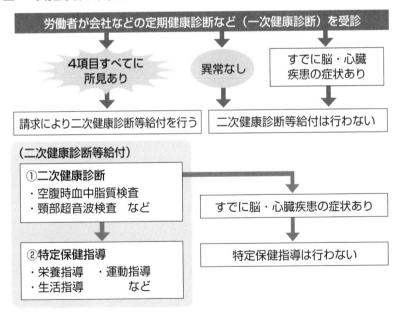

スライド制と年金の支給方法

● 年金給付にはスライド制が適用される

　労災保険の給付は、被災した労働者が失った稼得能力を補てん（埋め合わせ）することを目的としています。そのため、被災した時点でその労働者がどの程度の所得であったかを基準として、給付の水準（額）が決まることになります。

　しかし、年金給付のように何年もの長期にわたって給付するものについては、被災時の賃金によって補てんを続けていけば、物価変動などの時間の経過による賃金水準の変動が反映されず、実質的な稼得能力に反映されないことになります。このような不都合をなくし、給付水準を適正にするために設けられた制度がスライド制です。

　労災保険の年金給付については、被災労働者の被災時点の平均賃金額にスライド率を掛けて算出される額に給付日数などを掛けた額を実際の給付額（年金額）とします。

● 年齢階層別の最低・最高限度額

　スライド制によって、物価変動などの時間の経過が給付額に反映されます。しかし、年齢によって必要となる給付額は異なります。そこで、年齢階層別に最低・最高限度額が設定されています。つまり、スライド制と年齢階層別の最低・最高限度額の制度によって、療養の長期化に対する所得の補てんが行われています。

● 年金の支払期月は偶数月である

　労災の年金としての保険給付は、月単位で支給がなされます。年金は支給すべき事由の生じた月の翌月から支給を受ける権利が消滅した

月まで支給されることになっています。また、年金の支給を停止する事由が生じたときは、その事由が生じた月の翌月から支給を停止する事由の消滅した月まで支給が停止されます。

　なお、年金としての保険給付の支払期月は、毎年2月、4月、6月、8月、10月、12月の偶数月（年6回）になっています。それぞれの支給月について、前月分までの2か月分が支給されます。たとえば、2月に支給を受けることになるのは、前年の12月分とその年の1月分の年金ということになります。ただ、支給を受ける権利が消滅した場合は、その月までの分について、支払期月でない月でも支給されることになります。

● 年金計算の端数処理

　年金の給付基礎日額は、原則として、労働基準法12条の平均賃金に相当する額とされていますが、給付基礎日額に1円未満の端数がある場合はこれを切り上げることになっています。また、保険給付の支給金額について、1円未満の端数が生じた場合は、その端数について切り捨てることになっています。

■ スライド制と年齢階層別の最低・最高限度額 ･････････････････

給付基礎日額

スライド制
賃金水準の変動など時間の経過による変動を反映

年齢階層別の最低・最高限度額
年齢によって必要となる給付額の限度を反映

未支給の保険給付、死亡の推定、受給欠格

● 未支給のまま死亡した場合は遺族が請求できる

労災保険の保険給付を受ける権利のある者が死亡した場合、その死亡した受給権者に支給すべき保険給付で、まだ支給されていなかったもの（未支給の保険給付）があるときは、一定の遺族に限って、自分（自己）の名で未支給の保険給付を請求することができます。

未支給の保険給付は次の区分によって、それぞれの遺族が請求できますが、該当する者がいない場合は、民法上の相続人が請求権者となります。

① 未支給の保険給付が遺族（補償）年金の場合

死亡した労働者（死亡した受給権者ではない）の配偶者、子、父母、孫、祖父母、兄弟姉妹で、死亡した受給権者と同順位者または次順位者が請求権者となります。

② ①以外の保険給付

受給権者の死亡時にその者と生計を同じくしていた配偶者、子、父母、孫、祖父母、兄弟姉妹であって、その最先順位者が請求権者となります。

● 労災保険では民法の失踪制度より早く死亡を認定する

民法では、人が蒸発などで行方不明になった場合（普通失踪）は7年、船舶の沈没など事故で生死不明になった場合（特別失踪）は1年たったときに、家庭裁判所がその者を死亡したものとみなすという制度があります。

労災事故が起こった場合も、その事故に巻き込まれた労働者の生死が確認できないケースが考えられます。このような場合、民法の規定

どおり、事故後1年経過してからでないと労災保険の遺族（補償）給付などが受けられないとなると、遺族の救済が図られないことになってしまいます。

　そこで、労災保険の給付については、民法の原則に修正を加えて給付を行うことにしました。

　沈没・転覆・滅失・行方不明になった船舶に乗っていた労働者、あるいは乗船していた船舶の航行中に行方不明となった労働者について、その生死が3か月間わからない場合、労災保険の支給に関する規定の適用については、その船舶が沈没・転覆・滅失・行方不明になった日、あるいは労働者が行方不明になった日にその労働者が死亡したものと推定します。労働者の死亡が3か月以内に明らかとなったものの、その死亡の時期がわからない場合は、その事故があった日に死亡したものと推定します。これは、航空機の事故の場合も同様に取り扱われます。

● 受給資格者になれない者もいる

　下図の欠格事由に該当する者は遺族（補償）給付の受給資格者にはなれません。

■ 受給者の欠格【遺族（補償）給付】………………………………

欠格

①労働者を故意に死亡させた者

②労働者の死亡前にその労働者の死亡により遺族（補償）年金を受けることができる先順位または同順位の遺族となる者を故意に死亡させた者

③遺族（補償）年金を受けることができる遺族で自分よりも先順位または同順位の受給権者となる遺族を故意に死亡させた者

支給制限と費用徴収

● 保険給付を行わないこともある

労働者が故意または重大な過失により、ケガ、病気、障害、あるいは死亡またはその直接の原因となった労災事故を起こした場合、次ページの図①～④のように保険給付が制限されます。

● 事業主の責任が重い場合には費用徴収される

政府は以下の事由に該当する場合には、事業主から労災保険の保険給付に要した費用の全部または一部を徴収することができます。業務災害の保険給付については、労働基準法の災害補償の価額の限度で費用を徴収します。複数業務要因災害の保険給付については、複数業務要因災害を業務災害とみなした場合に支給される保険給付に相当する災害補償の価額の限度で費用を徴収します。

また、通勤災害による保険給付については、通勤災害を業務災害とみなした場合に支給される保険給付に相当する災害補償の価額の限度で費用徴収が行われます。

① **事業主が故意または重大な過失によって、保険関係成立届を提出していない期間に発生した保険事故について保険給付を行った場合**

保険事故発生日から保険関係成立届提出日の前日までに支給される保険給付につき、支給のつど、保険給付額の100分の100または100分の40に相当する額が徴収されます。

② **事業主が概算保険料を納付しない期間中（督促状に指定する期限までの期間を除く）に発生した保険事故について保険給付を行った場合**

督促状による指定期限後から概算保険料を完納した日の前日までに

支給事由が発生した保険給付について、給付額に滞納率（最高40％）を掛けて算出した額が支給のつど事業主から徴収されます。

③　**事業主が故意または重大な過失によって発生させた保険事故（業務災害に限る）について保険給付を行った場合**

　支給のつど、保険給付額の100分の30に相当する額が徴収されます。

　なお、療養（補償）給付、介護（補償）給付、二次健康診断等給付については、給付内容の性質上、事業主からの費用徴収を行いません。

■ 保険給付の制限 ……………………………………………………

①	故意に労災事故を発生させた場合	保険給付は行われない
②	故意の犯罪行為または重大な過失により、労災事故を発生させた場合	保険給付の全部または一部が行われない。故意の犯罪行為とは、事故の発生を意図したつもりはなくてもその原因となる犯罪行為が故意であるということ。たとえば、仕事中に飲酒し、その直後に会社の車を運転して、事故を起こした場合などがこれにあたる
③	正当な理由がなく療養に関する指示に従わないことにより、負傷、疾病、障害もしくは死亡もしくはこれらの原因となった事故を生じさせ、または負傷、疾病もしくは障害の程度を増進させ、もしくはその回復をさまたげたとき	その事案1件につき、休業（補償）給付の10日分または傷病（補償）年金の365分の10相当額が減額される
④	労働者が刑事施設、労役場、少年院等の施設に収容されている場合	これらの期間は、働くことができる期間とはいえないため、休業（補償）給付が支給されない

事業主の損害賠償との調整

● 給付請求権と損害賠償請求権が重なるときとは

　業務災害としての労災事故の中には、事業主の責任で起きるものもあります。この場合、被災労働者やその遺族は、労災保険（政府）に対して、保険給付を請求する権利を取得すると同時に、民法上、事業主に対しても損害賠償を請求する権利を取得することになります。しかし、両方の請求権を認めると、被災労働者やその遺族は、１つの事故で二重の補てんを受けることになります。

　これでは、事業主が、万が一の事故が起きてしまったときの保険として、労災保険を全額負担していることの意味がなくなってしまいます。そこで、このようなケースでは、あらかじめルールを決めて調整を図ることにしました。

● 保険給付先行時は事業主の賠償が猶予・免責される

　被災労働者やその遺族が障害（補償）年金または遺族（補償）年金を受給できる場合で、障害（補償）年金前払一時金または遺族（補償）年金前払一時金を請求できる場合に、同じ事由で事業主から損害賠償を受けることができるときは、次ページ図①または②の調整がなされます。

● 損害賠償先行時は保険給付額が調整される

　被災労働者やその遺族が労災保険の保険給付を受けることができる場合で、同一の事由につき、事業主から損害賠償を受けたときは、政府は厚生労働大臣が定める基準により、その価額の限度で保険給付を行わないことができます。

ただし、前払一時金の最高限度額に達するまでの年金給付について
は、事業主から損害賠償を受けても調整されずに支給されます。

● 支払名目によっては支給調整されないこともある

　損害賠償の支給調整を行うこととなる受給権者の範囲は、調整の事
由となる損害賠償を受けた受給権者本人に限られます。遺族（補償）
年金（68ページ）の受給権者の場合、先順位の受給権者が失権したこ
とによる後順位の受給権者については、支給の調整は行わないことに
なっています。

　また、損害賠償と似たようなものとして、示談金や和解金といった
ものがありますが、これらについては、労災保険が将来にわたって支
給されることを前提として、それとは別に支払われる場合は支給調整
の対象とはなりません。見舞金などのようにそもそも損害賠償の性質
を持たないものについても支給調整は行いません。

■ 事業主側における調整 ･････････････････････････････････

事業主側の調整

① 履行猶予

事業主は被災労働者やその遺族が労災の年金給付
を受ける権利が消滅するまでの間、その年金給付
にかかる前払一時金の最高限度額（年5分の法定
利率による調整あり）を限度として損害賠償をし
ないことができる

② 免責

①によって損害賠償の履行が猶予されている期間
中に年金や前払一時金が支給された場合、事業主
はその年金給付または前払一時金の額（年5分の
法定利率による調整あり）を限度として損害賠償
の責めをのがれる

⑱ 不法行為による災害の発生

◉ 第三者行為災害の典型は交通事故などである

　労災保険は、仕事中や通勤中に起こった災害で労働者が負ったケガなどに対してさまざまな給付をしています。

　災害の中には、会社の営業で外回りをしていて横断歩道を渡っているときに車にはねられたり、マイカー通勤者が出勤途中に追突されてケガをしたり、社用で文房具店に向かうために道路を歩行していたら、建設現場から飛来してきたものにあたって負傷したといった災害もあります。このように労災保険の給付の原因である事故が労災保険の保険関係の当事者（政府、事業主、労災保険の受給権者）以外の者（第三者）の行為（不法行為）によって生じた災害を第三者行為災害といいます。

　第三者行為災害にあたる行為としては、交通事故をイメージするといちばんわかりやすいと思います。また、建築物や設備などの工作物の瑕疵（欠陥）や他人が飼育する動物によって生じた事故や、ケンカなどでケガをした場合などにも第三者行為災害になる場合があります。

　第三者行為災害を原因とする労災保険の給付は、通常の労災保険の給付とは異なる手続が必要になります。

◉ 第三者行為災害の成立要件は２つある

　第三者行為災害が成立するには、次の２つの要件を満たす必要があります。

① 　保険給付の原因である事故が第三者の行為によって生じたものであること

② 　第三者が被災労働者や遺族に損害賠償の義務を有していること

①と②の２つの要件を満たし、第三者行為災害が成立した場合、被災労働者は、加害者に対して損害賠償を請求する権利を得ることになります。また、労災事故が発生したわけですから、同時に労災保険に対して給付を請求する権利を得ることになります。

　しかし、同じ事由（第三者行為災害）で加害者と労災保険の双方から損害賠償を受けることができるとすると、被災労働者は二重に補てん（埋め合わせ）がなされることになります。これでは、被災労働者といってももらい過ぎになり、不公平です。

　また、ケガをした労働者に補てんされる損失は、最終的には損害賠償責任のある相手方（事故の加害者）が負担するべきです。

◉ 調整方法には求償と控除がある

　第三者行為災害については、労災保険の給付と加害者が行う損害賠償を調整することにしています。調整の方法については、求償と控除という２種類があります（下図）。

■ 求償と控除 ·····································

損害賠償の調整

① 求償
労災保険の給付を先に行った場合に、労災保険で給付した分の金額を災害の加害者から返してもらうこと

② 控除
被災労働者が労災保険の給付がなされる前に加害者から損害賠償を受けた場合に、賠償を受けた額の範囲で国が労災保険の給付をしないこと

特別支給金とボーナス特別支給金

● 社会復帰促進等事業は労働者や遺族の保護を充実させる

　労災保険の給付だけでは災害を受けた労働者や遺族の保護が十分とはいえません。そこで、労働者や遺族の保護をさらに充実させるための事業として社会復帰促進等事業があります。

● 特別支給金は保険給付とは別に支給される

　社会復帰促進等事業の中で労災保険の保険給付と関連の深い制度として、「特別支給金」制度があります。特別支給金は、労災保険の保険給付を受けることができる者に対して、保険給付とは別に支給されるものです。特別支給金には、労災保険の各種保険給付に上乗せして定率または定額で支給する一般の特別支給金と、賞与（ボーナス）などの特別給与を基礎として支給するボーナス特別支給金があります。

● ボーナス特別支給金は前年の特別給与から計算する

　労災保険の保険給付の額の算定基礎となる給付基礎日額には、ボーナス分の額が加味されていません。

　そこで、特別支給金の他に、ボーナスについて支給の算定基礎とするボーナス特別支給金が支給されることになっています。ボーナス特別支給金の種類は、傷病特別年金、障害特別年金、障害特別一時金、障害特別年金差額一時金、遺族特別年金、遺族特別一時金です。

　特別給与を基礎とするボーナス特別支給金の支給額を算出するときには、算定基礎日額を基礎として計算します。

　算定基礎日額は、原則として被災日以前1年間に支払われた賞与など（3か月を超える期間ごとに支給された特別給与）の合計額（算定

基礎年額）を365で割った金額です。

　ただ、算定基礎年額には上限があります。前述の原則によって算出した算定基礎年額が、①給付基礎日額の365日分の額の20％と、②150万円のいずれか低いほうの額を上回る場合は、①と②のうち低いほうの額が算定基礎年額になります。

　たとえば、傷病等級１級の人の算定基礎年額が80万円、給付基礎日額が１万円だとします。この場合、給付基礎日額の365日分の額の20％が73万円ですので、80万円ではなく、73万円が算定基礎年額となります。そして、傷病等級１級の傷病特別年金額は、算定基礎日額の313日分と定められていますので、支給金額は73万円÷365×313より、62万6000円となります。

■ 一般の特別支給金 ………………………………………………

①	休業特別支給金 （定率支給）	１日につき、休業給付基礎日額の 100 分の 20 相当額が支給される。「給付基礎日額」とは、労災保険のそれぞれの給付の計算の基礎となるもので、被災労働者の１日あたり平均賃金のこと
②	傷病特別支給金	傷病（補償）年金を受ける者に対して、傷病等級に応じて（第１級は 114 万円、第２級は 107 万円、第３級は 100 万円）、一時金が支給される
③	障害特別支給金	障害（補償）年金を受ける者に対して、障害等級に応じて（342 万円〜８万円）一時金が支給される
④	遺族特別支給金	労働者の遺族である配偶者、子、父母、孫、祖父母、兄弟姉妹のうちで最先順位にある者に対して、300 万円の一時金が支給される（二人以上の場合は人数で割る）

副業時の労災

● 副業・兼業と労災保険

　労災保険は、正社員・パート・アルバイトなどにかかわらず雇用されているすべての労働者が加入します。そして、業務中や通勤時に被った負傷、疾病、障害、死亡に対して必要な給付を受けることができます。令和2年9月からは、本業と副業・兼業のように複数の事業場で働く労働者についての労災保険の改正が行われ、給付基礎日額の計算方法などが変更されています。

①　複数事業労働者が業務中に被災した場合の給付額

　複数事業労働者がA社で10万円、B社で7万円の賃金（平均賃金）を支給されていたケースで、B社で業務災害にあった場合、給付額はB社（災害発生事業場）で得ていた7万円だけではなく、A社とB社の賃金の合計額17万円を基に給付基礎日額が算定されます。なお、日給や時給の場合には、給付基礎日額の原則の計算方法の他に、最低保障平均賃金（60ページ）がありますが、各事業場の合算前の計算では、最低保障平均賃金を適用せずに計算し、合算することになります。

②　複数事業労働者が通勤中に被災した場合の給付額

　複数事業労働者が通勤中に被災した場合でも、①と同様、両方の使用者から支払われる賃金の合計を基に保険給付額が算定されます。

③　複数業務要因による災害

　脳・心臓疾患や精神障害などの疾病は、複数の事業で働く労働者がいずれかの事業場の要因で発症したかがわかりにくい労働災害です。

　複数事業労働者の精神障害や脳・心臓疾患の労災認定においては労働時間の通算が行われ、A社とB社で労働時間を通算して労災認定の基準時間となる160時間や100時間を超えていた場合には、労災認定が

される可能性があります。

このように、A社とB社の時間外労働やストレスなどの業務負荷を総合的に評価して労災認定された災害を「複数業務要因災害」といいます。

● 保険料はどのように算定するのか

労災保険料は、保険給付の実績額に基づいて算定されます。たとえば、労災発生が多い事業場は保険料が高く、労災発生が少ない事業場は保険料が低くなります（メリット制）。

法改正によって、非災害発生事業場の分も合算した賃金額をベースに労災給付がなされることになりますが、非災害発生事業場にとっては努力しても防ぎようのない労災であるため、非災害発生事業場の次年度以降の保険料には反映させないものとしています。

● どんな保険給付があるのか

複数事業労働者の保険給付には以下の給付があります。
・複数事業労働者休業給付
・複数事業労働者療養給付
・複数事業労働者障害給付
・複数事業労働者遺族給付
・複数事業労働者葬祭給付
・複数事業労働者傷病年金
・複数事業労働者介護給付

● どのように申請するのか

複数業務要因災害に関する保険給付の申請は、業務災害の場合は、「業務災害用・複数業務要因災害用」の様式を使用します。業務災害と複数業務要因災害に関する保険給付は同時に行います。複数事業労働者にあたらない場合は、従来通り、業務災害として労災認定を行います。

「その他就業先の有無」を記載する際には、脳・心臓疾患や精神障害などの疾病はどちらの事業場が原因かの判断がつきにくいため、おもに負荷があったと感じる事業場の事業主から証明をもらい提出します。

様式は、厚生労働省のホームページからダウンロードできます。

https://www.mhlw.go.jp/stf/seisakunitsuite/bunya/koyou_roudou/roudoukijun/rousaihoken.html

なお、本書の202ページから213ページにも、複数事業労働者が業務災害・通勤災害の保険給付の請求をする際の手続き方法やポイント、書式記載例（書式17 〜 20）を掲載しておりますので、ご参照下さい。様式は、通常の労災給付支給請求書と共通の様式を使用しますが、「その他就業先の有無」の欄に必要事項を記入する必要があります。

■ 給付額の算定の基となる賃金の考え方 ……………………………

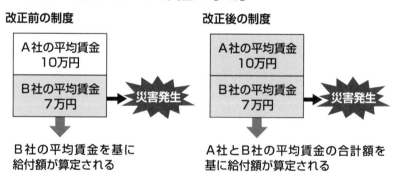

第3章

雇用保険のしくみ

① 雇用保険とは

● 雇用保険の給付の概要

　雇用保険の給付については、失業時に支給される基本手当など、求職者給付と呼ばれる給付が中心です。また、失業した労働者の再就職の促進のための給付（就職促進給付）や、高齢者や育児・介護を行う労働者の雇用の継続を促進するための給付（雇用継続給付）、一定の教育訓練を受けたときに支給される給付（教育訓練給付）もあります。

● 失業等給付には４種類ある

　雇用保険の給付（失業等給付）は、大きく分けて次ページの図のように４種類の給付があります。「失業」に対して支給される給付が、①求職者給付と②就職促進給付です。また、「雇用の継続困難」に対して支給される給付が、③雇用継続給付です。さらに、「教育訓練の受講」に対して支給される給付が、④教育訓練給付です。雇用保険の給付は、失業に限らず幅広い給付があることに特徴があります。

①　求職者給付

　求職者給付は、被保険者が離職して失業状態にある場合に、失業者の生活の安定と求職活動を容易にすることを目的として支給される給付です。失業者が離職票などを持って公共職業安定所（ハローワーク）に行き、必要な手続をすることで支給されます。雇用保険の中心的な給付になります。

②　就職促進給付

　失業者が再就職するのを援助、促進することをおもな目的とする給付です。求職者給付は失業中に支給されるので、求職者にとっては就職に対する意欲が低くなりがちです。そこで、就職促進給付は早い段

階で再就職を行うと支給されるボーナス的な給付です。また、就職に際しての引越し代などの給付もあります。

③ 雇用継続給付

働く人の職業生活の円滑な継続を援助、促進することを目的とする給付です。高年齢者、育児・介護休業中の所得補てんを行う給付があります。

④ 教育訓練給付

働く人の主体的な能力開発の取組を支援し、雇用の安定と能力開発・向上を目的とする給付です。

■ 雇用保険の給付の概要 ···

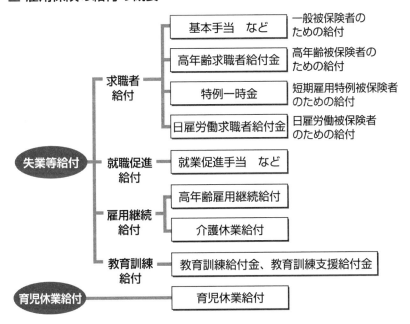

適用事業所と被保険者

● 1人でも人を雇ったら雇用保険の適用事業所となる

事業所で労働者を1人でも雇った場合、原則として、雇用保険に加入しなければなりません。このように強制的に雇用保険への加入義務が生じる事業所を強制適用事業所といいます。雇用保険は事業所ごとに適用されるため、本店と支店などは個別に適用事業所となります。

個人事業の場合、例外的に強制的に適用事業所にならない事業所もあります。これを暫定任意適用事業といいます。暫定任意適用事業となるのは、個人経営で常時5人未満の労働者を雇用する農林・畜産・養蚕・水産の事業です。暫定任意適用事業は、事業主が申請して厚生労働大臣の認可があったときに適用事業所となることができます。

● 雇用保険の被保険者には4種類ある

雇用保険の制度に加入することになる者（労働者）を被保険者といいます。次の4種類（種別）に分けられます。

① 一般被保険者

次の②～④までの被保険者以外の被保険者で、ほとんどの被保険者がこれに該当します。一般被保険者とは、1週間の所定労働時間が20時間以上で、31日以上雇用される見込みのある者のことです。フリーターやパートタイム労働者も、この要件を満たせば雇用保険の被保険者になります。

約1か月以上雇用する労働者について雇用保険に加入させなければなりませんので、事業主としては、気をつける必要があるでしょう。

② 高年齢被保険者

同一の事業主の適用事業に、65歳前から65歳以降も引き続き雇用さ

れている者や、65歳以降に新たに雇用された者が該当します。ただ、③と④に該当する者は除きます。

③　短期雇用特例被保険者

　冬季限定の清酒の醸造や夏季の海水浴場での業務など、その季節でなければ行えない業務のことを季節的業務といいます。季節的業務に雇用される者のうち、雇用される期間が1年未満で雇用期間が4か月以内の者及び週の労働時間が30時間未満の者を除いた者が短期雇用特例被保険者として扱われます。

　ただし、④に該当する者は除きます。また、短期雇用特例被保険者が同一の事業主に1年以上引き続いて雇用された場合は、1年経ったときから短期雇用特例被保険者から一般被保険者に切り替わります。

④　日雇労働被保険者

　雇用保険の被保険者である日雇労働者のことです。日雇労働者とは、日々雇い入れられる者や30日以内の短い期間を定めて雇用される者のことです。ただし、前2か月の各月において18日以上同一の事業主に雇用された場合や、同一の事業主に継続して31日以上雇用された場合は、①一般被保険者または③短期雇用特例被保険者、65歳以上の場合は、②高年齢被保険者への切り替えが行われます。

■ 被保険者の種類 ……………………………………………………

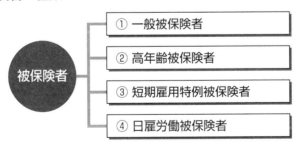

3 適用除外

● 適用除外となる労働者は6種類に区分される

雇用保険の適用事業所に雇用された労働者であっても、雇用保険の被保険者にならない者もいます（適用除外）。たとえば、以下の①～⑥に挙げる労働者は、雇用保険の適用対象から除外されます。

① 一週間の所定労働時間が20時間未満である者

高年齢被保険者の特例であるマルチ高年齢被保険者および日雇労働被保険者に該当しない限り、被保険者になりません。

② 同一の事業主に31日以上継続して雇用される見込みがない者

雇用期間が30日以下の者は、日雇労働被保険者に該当しない限り、被保険者にはなりません。

③ 季節的事業に雇用される者のうち、労働期間・時間が短い者

季節的に雇用される労働者は短期雇用特例被保険者の対象になりますが、雇用期間が4か月以内の者または週の労働時間が30時間未満の者は雇用保険の被保険者にはなりません。

④ 学校教育法の学校の学生または生徒

ただし、昼間学生や生徒であっても休学中の者、定時制で夜間の学校に通っている場合は、雇用保険の被保険者となります。

⑤ 国家公務員や地方公務員など

国家公務員や地方公務員などが他の法令の規定により、雇用保険よりも充実した給付を受けることができると認められる場合は、雇用保険の被保険者から除外されています。

⑥ 船員で、一定の漁船に乗り組むため雇用される者

ただし、1年以上雇用される場合は、被保険者となります。

■ パートタイマーの取扱い ……………………………………………

1週間の所定労働時間	将来の雇用の見込み	
	31日未満	31日以上
20時間以上	×	一般被保険者
20時間未満	×	×

※×印のところに該当する者は被保険者とならない

■ 被保険者となる場合とならない場合 …………………………………

区　分	被保険者となる場合	被保険者とならない場合
法人の役員	会社などの取締役などの役員であっても、部長、工場長などの従業員としての身分があり、報酬の面からみても労働者的な性格の強い者（兼務役員）	①個人事業主や会社などの代表取締役、監査役 ②合名会社、合資会社の代表社員 ③法人の取締役で左記以外の者
2以上の適用事業に使用される者	その労働者が生計を維持するのに必要な賃金を受けている事業所について	左記の事業所以外の事業所（副業先）について
臨時内職的に雇用される者	右記のいずれにもあたらない者	下記のいずれかにあたる者 ①家計補助的に賃金を得ている者 ②反復・継続して就労しない者
家事使用人	おもに家事以外の仕事に従事するために雇われた者で、例外的に家事に使用されることのある者	おもに家事に使用される者
同居の親族	下記①～③のいずれの条件も満たす者 ①事業主の指揮命令に従っていること ②賃金額等を含めた就業の実態がその事業所の他の一般労働者と同じであること ③取締役などの役職にないこと	左記以外の者
昼間学生	下記のいずれかに該当する者 ①学校を休学して働いている場合 ②その者の学校で卒業見込証明書の発行を受け、卒業前に就職し、卒業後も継続してその事業所に勤務する場合 ③学校が一定の出席日数を課程終了の要件としない学校に在学する者であって、その事業所において同種の業務に従事する労働者と同様に勤務することができる場合	左記以外の者

基本手当の受給要件と受給額

● 基本手当をもらうのに必要なことは何か

　求職者給付のうち、中心となるのは一般被保険者に対する求職者給付である基本手当です。基本手当をもらうためには、①離職によって、雇用保険の被保険者資格の喪失が確認されていること、②現に失業していること、③離職日以前の2年間に通算して12か月以上の被保険者期間があること、の3つが要件になります。

　ただし、③の要件については、離職の原因が倒産・解雇・セクハラ等による離職といった点にある場合には、離職日以前の1年間に通算して6か月以上の被保険者期間があるかどうかで判断します。

　被保険者期間とは、各月の賃金支払基礎日数（基本給の支払の対象となっている日数のことで、有給休暇や休業手当の対象となった日数も加えられる）が11日以上の月を1か月とします。なお、各月ごとに区切った結果、端数が生じた場合、その期間が15日以上であり、賃金支払基礎日数が11日以上であれば、2分の1か月としてカウントします。

● 年齢や離職前6か月の賃金で給付額が決まる

　失業等給付は、人によって「もらえる額」が違います。

　一般被保険者の受ける基本手当は、離職前6か月間に支払われた賃金に基づきます。失業している1日あたりにつき賃金日額をもとにして計算した基本手当日額、だいたい離職前の賃金（賞与を除く）の平均と比べて50％〜80％（60歳以上65歳未満の人への給付率は45％〜80％）の金額が支給されます。賃金日額の低い人ほど給付率を高くするなど賃金格差の影響を抑えるように工夫されています。

> 基本手当の日額 ＝ 賃金日額×賃金日額に応じた給付率
> 　　　　　　　　（原則50 〜 80％）

　ここでいう賃金日額とは、原則として離職前6か月の間に支払われた賃金の1日あたりの金額で、退職前6か月間の給与の総額÷180日で計算されます。時給や日給、出来高払いによる賃金でもらっていた場合は、別に最低保障の計算を行います。

　次に、基本手当の日額は、賃金日額に50％〜 80％の給付率を掛けて計算します。給付率は、年齢と賃金日額によって異なります。たとえば、離職時の年齢が30歳以上45歳未満で賃金日額の範囲が12,580円超〜 15,430円以下の場合、給付率は5割と設定されているので、6,290円〜 7,715円が基本手当日額となります（令和5年8月1日改定）。給付率を決定する賃金日額の範囲は、毎月勤労統計における国民の平均給与額を基に毎年8月1日に変更されます。

　年齢と賃金日額によって給付率が異なるということは、世帯として生活費が多く必要であると見込まれる年齢層には多く給付するということです。所得の低かった人には給付率が高くなっており、反対に所得の高かった人の給付率は低くなっています。

■ 基本手当日額の計算式 ……………………………………

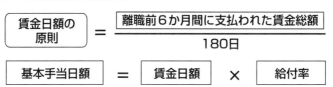

※給付率は、60歳以上65歳未満で、賃金日額によって45〜80％で、
　それ以外は賃金日額によって50〜80％
※賃金日額は、日給や時給の場合の最低保障の例外がある。また、
　年齢に応じた上限額、下限額もある

基本手当の受給日数と受給期間

● 所定給付日数はケース・バイ・ケース

　失業者に支給される求職者給付（基本手当）はどのくらいなのか確認しておきましょう。給付日数は離職理由、被保険者であった期間、労働者の年齢によって決定されます。

　次ページの図の一般受給資格者とは、自己の意思で退職した者のことです。また、特定受給資格者とは、事業の倒産、縮小、廃止などによって離職した者、解雇など（自己の責めに帰すべき重大な理由によるものを除く）により離職した者その他の厚生労働省令で定める理由により離職した者のことです。就職困難者とは、次のいずれかに該当する者のことです。

① 　身体障害者
② 　知的障害者、精神障害者
③ 　刑法などの規定により保護観察に付された者
④ 　社会的事情により就職が著しく阻害されている者（精神障害回復者など）

　基本手当の所定給付日数は、失業理由が自己都合か会社都合かによって変わってきます。自己都合で辞めた人より倒産・解雇などが原因で離職した人のほうが保護の必要性が高いので、給付日数も多めに設定されているのです。

　一般受給資格者は離職時等の年齢に関係なく、被保険者であった期間に応じて、90日から150日の給付日数となります。

　一方、特定受給資格者や特定理由離職者と認定された場合、退職時の年齢と被保険者期間に応じて、90日〜330日の給付が受けられます。

● 受給期間（受給期限）を過ぎると給付が受けられなくなる

　求職者給付には受給期間（または受給期限）があります。この期間を過ぎてしまうと、たとえ所定給付日数が残っていても、求職者給付の支給を受けられなくなります。

　基本手当の場合、離職の日の翌日から1年間に限り受給することができます。この期間を受給期間といいます。

　ただし、所定給付日数330日の者は離職の日の翌日から1年と30日、所定給付日数360日の者は離職の日の翌日から1年と60日がそれぞれ受給期間となります。

■ 基本手当の受給日数 ···

● 一般受給資格者の給付日数

離職時等の年齢 ＼ 被保険者であった期間	1年未満	1年以上5年未満	5年以上10年未満	10年以上20年未満	20年以上
全 年 齢 共 通	－	90日		120日	150日

● 特定受給資格者および特定理由離職者の給付日数

離職時等の年齢 ＼ 被保険者であった期間	1年未満	1年以上5年未満	5年以上10年未満	10年以上20年未満	20年以上
30歳未満	90日	90日	120日	180日	－
30歳以上35歳未満		120日	180日	210日	240日
35歳以上45歳未満		150日	180日	240日	270日
45歳以上60歳未満		180日	240日	270日	330日
60歳以上65歳未満		150日	180日	210日	240日

● 特定受給資格者が障害者などの就職困難者である場合

離職時等の年齢 ＼ 被保険者であった期間	1年未満	1年以上
45歳未満	150日	300日
45歳以上65歳未満		360日

6 特定受給資格者

● 特定受給資格者は所定給付日数が長い

　特定受給資格者とは、たとえば勤務先の倒産や解雇などによって、再就職先を探す時間も与えられないまま離職を余儀なくされた者をいいます。自己都合で退職した人と区別して、倒産などによる離職者を手厚く保護することを目的とした制度です。

　特定受給資格者に該当する一般被保険者であった者は、他の求職者よりも基本手当の所定給付日数が長く設けられています。特定受給資格者であるかどうかは、具体的には、次ページの図のように定められています。ハローワークではこの基準に基づいて受給資格を決定しています。また、会社の意思により労働契約が更新されなかった有期契約労働者や、一定のやむを得ない事情による自己都合退職者で、離職日以前の1年間に通算して6か月以上の被保険者期間がある者については、特定受給資格者に該当しない場合であっても、特定理由離職者として特定受給資格者と同様の雇用保険の給付を受けることができます。

● こんな場合の退職は特定受給資格者として扱われる

　特定受給資格者にあたるかどうかについてはハローワークが個別に判断する場合もあります。

　たとえば、会社都合で、入社した時に取り決めをした賃金が支払われなかったために退職したような場合です。この場合、就職後1年以内に退職した場合は特定受給資格者と認められます（ただし、1年を経過した時点では、採用時のことを理由に退職したとは認められないとされています）。また、毎月、所定の労働時間を超えた時間外労働が多すぎたため退職したような場合が該当します。

■ 特定受給資格者の判断基準 ·································

「解雇」等による離職の場合	①解雇により離職（自己の責めに帰すべき重大な理由によるものを除く） ②労働条件が事実と著しく相違したことにより離職 ③賃金の額の３分の１を超える額が支払期日までに支払われなかったこと ④賃金が、85％未満に低下したため離職 ⑤法に定める基準を超える時間外労働が行われたため、または事業主が行政機関から指摘されたにもかかわらず、危険若しくは健康障害を防止するために必要な措置を講じなかったため離職 ⑥法令に違反し妊娠中、出産後の労働者、家族の介護を行う労働者などを就業させた場合、育児休業制度などの利用を不当に制限した場合、妊娠・出産したこと、それらの制度を利用したことを理由として不利益な取扱いをした場合により離職 ⑦職種転換等に際して、労働者の職業生活の継続のために必要な配慮を行っていないため離職 ⑧期間の定めのある労働契約の更新により３年以上引き続き雇用されるに至った場合に更新されないこととなったことにより離職 ⑨期間の定めのある労働契約の締結に際し更新されることが明示された場合において契約が更新されないこととなったことにより離職 ⑩上司、同僚からの故意の排斥または著しい冷遇若しくは嫌がらせを受けたことによって離職 ⑪事業主から退職するよう勧奨を受けたことにより離職 ⑫使用者の責めに帰すべき事由により行われた休業が引き続き３か月以上となったことにより離職 ⑬事業所の業務が法令に違反したため離職
「倒産」等による離職の場合	①倒産に伴い離職 ②１か月に30人以上の離職の届け出がされた離職および被保険者の３分の１を超える者が離職した離職 ③事業所の廃止に伴い離職 ④事業所の移転により、通勤することが困難となったため離職

受給日数の延長

● どんな場合に基本手当の給付日数が延長されるのか

　基本手当の支給は、離職時の年齢、離職理由、被保険者期間、就職困難者か否かにより給付日数の上限が設けられています。しかし、社会情勢、地域性あるいは求職者本人の問題により、なかなか就職することができず、所定の給付日数だけでは保護が足りないこともあります。このような場合、所定給付日数を延長して、基本手当が支給されます。これを延長給付といいます。

　延長給付には、①訓練延長給付、②広域延長給付、③全国延長給付、④個別延長給付があります。

・訓練延長給付とは

　職業訓練を受け、職業能力を向上させることが就職につながると判断されたときに行われます。受給資格者が公共職業安定所長の指示により、公共職業訓練等を受講する場合に、ⓐ90日を限度として、公共職業訓練を受けるために待機している期間、ⓑ2年を限度として、公共職業訓練等を受けている期間、ⓒ30日を限度として、公共職業訓練等の受講終了後の期間について、失業している日については所定給付日数を超えて基本手当が支給されます。

　ただし、ⓒの場合は公共職業訓練が終わっても就職の見込みがなく、かつ、特に職業指導その他再就職の援助を行う必要があると認められた人についてのみ訓練延長給付が行われます。また、その延長された分だけ受給期間も延長されます。

・広域延長給付とは

　広域延長給付は、失業者が多数発生した地域において、広い範囲で職業の紹介を受けることが必要と認められる受給資格者について、90

日分を限度に所定給付日数を超えて基本手当が支給されます。受給期間も90日間延長されることになります。

・全国延長給付

　全国延長給付は、全国的に失業の状況が悪化した場合には、一定期間すべての受給資格者に対し90日を限度に所定給付日数を超えて基本手当が支給されます。受給期間も90日間延長されることになります。

・個別延長給付とは

　個別延長給付は、厚生労働大臣が指定する地域で、倒産や解雇などの理由により離職した者（特定受給資格者）、期間の定めのある労働契約が更新されなかったことにより離職した者やハローワークが「正当な理由」と認定した理由により自己都合により離職した者（特定理由離職者）に支給される延長給付です。

　たとえば、雇用されていた適用事業が激甚災害の被害を受けたため離職を余儀なくされた者などに対して、給付日数が60日（所定給付日数が270日または330日の場合は30日）延長されます。

■ 延長給付の順位 ···

① 個別延長給付

② 広域延長給付

③ 全国延長給付

④ 訓練延長給付

同じ人が2つ以上の延長給付を受給できるときは、①→②→③→④の順で給付が行われる。

⑧ 受給期間の延長

◉ 延長手続きをすれば支給を先送りできる

　雇用保険の失業等給付は、働く意思と働ける状況にある者に支給される給付です。そのため、出産や病気などにより働けない者には支給されません。そこで、出産や病気など一定の理由で働けない場合、失業等給付の支給を先送りすることができます。これを受給期間の延長といいます。

　原則の受給期間は1年ですので、受給期間を延長できる事由に該当したにもかかわらず、必要な手続をしなかった場合（支給を先送りしなかった場合）、失業等給付がもらえなくなることもあります。

　受給期間を延長できる理由は、以下のとおりです。

---

① 妊娠および出産
② 病気や負傷
③ 育児（3歳未満の乳幼児）
④ 親族の看護（6親等以内の血族、配偶者、3親等以内の姻族の看護に限る）
⑤ 事業主の命令による配偶者の海外勤務に同行
⑥ 青年海外協力隊など公的機関が行う海外技術指導による海外派遣（派遣前の訓練・研修を含む）

　これらの理由によって、すぐに職業に就くことができない場合は、本来の受給期間に加えて、その理由により就業できない日数が加算されます。たとえば、出産・育児により1年6か月働くことができない場合、本来の受給期間である1年に1年6か月を加えた2年6か月間

基本手当の受給期間が延長されます（受給期間の最長は4年）。

　なお、所定給付日数が330日の場合は3年から30日を引いた期間、360日の場合は3年から60日を引いた期間が、それぞれ最大延長期間となります。

　延長の申出は、引き続き30日以上働くことができなくなるに至った日の翌日から延長後の受給期間の最後の日までの間にハローワークに申請書を提出します。

◉ 60歳以上の定年による離職の場合も延長できる

　基本手当の受給期間は原則、離職の日の翌日から1年間となります。上記の理由以外にも、60歳以上の定年に達したことによっても受給期間を延長することが可能です。定年後にいったん仕事から離れて、旅行や家族のために時間を使いたいという離職者のための例外規定です。

　申出により、最大で1年間延長することが可能です。つまり、8か月延長の申出を行えば、受給期間は1年8か月になるということです。延長の申出は、離職日の翌日から2か月以内に行う必要があります。

■ 受給期間の延長 ……………………………………………………

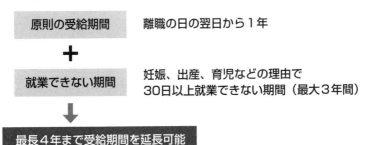

9 基本手当の給付制限

● 正当な理由があれば給付制限は解除される

　自己都合で会社を退職する場合、通常、自分から会社を辞める人は何らかの備えをしていますから、失業してもハローワークで手続きをしてから2か月または3か月経過しないと失業手当を受け取れません。これを給付制限といいます。この間、蓄えのない人は、財政的にも精神的にも厳しいでしょう。ハローワークが「特別な事情があって退職を余儀なくされた」と認定してくれれば、会社都合退職として扱われ、給付制限を免れますが、そのようなケースは少ないようです。

　しかし、会社都合退職でなくても、給付制限を受けずに手当を受給できるケースがあります。それは退職について、「正当な理由」がある場合です。「正当な理由」は大きく分けて5つあり、1つでも当てはまれば、給付制限が解除されます。「正当な理由」と認められるケースは、たとえば、病気を理由に退職する場合、家族の介護を理由に退職する場合、単身赴任によって家族との共同生活が困難になったことを理由に退職する場合などです（次ページの図）。

　前述した給付制限は、「公共職業訓練を受ける期間」については、課されないことになっています。つまり、制限期間中に職業訓練を開始すれば、受講開始日から給付制限が外れるということです。このしくみを利用すれば、給付制限期間を短くすることが可能です。そのためには、退職前から段取りよく行動する必要があります。受給手続き開始後から、訓練の受講を考え始めるのでは、受講開始までにかなり時間がかかってしまうからです。それでは、2か月または3か月の給付制限が終わるのを待つのと変わらなくなる恐れがあります。

● 職業指導などを拒むと給付制限がある

　失業手当は、就職しようとする積極的な意思がなければ給付されません。失業認定日などにハローワークに行った際、就職しようとする意志がないと判断されてしまうと給付制限が行われます。

　具体的には、ハローワークの紹介する職業に就くことを正当な理由なく拒んだ場合、公共職業訓練を受けることを正当な理由なく拒んだ場合、1か月間は、失業手当が支給されません。また、再就職を促進させる職業指導を拒んだ場合は1か月を超えない範囲で失業手当が支給されません。

　さらに、偽りや不正行為により失業手当を受けようとしたとき、または受けたときは、その日以後の失業手当は支給されません。

■ 正当な理由 ……………………………………………………………

正当な理由	
	体力の不足、心身の障害、疾病、負傷、視力の減退、聴力の減退、触覚の減退等により離職した者
	妊娠、出産、育児等により離職し、雇用保険法が定める受給期間延長措置を受けた者
	父・母の死亡、疾病、負傷等のため、父・母を扶養するために離職を余儀なくされた場合のように、家庭の事情が急変したことにより離職した場合
	配偶者または扶養すべき親族と別居生活を続けることが困難となったことにより離職した場合
	結婚に伴う住所の変更、育児に伴う保育所の利用といった理由などで通勤不可能または困難となったことにより離職した場合
	企業の人員整理等で希望退職者の募集に応じて離職した場合など

⑩ 傷病手当と寄宿手当

● 15日以上の間働けない場合は傷病手当を受ける

　ハローワークに行って（出頭）、求職の申込みをした後に、妊娠出産等により引き続き30日以上働くことができなかったときは、受給期間の延長をすることができます（104ページ）。

　また、疾病または負傷が原因で継続して15日以上職業に就けない場合は、傷病手当支給申請書を提出することで基本手当に代えて、傷病手当を受給することができます。傷病手当も求職者給付のひとつです。

　15日未満の病気やケガなどについては、傷病証明書により失業の認定が受けられます。つまり、基本手当の対象です。一方で、15日以上の傷病の場合、基本手当が支給されないため、傷病期間中の生活保障が十分行われない可能性があります。そのため、傷病手当は基本手当の代わりに支給され、生活保障の目的を持った給付だといえます。

● 傷病手当の支給要件と支給額

　傷病手当が支給されるのは、一般被保険者だけです。傷病手当の受給要件は次の３つです。
① 受給資格者であること
② 離職後、ハローワークに出頭し、求職の申込みをすること
③ 求職の申込み後に病気やケガのため、継続して15日以上職業に就けない状態にあること

　傷病手当の支給額は基本手当とまったく同額です。単に名前が変わって支給されるものと考えておけばよいでしょう。傷病手当の支給日数は、求職の申込みをした労働者の基本手当の所定給付日数から、その労働者がすでに支給を受けた給付日数を差し引いた日数になります。

なお、基本手当の待期期間や給付制限期間については、傷病手当は支給されません。また、30日以上引き続いて病気やケガのために職業に就くことができない場合に、受給期間を延長（最大4年）した場合は、傷病手当においてはその延長はないものとして扱われ、延長がないものとした場合の支給できる日数が限度となります。

● 他の給付が受けられる場合には支給されない

　傷病手当は、同一の病気やケガについて、健康保険法による傷病手当金（124ページコラム参照）、労働基準法に基づく休業補償または労災保険法に基づく休業（補償）給付が受けられる期間については支給されません。

● 家族と離れて暮らすときには寄宿手当も出る

　雇用保険の受給資格者が公共職業訓練等を受けるために、扶養家族（配偶者や子など）と離れて暮らす必要がある場合には、その期間について、寄宿手当が支給されます。寄宿手当の支給額は月額1万700円（定額）です。ただし、1か月のうち、家族と一緒に暮らしている日などについては、1万700円からその分減額して寄宿手当が支給されることになります。

■ 傷病手当の受給要件 ……………………………………………

受給要件

①受給資格者（一般被保険者であること）であること

②離職後、公共職業安定所に出頭し、求職の申込みをすること

③求職の申込み後に病気やケガのため、継続して15日以上職業に就けない状態にあること

その他の求職者給付

● 技能習得手当には２種類ある

　雇用保険の基本手当（求職者給付のこと）を受給する権利のある者（受給資格者）が公共職業安定所長の指示する公共職業訓練を受講する場合、その受給期間について、基本手当に加えて、技能習得手当が支給されます。技能習得手当には、①受講手当と②通所手当の２つの種類があります。

①　受講手当

　受給資格者が公共職業安定所長の指示する公共職業訓練などを受講した日であって、かつ基本手当の支給の対象となる日について１日あたり500円（40日分を限度）が支給される手当です。待期期間（７日間）、給付制限される期間、傷病手当（108ページ）が支給される日、公共職業訓練を受講しない日については受講手当が支給されません。いわば訓練生の昼食代補助のようなものです。

②　通所手当

　公共職業安定所長の指示する公共職業訓練等を受講するために電車やバスなどの交通機関を利用する場合に支給される交通費です。マイカーを使った場合も支給の対象となります。原則として、片道２km以上ある場合に支給されます。支給額は通所（通学）距離によって決められていて、最高額は４万2500円です。基本手当の支給の対象とならない日や公共職業訓練等を受ける期間に属さない日があるときは、その分、日割り計算で減額して支給されます。

● 高年齢被保険者への給付はどうなっているのか

　高年齢被保険者とは、65歳以上の被保険者のことです。高年齢被保

険者に支給される給付を高年齢求職者給付金といいます。受給できる金額は、65歳前の基本手当に比べてかなり少なくなり、基本手当に代えて、基本手当の50日分（被保険者として雇用された期間が1年未満のときは30日分）の給付金が一括で支給されます。また、高年齢被保険者の失業の認定は、1回だけ行われるため、失業認定日に離職をしていればよく、翌日から就職したとしても上記の日数が減額されることはありません。

● 短期雇用特例被保険者への給付はどうなっているのか

短期雇用特例被保険者とは、季節的業務（夏季の海水浴場での業務など）に雇用される者のうち、雇用期間が4か月以内の者及び週の労働時間が30時間未満の者を除いた者のことです。短期雇用特例被保険者に支給される求職者給付を特例一時金といいます。その名のとおり一時金（一括）で支給されます。

特例一時金の支給額は、基本手当日額の30日分（ただし、当分の間40日分）になります。ただ、失業の認定日から受給期限（離職日の翌日から6か月）までの日数が30日未満の場合は、受給期限までの日数分だけが支給されることになります。

■ 技能習得手当 ・・

技能習得手当
┌ ① 受講手当
│　　1日あたり原則 500 円　（上限 20,000 円）
└ ② 通所手当
　　　交通費実費　（1か月の上限 42,500 円）

12 就業促進手当

● 再就職を応援するのが就職促進給付

　雇用保険には失業したときに支給される給付だけでなく、失業者の再就職活動をより直接的に援助・促進するための給付があります。これを就職促進給付といいます。就職促進給付には支給目的によって次ページの図の3つの種類があります。

● 再就職手当は早期再就職したときに支給される

　再就職手当は、受給資格者（失業した一般被保険者で基本手当の受給資格のある者）が失業後、早期に再就職した場合に支給されます。支給額は所定給付日数の支給残日数に基本手当日額を掛けて算出した金額の原則6割に相当する額です。

　ただし、再就職日の前日の支給残日数が所定給付日数の3分の2以上であった場合は、7割に相当する額が支給されます。つまり、より早期に再就職をした者に対するボーナス的な意味合いがあります。

　再就職手当は、受給資格者が以下の要件のすべてに該当する場合に支給されます。

① 受給手続き後、7日間の待期期間満了後に就職、または事業を開始したこと。

② 就職日の前日までの失業の認定を受けた上で、基本手当の支給残日数が、所定給付日数の3分の1以上あること。

③ 離職した前の事業所に再び就職したものでないこと。また、離職した前の事業所と資本・資金・人事・取引面で密接な関わり合いがない事業所に就職したこと。

④ 自己都合などの理由で離職したために給付制限を受けている場合

には、求職申込み後、待期期間満了後1か月の期間内は、ハローワークまたは職業紹介事業者の紹介によって就職したものであること。
⑤　1年を超えて勤務することが確実であること、または、事業を開始したこと。
⑥　過去3年以内の就職について、再就職手当または常用就職支度手当の支給を受けたことがないこと。
⑦　受給資格決定（求職申込み）前から採用が内定した事業主に雇用されたものでないこと。
⑧　再就職手当の支給決定の日までに離職していないこと。
⑨　再就職手当を支給することが受給資格者の職業の安定に貢献すると認められること。

● 1か月以内に申請手続をすること

　再就職手当の手続きは、支給申請書に必要事項を記入し、ハローワークに提出します。この申請書には、受給資格者証などを添付する必要があります。提出は、就職した日または事業開始日の翌日から1か月以内にハローワークに直接あるいは郵送、電子申請で行います。

■ 就職促進給付の種類 ……………………………………………

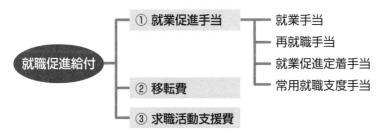

● 常用就職支度手当とはどんな給付か

　せっかく再就職が決まっても一定の支給残日数が残っていない場合、再就職手当は受けられません。

　しかし、基本手当の受給資格者（基本手当の支給残日数が所定給付日数の３分の１未満である者に限る）、高年齢受給資格者、特例受給資格者、日雇受給資格者で、障害者など一般に就職が困難な人が再就職した場合で、一定の要件を満たすと常用就職支度手当が支給されます。この支度手当は、就職が困難な人が、ハローワークの紹介で、１年以上雇用されることが確実な安定した職業についた場合、支給されるものです。常用就職支度手当の支給額は、原則として基本手当日額の90日分の４割に相当する額です（次ページ図参照）。

　なお、前述の再就職手当の支給要件に該当した場合には、再就職手当が支給され、常用就職支度手当は支給されないことになります。常用就職支度手当の支給を受けるには、就職した日の翌日から１か月以内に「常用就職支度手当支給申請書」と「受給資格者証」をハローワークに提出する必要があります。

● 就業手当とはどんな給付か

　雇用保険の失業等給付の受給者は、離職後、すべて正社員として再就職できるわけではありません。中には、パートや人材派遣、契約社員の形で働くことになる人もいます。また、実際このような正社員以外の雇用形態が増えてきています。そこで、こうした再就職手当（112ページ）の受給要件に該当しない人に支給されるのが、就業手当です。

　就業手当の支給額は、基本手当日額の30％に相当する額で、就業日ごとに支給されます。就業手当を受給するには、原則として、失業の認定にあわせて、４週間に１回、前回の認定日から今回の認定日の前日までの各日について、「就業手当支給申請書」に、受給資格者証と就業した事実を証明する資料（給与明細書など）を添付してハロー

ワークに申請する必要があります。

　支給要件は、職業に就いた日の前日における基本手当の支給残日数が、所定給付日数の3分の1以上かつ45日以上であること、などがあります。

● 就業促進定着手当

　再就職手当の支給を受けた者が、引き続き6か月以上雇用され、そこでの会社の賃金が前の会社での賃金よりも低い場合に就業促進定着手当が支給されます。そのため、支給額は、前の会社と再就職後の会社の賃金の差額の6か月分が支給されます。ただし、基本手当日額に支給残日数を掛けた40%が上限額として設定されています。

　この手当を受給するには、就業した日から6か月経過した日の翌日から2か月以内に「就業促進定着手当支給申請書」に受給資格者証、6か月間の給与明細などを添付してハローワークに申請する必要があります。

■ 常用就職支度手当の額 ……………………………………………

支給残日数	常用就職支度手当の額
90日以上	90日分×基本手当日額×40% ※
45日以上90日未満	支給残日数×基本手当日額×40%
45日未満	45日分×基本手当日額×40%

※所定給付日数が270日以上の受給資格者は、支給残日数にかかわらずこの額になる

13 移転費・求職活動支援費

◉ 要件を満たせば移転費がもらえる

　ハローワークの紹介で就職先が決まった者の中には、再就職のために転居が必要な者もいるでしょう。このような場合には「移転費」が支給されます。移転費が支給されるのは次の①または②のいずれかに該当し、公共職業安定所長が必要と認めた場合です。

① 　受給資格者がハローワークの紹介した職業に就くため、住所または居所を変更する場合

② 　公共職業安定所長の指示した公共職業訓練などを受けるため、住所または居所を変更する場合

　なお、住所または居所の変更が必要であると認められる場合は以下のとおりです。

ⓐ 　通勤（通所）時間が往復4時間以上である場合

ⓑ 　交通機関の始発や終発の便が悪く、通勤（通所）するために著しい障害がある場合

ⓒ 　移転先の事業所や訓練施設の特殊性、事業主の要求により移転を余儀なくされている場合

　移転費には、鉄道賃、船賃、航空賃、車賃、移転料、着後手当の6つの種類があります。鉄道運賃、船賃、車賃、移転料は支給対象者に同伴する同居の親族の分も加算して支給されます。また、移転料と着後手当は単身者の場合、半額分が支給されます。航空賃は、現に支払った旅客運賃の額が支給されます。

　移転費の支給を受ける場合は、引っ越した日の翌日から1か月以内にハローワークに支給申請書を提出します。

　なお、移転費は失業等給付の受給資格者が対象になります。また、

ハローワークの紹介で就職先が決まった者が支給の対象ですので、県外などの遠方で自営業をはじめた者などは支給の対象にはなりません。

● 求職活動支援費が支給される場合とは

自分にあった働き口を探すために、県外に行ったりして就職活動を行う者もいます。これらの者は就職活動に相当の交通費がかかります。このような場合に役に立つのが雇用保険の求職活動支援費の中の広域求職活動費です。

広域求職活動とは、雇用保険の失業等給付の受給資格者がハローワークの紹介で、そのハローワークの管轄区域外にある会社などの事業所を訪問したり、面接を受けたり、事業所を見学したりすることをいいます。結果的に就職できなかった場合でも、広域求職活動費は支給を受けることができます。なお、訪問する事業所から広域求職活動のための費用が支給されたとしても、広域求職活動費の額に満たない場合はその差額が支給されることになっています。

他にも、求職活動支援費では、公共職業安定所の職業指導により再就職に必要な教育訓練の受講費の支給（短期訓練受講費）や、面接や教育訓練の際、子どもの保育サービスを利用した場合などに本人負担の一部を支給（求職活動関係役務利用費）する制度が設けられています。

■ 求職活動支援費の種類 ·····································

求職活動
支援費

① 広域求職活動費
広範囲の地域にわたる求職活動の交通費など

② 短期訓練受講費
職業指導により受講した教育訓練の費用

③ 求職活動関係役務利用費
面接などで子どもの保育サービスを利用した際の費用など

⑭ 雇用継続給付

● 雇用継続給付は失業予防のための給付である

　急激な雇用情勢の変化の中で、労働者にさまざまな問題が起きています。たとえば、年をとって労働能力が低下し、賃金収入が低下したり、育児休業のため、賃金収入がなくなるなどです。このような問題に対応するため、雇用保険において、「雇用の継続が困難となる事由」が生じた場合を失業の危険性があるものとして取り扱うこととしました。これが雇用継続給付（高年齢雇用継続給付・育児休業給付）です。同様の目的から介護休業取得者に支給する介護休業給付も設けられています。

● 育児休業をした場合は育児休業給付金が支給される

　少子化や女性の社会進出に対応するため、育児休業を取得しやすくすることを目的とした給付が育児休業給付です。育児休業給付には、育児休業期間中に支給される「育児休業給付金」と、令和4年10月から施行された産後パパ育休（出生時育児休業）期間中に支給される「出生時育児休業給付金」があります。育児休業給付金の支給額は、支給対象期間（1か月）当たり、原則として、休業開始時賃金日額×支給日数（原則として30日、出生時育児休業は28日が上限）の67％（育児休業給付金は休業日数が通算して〈出生時育児休業給付金が支給された場合は、その日数も通算されます〉180日以降は50％、）相当額です。

　育児休業給付は、一般被保険者が1歳または1歳2か月（支給対象期間の延長できる理由がある場合には1歳6か月または2歳）未満の子を養育するために、また、出生時育児休業給付は、子の出生から8週間を経過する日の翌日まで、育児休業を取得した場合に支給される給付金です。休業開始前の2年間に賃金支払基礎日数（実際に労働した日の

他に有給休暇を取得した日なども含めた日数のこと）が11日以上ある月が12か月以上あれば、育児休業給付金を受給することができます。ただし、育児休業給付は育児休業の取得を促進し、育児休業中の生活の安定を目的とするものですから、育児休業期間中の各月について、勤め先から、休業開始前の月給の8割以上の賃金が支払われている場合には支給されません。また、支給対象期間（わかりやすくいうと、1か月間）に11日以上または80時間を超えるの就業を行うと支給が行われません。

● 介護休業をした場合は介護休業給付が支給される

被保険者が家族（配偶者や父母、子など一定の家族）を介護するために、介護休業を取得した場合に支給されます。介護休業給付を受けることができるのは、介護休業開始前2年間に、賃金の支払の基礎となった日数が11日以上ある完全月が12か月以上ある（令和2年8月1日以降開始者は、賃金の支払の基礎となった日数が11日以上ある完全月が12か月以上ない場合は、完全月に賃金の支払の基礎となった時間数が80時間以上ある場合に1月として算定）被保険者です。介護休業給付は、介護休業開始日から通算して93日（分割する場合は3回まで）を限度として、介護休業開始時賃金日額の67%（原則）相当額が支給されます。

■ 雇用継続給付の種類 ·····························

給付の種類	給付の名称	内　容
高年齢 雇用継続給付	高年齢雇用継続 基本給付金	60歳以降に基本手当を受給せずに 雇用を継続する場合に支給される
	高年齢 再就職給付金	60歳以降に基本手当を受給し、 再就職した場合に支給される
（出生時） 育児休業給付	（出生時） 育児休業給付金	育児休業中に支給される
介護休業給付	介護休業給付金	介護休業中に支給される

高年齢者のための雇用継続給付

● 高年齢雇用継続給付は60〜65歳を対象とする

　今後の急速な高齢者の増加に対応するために、労働の意欲と能力のある60歳以上65歳未満の者の雇用の継続と再就職を援助・促進していくことを目的とした給付が高年齢雇用継続給付です。高年齢雇用継続給付には、①高年齢雇用継続基本給付金と②高年齢再就職給付金があります。

● 高年齢雇用継続基本給付金は賃金低下時に支給される

　高年齢雇用継続基本給付金が支給されるのは、60歳以上65歳未満の一般被保険者です。被保険者（労働者）の60歳以降の賃金が60歳時の賃金よりも大幅に低下したときに支給されます。具体的には、60歳時点に比べて各月の賃金額が75％未満に低下した状態で雇用されているときに次ページの図のような額の高年齢雇用継続基本給付金が支給されます。なお、令和7年4月からは、60歳以後の各月の賃金額が60歳到達前の賃金額の64％未満となった場合、各月の賃金額に「10％」を乗じた額が支給されることになります。また、賃金の低下率が64％以上75％未満の場合には「10％から一定割合で逓減する率」を乗じた額が支給されます。賃金の低下率が61％未満から64％未満に、賃金額に掛ける率が15％から10％に、それぞれ変更されることになります。

　60歳到達日（「60歳の誕生日の前日」のこと）において被保険者であった者が高年齢雇用継続基本給付金を受給するためには、被保険者であった期間が5年以上あることが必要です。

　60歳到達日において被保険者でなかった者であっても、その後再就職して被保険者になった場合には、高年齢雇用継続基本給付金の支給を受けることができます。この場合、60歳到達前の離職した時点で、

被保険者であった期間が5年以上あり、離職した日から1年以内に再就職する必要があります。

　高年齢雇用継続基本給付金が支給されるのは、原則として、被保険者の60歳到達日の属する月から65歳に達する日の属する月までの間です。ただし、60歳到達時点において、高年齢雇用継続基本給付金の受給資格を満たしていない場合は、受給資格を満たした日の属する月から支給されます。

● 高年齢再就職給付金は早期再就職時に支給される

　雇用保険の基本手当を受給していた60歳以上65歳未満の受給資格者が、基本手当の支給日数を100日以上残して再就職した場合に支給される給付です。高年齢再就職給付金の支給要件と支給額については、高年齢雇用継続基本給付金と同じです。

　新たに被保険者となった日の属する月から高年齢再就職給付金が支給されます。支給期間は基本手当の支給残日数によって異なります。基本手当の支給残日数が200日以上の場合は、被保険者となった日の翌日から2年を経過した日の属する月まで、支給残日数が100日以上200日未満の場合は、被保険者となった日の翌日から1年を経過した日の属する月までの支給となります（支給期間内に65歳に達した場合は、65歳に達する日の属する月までの支給となります）。

■ 高年齢雇用継続基本給付金の支給額 ……………………………………

支払われた賃金額		支　給　額
×みなしの賃金日額30の	61%※1未満	実際に支払われた賃金額×15%※2
	61%※1以上75%未満	実際に支払われた賃金額×15%※2から一定の割合で減らした率
	75%以上	不支給

※1　令和7年4月以降は64%　　※2　令和7年4月以降は10%

16 教育訓練給付

◉ 教育訓練給付とはどんな制度なのか

　会社などで働いている者の中には、スキルアップのために特殊技術を習得したり、外国語を学習したり、資格をとったりする者もいます。働く人のこのような主体的な能力開発の取り組みを国でも支援しようというのが教育訓練給付の制度です。

　教育訓練給付の支給を受けることができるのは次のいずれかに該当する者で、厚生労働大臣の指定する教育訓練を受講し、訓練を修了した者です。

① 雇用保険の一般被保険者、高年齢被保険者

　厚生労働大臣が指定した教育訓練の受講を開始した日（受講開始日）において雇用保険の一般被保険者、高年齢被保険者である者のうち、支給要件期間が3年以上（当分の間、初回に限り1年以上）ある者

② 雇用保険の一般被保険者、高年齢被保険者であった者

　受講開始日において一般被保険者、高年齢被保険者でない者のうち、その資格を喪失した日（離職日の翌日）以降、受講開始日までが1年以内であり、かつ支給要件期間が3年以上ある者

◉ 支給額は教育訓練内容によって異なる

　給付金の支給額は、一般教育訓練、専門実践教育訓練、特定一般教育訓練によって異なります。専門実践教育訓練は、中長期的なキャリア形成を行う専門的かつ実践的な教育訓練です。特定一般教育訓練は、労働者のすみやかな再就職および早期のキャリア形成を目的とする教育訓練です。一般教育訓練は、それ以外のものをいいます。

　支給額は、次ページ図のように受講者本人が教育訓練施設に対して

支払った教育訓練経費の20 ～ 70％です。ただし、教育訓練にかかった経費が4,000円を超えない場合は支給されません。なお、専門実践教育訓練は原則として１～３年ですが、最短４年の専門実践教育訓練を受講する人はさらに１年追加される場合があります。

● 教育訓練支援給付金とは

　専門実践教育訓練を受講する者で、訓練開始時に45歳未満で一定の条件に該当する者が、訓練期間中、失業状態にある場合に教育訓練支援給付金が支給されます。支給額は、基本手当日額の80％に相当する額です。支給日数は、訓練開始日から修了日までの失業の認定を受けた日です。なお、基本手当が支給される場合、教育訓練支援給付金は支給されません。つまり、基本手当の支給が終了した後、訓練期間中である場合に金銭的負担を軽減するための給付金制度だといえます。

　ただし、この制度は訓練を令和７年３月31日までに開始しなければなりません。

■ 教育訓練給付 ···

区分	支給率	上限額
①一般教育訓練を受け、修了した者	20%	10万円
②専門実践教育訓練を受け、修了した者	50%	120万円[※1]
③②に加えて、１年以内に一般被保険者 または高齢被保険者として雇用された者	70%	168万円[※2]
④特定一般教育訓練を受け、修了した者	40%	20万円

※1　１年間で40万円を超える場合の支給額は40万円で、訓練期間が最大で３年のため、120万円が上限となる。
※2　訓練期間が3年の場合168万円が上限、2年と1年の場合はそれぞれ112万円、56万円が上限となる。

傷病手当金

　業務中や通勤途中で病気やケガをした場合は、労災保険から補償を受けることになりますが、業務外の病気やケガで働くことができなくなり、その間の賃金を得ることができない場合は、健康保険から傷病手当金が支給されます。

　傷病手当金の給付を受けるためには、療養のために働けなくなり、その結果、連続して3日以上休んでいたことが要件となります。

　傷病手当金の支給を受けるには、連続して3日間仕事を休んだことが要件となりますが、この3日間はいつから数える（起算する）のかを確認する必要があります。

　3日間の初日（起算日）は、原則として病気やケガで働けなくなった日です。たとえば、就業時間中に業務とは関係のない事由で病気やケガをして働けなくなったときは、その日が起算日となります。また、就業時間後に業務とは関係のない事由で病気やケガをして働けなくなったときは、その翌日が起算日となります。

　休業して4日目が傷病手当金の支給対象となる初日となり、それより前の3日間については傷病手当金の支給がないため「待期の3日間」と呼びます。待期の3日間には、会社などの公休日や有給休暇も含みます。この3日間は必ず連続している必要があります。

　傷病手当金の支給額は、1日につき支給開始日以前12か月間の各月の標準報酬月額の平均額÷30日の3分の2の額です。ただ、会社などから賃金の一部が支払われたときは、傷病手当金と支払われた賃金との差額が支払われます。

　また、傷病手当金の支給期間は、出勤した日は含まずに、欠勤した日のみを通算して1年6か月です。なお、支給期間は、支給を開始した日からの暦日数で数え、労務不能で就業できない日について支給されます。

第4章

ケース別
離職証明書の書き方

社員が退職したときに作成する離職証明書

● 退職者が希望したときに交付する離職証明書

　離職した人が雇用保険の失業等給付を受けるためには、離職票が必要になります。つまり、すぐに再就職する予定のない社員が退職する場合は、必ず離職票を交付することになります。そして、離職票の交付を受けるために作成しなければならない書類が離職証明書です。

　離職票に記載されている離職前の賃金額や離職理由は、離職証明書を作成したときの内容がそのまま記載されており、失業等給付の受給額に影響してきます。そのため、誤った内容を記載しないように、作成時には細心の注意が必要です。なお、離職票の交付を本人が希望しないとき（転職先が決まっているときなど）は作成・届出の必要はありませんが、離職者が離職の日において59歳以上のときは本人の希望にかかわらず作成・届出をしなければなりません。

【届出と添付書類】

　離職日の翌日から10日以内に事業所の所在地管轄の公共職業安定所に届け出ます。添付書類は以下のとおりです。

> 雇用保険被保険者資格喪失届、労働者名簿、賃金台帳、出勤簿、退職届のコピー、解雇通知書など（離職理由が確認できる書類）

● 事業主と離職者で離職理由に相違がある場合はどうするのか

　離職証明書は、３枚複写になっており、離職証明書（事業主控）、離職証明書（安定所提出用）、離職票－２に分かれています。

　離職理由を判断する際には、まず、事業主が主張する離職理由を３

枚複写の離職証明書に記載し、公共職業安定所に提出します。そして、離職者が求職手続き時に、その離職理由に相違がないかということを公共職業安定所が把握し、最終的には公共職業安定所の権限によって離職理由を確定させます。

労働者が一身上の都合などにより退職する場合には、事業主と離職者で離職理由の相違は少ないと考えられますが、会社都合で退職する場合には離職理由に相違があり、トラブルの原因になることがあります。

たとえば、一身上の都合と記載した退職届によって、事業主がその理由で離職証明書を作成し、提出したとしても、労働者が実際の退職理由は賃金の減額やハラスメント行為であったと主張した場合には、賃金台帳の提出や公共職業安定所の聞き取り調査などが行われることもあります。そして、離職者の主張が認められれば、離職者は特定受給資格者（事業の倒産、縮小、廃止などによって離職した者、解雇などにより離職した者）などに該当することになります。

離職証明書の2枚目には、事業主が主張する離職理由に異議がないか離職者が記名する欄が設けられています。ただし、退職後、離職者に記名をしてもらえない理由（離職者が帰郷しているなど）がある場合には、その理由の記載と事業主の記名をします。なお、離職証明書は電子申請で行うこともでき、ハローワークへ提出する時間や書き間違いなどによる手間を省くことができます。

● 主な離職理由について

会社都合で労働者を退職させる場合には、離職理由の相違が生じやすいため、離職理由欄の記載方法を知っておく必要があります。離職証明書の賃金額などの記載方法については129ページ以下に記載しています。また、離職証明書では、⑦欄の離職理由欄（141ページ参照）に記載する離職理由を6種類に分類しています（次ページ図表参照）。

参考 離職証明書に記載する離職理由

離職理由	具体的な内容と確認書類
① 事業所の倒産等 によるもの	倒産手続きの開始、事業所の廃止などにより離職した場合 【確認書類】 ・裁判所において倒産手続の申立てを受理したことを証明する書類 ・株主総会等で解散の議決をした議事録　など
② 定年によるもの	就業規則に定められている定年年齢によって離職した場合 【確認書類】 ・就業規則など
③ 労働契約期間 満了等に よるもの	下記の理由で離職した場合 (a)採用または定年後の再雇用時等にあらかじめ定められた雇用期間到来による離職 　例）契約期間が1年単位であったとしても、あらかじめ雇用期間の上限（3年間など）を定められており上限に達したことによる離職 (b)労働契約期間満了による離職 　例）あらかじめ契約期間が1年間などと定められていた者が、その契約期間が終了したため離職した場合 (c)早期退職優遇制度、選択定年制度等により離職 (d)移籍出向 【確認書類】 ・労働契約書、就業規則、タイムカード ・早期退職優遇制度などの内容がわかる資料 ・移籍出向の事実がわかる書類　など
④ 事業主からの 働きかけに よるもの	解雇、希望退職の募集、退職勧奨などで離職した場合 （労働者の責めに帰すべき重大な理由による解雇も含む） 【確認書類】 ・解雇予告通知書、退職証明書、就業規則など ・希望退職募集要綱、離職者の応募の事実がわかる書類など
⑤ 労働者の判断に よるもの	◎職場における事情によるもの 　例）賃金の低下、ハラスメント、大規模な人員整理、職種転換などへの対応困難、事業所移転による通勤困難など 【確認書類】 ・労働契約書、就業規則、賃金規定、賃金台帳 ・配置転換の辞令など ◎労働者の個人的な事情によるもの 　例）転職を希望、病気により就業が困難 【確認書類】 ・退職願など
⑥ その他	①～⑤以外の理由で離職した場合

2 離職証明書の書き方（正社員の自己都合退職）

ケース1　月給労働者が転職により自己都合退職する場合

　書式1は、以下のケースで会社の担当者が作成する離職証明書です。

労働形態：大卒後入社、正社員（10年勤務）

給与：月給（総支給額）25万円（離職日前3年間変動なし）、残業なし

賞与等：年2回、その他手当なし

給与形態：20日締め、25日支払い

離職日：令和5年3月20日

離職理由：転職による自己都合退職

書式の作成ポイント

　書式1は、令和5年3月20日に自己都合で離職した場合の離職証明書です。もっともシンプルなパターンの離職証明書だと考えてください。⑧欄の「被保険者期間算定対象期間」には、離職日から1か月ずつさかのぼり区分日付を記入していきます。さかのぼる月数は、⑨欄の「支払基礎日数」が11日以上ある月が12か月になるまでです。

　その⑨欄には、月給者では、暦日数または所定出勤日数から欠勤控除された日数を除いた日数を記入します。⑩欄の「賃金支払対象期間」には、離職日から直前における賃金締切日の翌日まで一区分としてさかのぼり、後は賃金締切日ごとに1か月ずつさかのぼり⑨欄と同じ列になるまで区分日付を記入していきます。ただし、⑪欄の日数が11日以上の月が6か月以上ある場合は、それ以前の区分日付の記入を省略することができます。ケース1の場合だと、離職日からさかのぼ

り6か月前の9月21日まで記入すればよいことになります。

⑪欄には、賃金支払対象期間ごとに⑨欄と同様の方法で算出した日数を記入します。

⑫欄の「賃金額」には、その支払対象期間に基づき支給されたすべての賃金の総額を記入します。忘れがちなのが通勤手当ですが、もちろんこれも算入します。

本ケースは自己都合での離職であることから、⑦欄には「労働者の個人的事情による離職（一身上の都合、転職希望等）」に○をつけます。

ケース2　月給労働者が転職により自己都合退職する場合（30日に離職するケース）

書式2は、以下のケースで会社の担当者が作成する離職証明書です。

> **労働形態**：大卒後入社、正社員（10年勤務）
>
> **給与**：月給（総支給額）25万円（離職日前3年間変動なし）、残業なし
>
> **賞与等**：年2回、その他手当なし
>
> **給与形態**：20日締め、25日支払い
>
> **離職日**：令和5年3月30日
>
> **離職理由**：転職による自己都合退職

書式の作成ポイント

ケース1との違いは、離職日が30日になっていることです。30日に離職する場合、ケース1と比べて離職証明書の書き方について2つの点が異なってきます。

まず、⑧欄の書き方ですが、各月の区分する日付が一律ではないということです。これは、離職日の翌日の「31日」という日付がすべての月にあるわけではないことから生じます（2月、4月、6月、9月、

11月には31日がありません）。応答日がない月においては、末日（4月、6月、9月、11月の場合には30日、2月の場合には28日、うるう年の場合には29日）を区分期間の始日に記入します。ただし、次の区分期間の始日が属する月に応答日がある場合には、上行の数値に合わせないで必ず離職日の翌日の数値（本ケースでは「31」）を記入するようにしましょう。

もう1つが、⑩欄の区分が⑧欄の区分と相違するということです。これは、離職日が賃金締切日と異なることから生じることですが、結果として、離職日の属する賃金支払対象期間の基礎日数が暦日数に満たない数となります。

また、給与形態が「20日締め、25日支払い」であるため、退職した月（本ケースでは3月）については、3月21日～3月30日分の賃金を計算して記載することになります。

ケース3　月給労働者が転職により自己都合退職する場合（続紙が必要になるケース）

書式3は、以下のケースで会社の担当者が作成する離職証明書です。

> **労働形態**：大卒後入社、正社員（10年勤務）
>
> **給与**：月給（総支給額）25万円（離職日前3年間変動なし）、残業なし
>
> **賞与等**：年2回、その他手当なし
>
> **給与形態**：20日締め、25日支払い
>
> **離職日**：令和5年3月20日
>
> **離職理由**：転職による自己都合退職
>
> **勤怠状況**：10月1日から12月10日まで71日間、私疾病による欠勤のため賃金支払なし

　本ケースの離職者は、令和4年10月1日から12月10日までの71日間、私疾病（業務外で生じたケガや病気）により欠勤扱い（賃金カット）となっていたため、⑨、⑪の欄における基礎日数からその日数分が除かれることになります。

　また、その結果として⑨欄の支払基礎日数が11日に満たない区分期間が3期間生じたことにより、1枚では記載しきれないため、続紙にも記載が及んでいます。続紙の、⑤、⑥の欄と⑧欄の離職日の翌日を記入する欄、期間区分の1行目（離職日が含まれている行）には記載をする必要がありませんので、書式のように斜線または二重線を引いておきましょう。元紙の右上に「続紙あり」と、続紙の右上に「続紙」と記載しておきます。

　なお、元紙の⑬の備考欄には、賃金を受けなかった期間および原因となった傷病名として「自4.10.1至4.12.10　71日間私疾病による欠勤のため賃金の支払いなし」と記載しています。

ケース4　残業により賃金額の変動があった正社員が自己都合退職する場合

　書式4は、以下のケースで会社の担当者が作成する離職証明書です。

労働形態：大卒後入社、正社員（10年勤務）

給与：月給（固定支給額）25万円（離職日前3年間変動なし）、残業による加算あり

賞与等：年2回、その他手当なし

給与形態：20日締め、25日支払い

離職日：令和5年3月20日

離職理由：転職による自己都合退職

---

　⑫欄の賃金額には、基本給だけでなく残業手当など変動する賃金もそのまま含めた額を記入します。⑫欄にはⒶ欄とⒷ欄がありますが、本ケースのように賃金の主たる部分が月、週、その他一定の期間によって定められている場合は、支給される賃金すべてに対してⒶ欄を使用します。

　一方、Ⓑ欄は、賃金の主たる部分が労働した日もしくは時間によって算出され、または出来高払制その他の請負制によって定められている場合、その部分について使用します。ただしⒷ欄を使用する者であっても、一定の期間によって定められている賃金（たとえば１か月固定額の家族手当）についてはⒶ欄を使用します。

　なお、Ⓐ欄とⒷ欄の一方のみ使用する場合は、「計」欄の記入は必要ありません。

ケース５　業績不振による賃金カットにより賃金額の変動が あった正社員が自己都合退職する場合

　書式５は、以下のケースで会社の担当者が作成する離職証明書です。

労働形態：大卒後入社、正社員（10年勤務）

給与：月給（総支給額）22万円（令和４年10月１日付で25万円から減額）、残業なし

賞与等：年２回、その他手当なし

給与形態：20日締め、25日支払い

離職日：令和５年３月20日

離職理由：転職による自己都合退職

書式の作成ポイント

　ケースは、記載期間中に業績不振により減給処分がなされたため、基本給が大きく減ったケースです。

⑬の備考欄には、「賃金規程○条により4.10.1付で30,000円減給」と記載しています。記載する欄は、事実が発生した日が含まれる期間の備考欄に記載します（枠内に記入しきれない場合は下の枠を使います）。

⑦の離職理由欄では、「労働条件に係る重大な問題があったと労働者が判断したため」にするか迷うところですが、退職届における理由（「一身上」など）からしか判断できないときには、それに基づいて○をつける箇所を判断します。

⑮欄は⑦欄を除く離職証明書の内容を、⑯欄は⑦欄の離職理由を離職者が確認の上、記名をする欄です。本人の確認が得られない場合にはその理由を記載し、事業主の氏名を記載します。

ケース6　1年以上休職していた正社員がそのまま退職する場合

書式6は、以下のケースで会社の担当者が作成する離職証明書です。

> **労働形態**：大卒後入社、正社員（10年勤務）
>
> **給与**：月給（総支給額）25万円（離職日前3年間変動なし）、残業なし
>
> **賞与等**：年2回、その他手当なし
>
> **給与形態**：20日締め、25日支払い
>
> **離職日**：令和5年3月20日
>
> **離職理由**：就業規則に基づく休職期間満了により退職
>
> **勤怠状況**：令和4年2月1日から離職日まで414日間、私疾病による休職のため賃金支払なし

書式の作成ポイント

賃金の支給がまったくなかった区分期間（令和4年2月1日〜令和5年3月20日）は、記載を省略しています。つまり、本ケースでは、最後に賃金が支払われていた被保険者期間算定対象期間（令和4年1

月21日〜令和4年2月20日）からさかのぼって具体的な賃金額を記載することになります。また⑬欄には、「自4.2.1至5.3.20　414日間私疾病による休職のため賃金の支払いなし」と記載しています。

ところで、算定対象期間とは、離職日から1か月ずつさかのぼって被保険者期間が12か月に達するまでの期間をいいます。この期間の最長は通常2年間となります。

ただし、この期間内において本ケースのように疾病などにより引き続き30日以上賃金の支払を受けることができなかった期間がある場合は、その期間を加算して、最長4年まで延長されます。

なお、従業員の休職中に会社の就業規則の改定が行われることもあります。

仮に、就業規則の改定により、休職者には令和4年4月1日にさかのぼって一定額の手当を支給することになった場合、離職証明書の記載方法としては、まず、さかのぼって支給された差額について、各該当月に振り分けて算入します。そして⑬欄には「自4.4.1日至5.3.20　休職手当○○円」と記載しておきます。

ケース7　入社した新入社員が2週間で自己都合退職する場合

書式7は、以下のケースで会社の担当者が作成する離職証明書です。

労働形態：大卒後入社、正社員

給与：月給（総支給額）20万円、残業なし

賞与等：年2回、その他手当なし

給与形態：20日締め、25日支払い

離職日：令和5年4月15日

離職理由：転職による自己都合退職

　離職証明書は原則として離職者から求められた場合に作成すること
になりますが、本ケースのように短期間で離職してしまった場合、基
本手当の要件を満たしていないのになぜ作成しなければならないのか
と戸惑うところです。

　しかし、今回の離職後、1年以内に再就職して雇用保険の被保険者
となった場合は、この会社での被保険者期間である2週間は通算され
ることになります。

　また、再就職した会社を離職して基本手当を受給する場合には、こ
の会社の発行した離職票が必要になるわけです。

　その他のポイントについては、入社時に通勤手当として6か月定期
代相当額を一括で支給されることがあります。この場合、支給額を6
で除して得た額を支給以後の6区分期間に分けて加算記載することに
なります。そのため本ケースでそのようなケースがあったとすると、
紙面上は、6分の1の額しか表記されないことになります。

　なお、6分した額に端数が生じたときには、最後の区分期間（離職
日の直近の区分期間）にまとめて算入することになります。

ケース8　3か月だけ勤務した新入社員が退職する場合

　書式8は、以下のケースで会社の担当者が作成する離職証明書です。

労働形態：大卒25歳中途入社、正社員

給与：月給（総支給額）20万円、残業なし

賞与等：年2回、その他手当なし

給与形態：20日締め、25日支払い

離職日：令和5年3月20日

離職理由：転職による自己都合退職

　短期間でも離職証明書を作成する意味は、前ケースで述べたとおりです。その他のポイントとしては「事業主証明」欄についてですが、ここには、会社名と代表者名を記載します。通常「住所」は本社の所在地ということになりますが、⑤欄ではあくまでも事業所の所在地（支店であれば支店の所在地）ですので、その違いについては注意したいところです。

　書式8では、本社での従業員の離職を想定しているため、⑤欄、事業主証明欄ともに「品川区○○1‒1‒1」と記載しましたが、支店で離職する場合には⑤欄に支店の住所を記載します。

ケース9　正社員が懲戒解雇により退職する場合

　書式9は、以下のケースで会社の担当者が作成する離職証明書です。

労働形態：大卒後入社、正社員（10年勤務）

給与：月給（総支給額）25万円（離職日前3年間変動なし）、残業なし

賞与等：年2回、その他手当なし

給与形態：20日締め、25日支払い

離職日：令和5年3月20日

離職理由：懲戒解雇

書式の作成ポイント

　⑦の離職理由欄には、「重責解雇（労働者の責めに帰すべき重大な理由による解雇）」に○をつけますが、「具体的事情記載欄」にも、懲戒解雇になった事由を記しておくようにします。また、届出に際しては、解雇通知のコピーや就業規則を持参するようにしましょう。

　なお、即日解雇ということで解雇予告手当が支給されることもある

かもしませんが、これは賃金に該当しませんので、離職証明書には記載不要となります。

ケース10　正社員がリストラにより退職する場合

　書式10は、以下のケースで会社の担当者が作成する離職証明書です。

労働形態：大卒後入社、正社員（10年勤務）

給与：月給（総支給額）25万円（離職日前３年間変動なし）、残業なし

賞与等：年２回、その他手当なし

給与形態：20日締め、25日支払い

離職日：令和５年３月20日

離職理由：退職勧奨による退職

書式の作成ポイント

　リストラによる退職とは、経営不振による合理化など経営上の理由に伴う人員整理のことです。⑦欄では、「事業の縮小又は一部休廃止に伴う人員整理を行うためのもの」に○をつけます。また「具体的事情記載欄」にも、離職に至った簡単な経緯を記しておくようにします。

　なお、経営不振ということになると、本ケースにはありませんが、離職に至るまでの間に一時帰休（不況などによる業績悪化で操業の短縮を余儀なくされた会社が、一時的にすべての事業または一部の事業を停止し、労働者を就業時間中に一定期間継続して、あるいは断続して休業させること）が生じることもあるでしょう。休業手当が支給されれば、出勤がなくても⑨、⑪欄には、その日数を算入します。そして⑬欄には、「休業」との記載に合わせて休業日数、休業手当の額を記載しておきます。

　また、雇用調整助成金の支給を受けたときは、「雇調金」と記載の

上、支給決定を受けた年月日を記載します。

ケース11　会社の倒産により正社員が退職する場合

　書式11は、以下のケースで会社の担当者が作成する離職証明書です。

労働形態：大卒後入社、正社員（10年勤務）

給与：月給（総支給額）25万円（離職日前3年間変動なし）、残業なし

賞与等：年2回、その他手当なし

給与形態：20日締め、25日支払い

離職日：令和5年3月20日

離職理由：会社倒産による解雇

書式の作成ポイント

　「倒産」には、裁判所に対しての破産手続開始、再生手続開始、更生手続開始、又は特別清算開始の各申立ての他に、手形取引の停止などによる事実上の倒産も含まれることになります。⑦欄では、「倒産手続開始、手形取引停止による離職」に○をつけます。また「具体的事情記載欄」にも、離職に至るまでの簡単な経緯を記載しておきましょう。

　ただ、上記事情に伴って解雇通知など会社から働きかけがあった場合には、「解雇（重責解雇を除く）」に該当する場合もありますので注意しましょう。

書式1　月給労働者が転職により自己都合退職する場合…

様式第5号（第7条関係）　**雇用保険被保険者離職証明書（安定所提出用）**

① 被保険者番号	1234-567890-1	③ フリガナ	カトウサトシ	④ 離職 令和	年	月	日
② 事業所番号	1111-111111-1	離職者氏名	加藤 聡	年月日	5	3	20

⑤ 名称	株式会社 佐藤商事	⑥ 離職者の 住所又は居所	〒 120-0123
事業所 所在地	品川区○○1-1-1		足立区○○1-2-3
電話番号	03-1111-1111		電話番号（ 03 ）1234-5678

この証明書の記載は、事実に相違ないことを証明します。

※離職票交付　令和　　年　　月　　日
　　　　　　　（交付番号　　　　　　番）

事業主　住所　品川区○○1-1-1
　　　　氏名　代表取締役　佐藤清

離職の日以前の賃金支払状況等

⑧ 被保険者期間算定対象期間		⑨⑧の期間における賃金支払基礎日数	⑩ 賃金支払対象期間	⑪⑩の基礎日数	⑫ 賃金額			⑬ 備考
④ 一般被保険者等	⑧ 短期雇用特例被保険者				Ⓐ	Ⓑ	計	
離職日の翌日　3月21日								
2月21日～離職日	離職月	28日	2月21日～離職日	28日	250,000			
1月21日～2月20日	月	31日	1月21日～2月20日	31日	250,000			
12月21日～1月20日	月	31日	12月21日～1月20日	31日	250,000			
11月21日～12月20日	月	30日	11月21日～12月20日	30日	250,000			
10月21日～11月20日	月	31日	10月21日～11月20日	31日	250,000			
9月21日～10月20日	月	30日	9月21日～10月20日	30日	250,000			
8月21日～9月20日	月	31日	月　日～　月　日	日				
7月21日～8月20日	月	31日	月　日～　月　日	日				
6月21日～7月20日	月	30日	月　日～　月　日	日				
5月21日～6月20日	月	31日	月　日～　月　日	日				
4月21日～5月20日	月	30日	月　日～　月　日	日				
3月21日～4月20日	月	31日	月　日～　月　日	日				
月　日～　月　日	月	日	月　日～　月　日	日				

⑭ 賃金に関する特記事項	⑮この証明書の記載内容（⑦欄を除く）は相違ないと認めます。 （離職者氏名）　加藤 聡

※公共職業安定所記載欄
　⑮欄の記載　有・無
　⑯欄の記載　有・無
　　資・聴

本手続きは電子申請による申請も可能です。本手続きについて、電子申請により行う場合には、被保険者離職証明書の内容について確認したことを証明することができるものを離職証明書の提出と併せて送信することをもって、当該被保険者の電子署名に代えることができます。
　また、本手続きについて、社会保険労務士が電子申請による本届書の提出に関する手続を事業主に代わって行う場合には、当該社会保険労務士が当該事業主の提出代行者であることを証明することができるものを本届書の提出と併せて送信することをもって、当該事業主の電子署名に代えることができます。

社会保険労務士記載欄	作成年月日・提出代行者・事務代理者の表示	氏　　　名	電　話　番　号

※	所　長	次　長	課　長	係　長	係

備考欄

⑦ ⑦離職理由欄…事業主の方は、離職者の主たる離職理由が該当する理由を１つ選択し、左の事業主記入欄の□の中に○印を記入の上、下の具体的事情記載欄に具体的事情を記載してください。

【離職理由は所定給付日数・給付制限の有無に影響を与える場合があり、適正に記載してください。】

事業主記入欄	離　　職　　理　　由	※離職区分
	1　事業所の倒産等によるもの	1 A
□	（1）倒産手続開始、手形取引停止による離職	
□	（2）事業所の廃止又は事業活動停止後事業再開の見込みがないため離職	1 B
	2　定年によるもの	
□	定年による離職（定年　　歳）	2 A
	定年後の継続雇用 { を希望していた（以下のaからcまでのいずれかを１つ選択してください）／を希望していなかった	
	a　就業規則に定める解雇事由又は退職事由（年齢に係るものを除く。以下同じ。）に該当したため（解雇事由又は退職事由と同一の事由として就業規則又は労使協定に定める「継続雇用しないことができる事由」に該当して離職した場合を含む。）	2 B
	b　平成25年3月31日以前に労使協定により定めた継続雇用制度の対象となる高年齢者に係る基準に該当しなかったため	2 C
	c　その他（具体的理由：　　　　　　　　　　　　　　　　　　　　　）	
	3　労働契約期間満了等によるもの	2 D
□	（1）採用又は定年後の再雇用時等にあらかじめ定められた雇用期限到来による離職	
	（1回の契約期間　　箇月、通算契約期間　　箇月、契約更新回数　　回）	2 E
	（当初の契約締結後に契約期間や更新回数の上限を短縮し、その上限到来による離職に該当　する・しない）	
	（当初の契約締結後に契約期間や更新回数の上限を設け、その上限到来に該当　する・しない）	
	（定年後の再雇用時にあらかじめ定められた雇用期限到来による離職で　ある・ない）	3 A
	（4年6箇月以上5年以下の通算契約期間の上限が定められ、この上限到来による離職で　ある・ない）	
	→ある場合（同一事業所の有期雇用労働者に一律に4年6箇月以上5年以下の通算契約期間の上限が平成24年8月10日前から定められて　いた・いなかった）	3 B
□	（2）労働契約期間満了による離職	
	①　下記②以外の労働者	3 C
	（1回の契約期間　　箇月、通算契約期間　　箇月、契約更新回数　　回）	
	（契約を更新又は延長することの確約・合意の　有・無（更新又は延長しない旨の明示の　有・無））	3 D
	（直前の契約更新時に雇止め通知の　有・無　）	
	（当初の契約締結後に不更新条項の追加が　ある・ない）	4 D
	労働者から契約の更新又は延長 { を希望する旨の申出があった／を希望しない旨の申出があった／の希望に関する申出はなかった	
	②　労働者派遣事業に雇用される派遣労働者のうち常時雇用される労働者以外の者	5 E
	（1回の契約期間　　箇月、通算契約期間　　箇月、契約更新回数　　回）	
	（契約を更新又は延長することの確約・合意の　有・無（更新又は延長しない旨の明示の　有・無））	
	労働者から契約の更新又は延長 { を希望する旨の申出があった／を希望しない旨の申出があった／の希望に関する申出はなかった	
	a　労働者が適用基準に該当する派遣就業の指示を拒否したことによる場合	
	b　事業主が適用基準に該当する派遣就業の指示を行わなかったことによる場合（指示した派遣就業が取りやめになったことによる場合を含む。）	
	（aに該当する場合は、更に下記の5のうち、該当する主たる離職理由を更に1つ選択し、○印を記入してください。該当するものがない場合は下記の6に○印を記入した上、具体的な理由を記載してください。）	
□	（3）早期退職優遇制度、選択定年制度等により離職	
□	（4）移籍出向	
	4　事業主からの働きかけによるもの	
□	（1）解雇（重責解雇を除く。）	
□	（2）重責解雇（労働者の責めに帰すべき重大な理由による解雇）	
	（3）希望退職の募集又は退職勧奨	
□	①　事業の縮小又は一部休廃止に伴う人員整理を行うためのもの	
□	②　その他（理由を具体的に　　　　　　　　　　　　　　　　　　　　　）	
	5　労働者の判断によるもの	
	（1）職場における事情による離職	
□	①　労働条件に係る問題（賃金低下、賃金遅配、時間外労働、採用条件との相違等）があったと労働者が判断したため	
□	②　事業主又は他の労働者から就業環境が著しく害されるような言動（故意の排斥、嫌がらせ等）を受けたと労働者が判断したため	
□	③　妊娠、出産、育児休業、介護休業等に係る問題（休業等の申出拒否、妊娠、出産、休業等を理由とする不利益取扱い）があったと労働者が判断したため	
□	④　事業所での大規模な人員整理があったことを考慮した離職	
□	⑤　職種転換等に適応することが困難であったため（教育訓練の　有・無）	
□	⑥　事業所移転により通勤困難となった（なる）ため（旧（新）所在地：　　　　）	
□	⑦　その他（理由を具体的に　　　　　　　　　　　　　　　　　　　）	
◎	（2）労働者の個人的な事情による離職（一身上の都合、転職希望等）	
□	6　その他（1－5のいずれにも該当しない場合）（理由を具体的に　　　　　　　　　　　　　　　　　）	

具体的事情記載欄（事業主用）
転職希望による自己都合退職

⑯ ⑯離職者本人の判断（○で囲むこと）
事業主が○を付けた離職理由に異議　有り・無し

加藤　聡

書式2　月給労働者が転職により自己都合退職する場合（30日に離職するケース）

様式第5号（第7条関係）　**雇用保険被保険者離職証明書（安定所提出用）**

① 被保険者番号	2345 - 678901 - 2	③ フリガナ	コバヤシコウジ	④ 離職年月日	令和	年 5	月 3	日 30
② 事業所番号	1111 - 111111 - 1	離職者氏名	小林浩二					

⑤ 名称 事業所 所在地 電話番号	株式会社 佐藤商事 品川区○○1-1-1 03-1111-1111	⑥ 離職者の 住所又は居所	〒 120-1234 足立区○○2-3-4 電話番号（ 03 ）2345- 6789

この証明書の記載は、事実に相違ないことを証明します。

⑩ ⑨ 事業主 ⑧	住所 品川区○○1-1-1 氏名 代表取締役 佐藤清	※離職票交付 令和　年　月　日 （交付番号　　　　　　番）

離職の日以前の賃金支払状況等

⑧ 被保険者期間算定対象期間		⑨ ⑧の期間 における 賃金支払 基礎日数	⑩ 賃金支払対象期間	⑪ ⑩の 基礎 日数	⑫ 賃　金　額			⑬ 備　考
Ⓐ 一般被保険者等 離職日の翌日　3月31日	Ⓑ 短期雇用特例被保険者等				Ⓐ	Ⓑ	計	
2 月28日~ 離 職 日	離職月	31日	3 月21日~ 離 職 日	10日	80,700			
1 月31日~ 2 月27日	月	28日	2 月21日~ 3 月20日	28日	250,000			
12 月31日~ 1 月30日	月	31日	1 月21日~ 2 月20日	31日	250,000			
11 月30日~ 12 月30日	月	31日	12 月21日~ 1 月20日	31日	250,000			
10 月31日~ 11 月29日	月	30日	11 月21日~ 12 月20日	30日	250,000			
9 月30日~ 10 月30日	月	31日	10 月21日~ 11 月20日	31日	250,000			
8 月31日~ 9 月29日	月	30日	9 月21日~ 10 月20日	30日	250,000			
7 月31日~ 8 月30日	月	31日	8 月21日~ 9 月20日	31日	250,000			
6 月30日~ 7 月30日	月	31日	7 月21日~ 8 月20日	31日	250,000			
5 月31日~ 6 月29日	月	30日	6 月21日~ 7 月20日	30日	250,000			
4 月30日~ 5 月30日	月	31日	5 月21日~ 6 月20日	31日	250,000			
3 月31日~ 4 月29日	月	30日	4 月21日~ 5 月20日	30日	250,000			
月 日~ 月 日	月	日	月 日~ 月 日	日				

⑭ 賃金に関する特記事項	⑮この証明書の記載内容（⑦欄を除く）は相違ないと認めます。 （離職者 氏名） 小林 浩二

※ 公共職業安定所記載欄	⑮欄の記載　有・無 ⑯欄の記載　有・無 資・聴

本手続きは電子申請による申請も可能です。本手続きについて、電子申請により行う場合には、被保険者が離職証明書の内容について確認したことを証明することができるものを本離職証明書の提出と併せて送信することをもって、当該被保険者の電子署名に代えることができます。
また、本手続きについて、社会保険労務士が電子による本届書の提出に関する手続を事業主に代わって行う場合には、当該社会保険労務士が当該事業主の提出代行者であることを証明することができるものを本届書の提出と併せて送信することをもって、当該事業主の電子署名に代えることができます。

社会保険 労 務 士 記 載 欄	作成年月日・提出代行者・事務代理者の表示	氏 名	電 話 番 号

	所 長	次 長	課 長	係 長	係

備考欄

⑦ | ⑦離職理由欄…事業主の方は、離職者の主たる離職理由が該当する理由を1つ選択し、左の事業主記入欄の□の中に〇印を記入の上、下の具体的事情記載欄に具体的事情を記載してください。

【離職理由は所定給付日数・給付制限の有無に影響を与える場合があり、適正に記載してください。】

事業主記入欄	離　職　理　由	※離職区分
□ ……	1　事業所の倒産等によるもの （1）倒産手続開始、手形取引停止による離職	1 A
□ ……	（2）事業所の廃止又は事業活動停止後事業再開の見込みがないため離職	1 B
□ ……	2　定年によるもの 定年による離職（定年　　歳） 定年後の継続雇用 { を希望していた（以下のaからcまでのいずれかを1つ選択してください） 　　　　　　　　　　 { を希望していなかった 　　a　就業規則に定める解雇事由又は退職事由（年齢に係るものを除く。以下同じ。）に該当したため 　　　（解雇事由又は退職事由と同一の事由として就業規則又は労使協定に定める「継続雇用しないことができる事由」に該当して離職した場合も含む。） 　　b　平成25年3月31日以前に労使協定により定めた継続雇用制度の対象となる高年齢者に係る基準に該当しなかったため 　　c　その他（具体的理由：　　　　　　　　　　　　　　　　　　　　　　　　　　　　　　　　　 ）	2 A 2 B 2 C
□ ……	3　労働契約期間満了等によるもの （1）採用又は定年後の再雇用時等にあらかじめ定められた雇用期限到来による離職 　　（1回の契約期間　　　箇月、通算契約期間　　　箇月、契約更新回数　　　回） 　　（当初の契約締結後に契約期間や更新回数の上限を短縮し、その上限到来による離職に該当　する・しない） 　　（当初の契約締結後に契約期間や更新回数の上限を設け、その上限到来による離職に該当　する・しない） 　　（定年後の再雇用時にあらかじめ定められた雇用期限到来による離職で　ある・ない） 　　（4年6箇月以上5年以下の通算契約期間の上限が定められ、この上限到来による離職で　ある・ない） 　→ある場合（同一事業所の有期雇用労働者に一律に4年6箇月以上5年以下の通算契約期間の上限が平成24年8月10日前から定められて　いた・いなかった）	2 D 2 E
□ ……	（2）労働契約期間満了による離職 　　① 下記②以外の労働者 　　　（1回の契約期間　　　箇月、通算契約期間　　　箇月、契約更新回数　　　回） 　　　（契約を更新又は延長することの確約・合意の　有・無（更新又は延長しない旨の明示の　有・無）） 　　　（直前の契約更新時に雇止め通知の　有・無） 　　　（当初の契約締結後に不更新条項の追加が　ある・ない） 　　　　　　　　　　　　　　　　　 { を希望する旨の申出があった 　　　労働者から契約の更新又は延長 { を希望しない旨の申出があった 　　　　　　　　　　　　　　　　　 { の希望に関する申出はなかった	3 A 3 B 3 C 3 D 4 D 5 E
	② 労働者派遣事業に雇用される派遣労働者のうち常時雇用される労働者以外の者 　　　（1回の契約期間　　　箇月、通算契約期間　　　箇月、契約更新回数　　　回） 　　　（契約を更新又は延長することの確約・合意の　有・無（更新又は延長しない旨の明示の　有・無）） 　　　　　　　　　　　　　　　　　 { を希望する旨の申出があった 　　　労働者から契約の更新又は延長 { を希望しない旨の申出があった 　　　　　　　　　　　　　　　　　 { の希望に関する申出はなかった 　　　a　労働者が適用基準に該当する派遣就業の指示を拒否したことによる場合 　　　b　事業主が適用基準に該当する派遣就業の指示を行わなかったことによる場合（指示した派遣就業が取りやめになったことによる場合を含む。） 　　　（aに該当する場合は、更に下記の5のうち、該当する主たる離職理由を更に1つ選択し、〇印を記入してください。該当するものがない場合は下記の6に〇印を記入した上、具体的な理由を記載してください。）	
□ ……	（3）早期退職優遇制度、選択定年制度等により離職	
□ ……	（4）移籍出向	
□ ……	4　事業主からの働きかけによるもの （1）解雇（重責解雇を除く。）	
□ ……	（2）重責解雇（労働者の責めに帰すべき重大な理由による解雇）	
□ ……	（3）希望退職の募集又は退職勧奨 　　① 事業の縮小又は一部休廃止に伴う人員整理を行うためのもの	
□ ……	② その他（理由を具体的に　　　　　　　　　　　　　　　　　　　　　　　　　 ）	
□ ……	5　労働者の判断によるもの （1）職場における事情による離職 　　① 労働条件に係る問題（賃金低下、賃金遅配、時間外労働、採用条件との相違等）があったと労働者が判断したため	
□ ……	② 事業主又は他の労働者から就業環境が著しく害されるような言動（故意の排斥、嫌がらせ等）を受けたと労働者が判断したため	
□ ……	③ 妊娠、出産、育児休業、介護休業等に係る問題（休業等の申出拒否、妊娠、出産、休業等を理由とする不利益取扱い）があったと労働者が判断したため	
□ ……	④ 事業所での大規模な人員整理があったことを考慮した離職	
□ ……	⑤ 職種転換等に適応することが困難であったため（教育訓練の　有・無）	
□ ……	⑥ 事業所移転により通勤困難となった（なる）ため（旧（新）所在地：　　　　　 ）	
□ ……	⑦ その他（理由を具体的に　　　　　　　　　　　　　　　　　　　　　　　　　 ）	
〇 ……	（2）労働者の個人的な事情による離職（一身上の都合、転職希望等）	
□ ……	6　その他（1－5のいずれにも該当しない場合） 　　（理由を具体的に　　　　　　　　　　　　　　　　　　　　　　　　　　　　　　 ）	
具体的事情記載欄（事業主用） 　　　　　転職希望による自己都合退職		

⑯ | ⑯離職者本人の判断（〇で囲むこと）
事業主が〇を付けた離職理由に異議　有り・(無し)
　　　　　小林　浩二

書式3　月給労働者が転職により自己都合退職する場合（続紙が必要になるケース）

様式第5号（第7条関係）　　**雇用保険被保険者離職証明書（安定所提出用）**　　続紙あり

① 被保険者番号	3456 - 789012 - 3	③ フリガナ	ヨシダケイコ	④ 離職	年	月	日
② 事業所番号	1111 - 111111 - 1	離職者氏名	吉田 恵子	年月日 令和	5	3	20

⑤ 事業所 名称	株式会社 佐藤商事	⑥ 離職者の 〒120-2345
所在地	品川区○○1-1-1	住所又は居所　足立区○○3-4-5
電話番号	03-1111-1111	電話番号（ 03 ）3456-7890

この証明書の記載は、事実に相違ないことを証明します。　　※離職票交付　令和　年　月　日
　　　　　　　　　　　　　　　　　　　　　　　　　　　　　　（交付番号　　　　　番）

事業主　住所　品川区○○1-1-1
　　　　氏名　代表取締役　佐藤清

離職の日以前の賃金支払状況等

⑧ 被保険者期間算定対象期間		⑨ ⑧の期間における賃金支払基礎日数	⑩ 賃金支払対象期間	⑪ ⑩の基礎日数	⑫ 賃　金　額			⑬ 備　考
④ 一般被保険者等 離職日の翌日 3月21日	⑧ 短期雇用特例被保険者				Ⓐ	Ⓑ	計	
2月21日～離職	離職	28日	2月21日～離職	28日	250,000			
1月21日～2月20日	月	31日	1月21日～2月20日	31日	250,000			
12月21日～1月20日	月	31日	12月21日～1月20日	31日	250,000			
11月21日～12月20日	月	10日	11月21日～12月20日	10日	83,400			自 4.10.1 至 4.12.10
10月21日～11月20日	月	0日	10月21日～11月20日	0日	0			71日間私疾病による欠勤のため
9月21日～10月20日	月	10日	9月21日～10月20日	10日	83,400			賃金支払いなし
8月21日～9月20日	月	31日	8月21日～9月20日	31日	250,000			
7月21日～8月20日	月	31日	7月21日～8月20日	31日	250,000			
6月21日～7月20日	月	30日	6月21日～7月20日	30日	250,000			
5月21日～6月20日	月	31日	5月21日～6月20日	31日	250,000			
4月21日～5月20日	月	30日	4月21日～5月20日	30日	250,000			
3月21日～4月20日	月	31日	3月21日～4月20日	31日	250,000			
2月21日～3月20日	月	29日	2月21日～3月20日	29日	250,000			

⑭ 賃金に関する特記事項	⑮この証明書の記載内容（⑦欄を除く）は相違ないと認めます。 （離職者 氏名）　吉田 恵子

※公共職業安定所記載欄
　　⑮欄の記載　　有・無
　　⑯欄の記載　　有・無
　　資・聴

備考欄

本手続きは電子申請による申請も可能です。本手続きについて、電子申請により行う場合には、被保険者が離職証明書の内容について確認したことを証明することができるものを本離職証明書の提出と併せて送信することをもって、当該被保険者の電子署名に代えることができます。
　また、本手続きについて、社会保険労務士が電子申請による本届書の提出に関する手続を事業主に代わって行う場合には、当該社会保険労務士が当該事業主の提出代行者であることを証明することができるものを本届書の提出と併せて送信することをもって、当該事業主の電子署名に代えることができます。

社会保険労務士記載欄	作成年月日・提出代行者・事務代理者の表示	氏　名	電話番号

※ | 所長 | 次長 | 課長 | 係長 | 係 |

144

⑦離職理由欄…事業主の方は、離職者の主たる離職理由が該当する理由を1つ選択し、左の事業主記入欄の□の中に○印を記入の上、下の具体的事情記載欄に具体的事情を記載してください。

【離職理由は所定給付日数・給付制限の有無に影響を与える場合があり、適正に記載してください。】

事業主記入欄	離　　　職　　　理　　　由	※離職区分
	1　事業所の倒産等によるもの	1 A
□ ……	（1）倒産手続開始、手形取引停止による離職	
□ ……	（2）事業所の廃止又は事業活動停止後事業再開の見込みがないため離職	1 B
	2　定年によるもの	
□ ……	定年による離職（定年　　歳）	2 A
	定年後の継続雇用 ｛ を希望していた（以下のaからcまでのいずれかを1つ選択してください）｛ を希望していなかった	
	a　就業規則に定める解雇事由又は退職事由（年齢に係るものを除く。以下同じ。）に該当したため	2 B
	（解雇事由又は退職事由と同一の事由として就業規則又は労使協定に定める「継続雇用しないことができる事由」に該当して離職した場合も含む。）	
	b　平成25年3月31日以前に労使協定により定めた継続雇用制度の対象となる高年齢者に係る基準に該当しなかったため	2 C
	c　その他（具体的理由： 　　　　　　　　　　　　　　　　　　　　　　　　　　　）	
	3　労働契約期間満了等によるもの	2 D
□ ……	（1）採用又は定年後の再雇用時等にあらかじめ定められた雇用期限到来による離職	
	（1回の契約期間　　箇月、通算契約期間　　箇月、契約更新回数　　回）	2 E
	（当初の契約締結後に契約期間や更新回数の上限を短縮し、その上限到来による離職に該当　する・しない）	
	（当初の契約締結後に不更新条項の追加が　ある・ない）	
	（定年後の再雇用時にあらかじめ定められた雇用期限到来による離職で　ある・ない）	
	（4年6箇月以上5年以下の通算契約期間の上限が定められ、この上限到来による離職で　ある・ない）	
	→ある場合（同一事業所の有期雇用労働者に一様に4年6箇月以上5年以下の通算契約期間の上限が平成24年8月10日前から定められて　いた・いなかった）	
□ ……	（2）労働契約期間満了による離職	3 A
	①　下記②以外の労働者	
	（1回の契約期間　　箇月、通算契約期間　　箇月、契約更新回数　　回）	3 B
	（契約を更新又は延長することの確約・合意の　有・無　（更新又は延長しない旨の明示の　有・無））	
	（直前の契約更新時に雇止め通知の　有・無）	3 C
	（当初の契約締結後に不更新条項の追加が　ある・ない）	
	労働者から契約の更新又は延長 ｛ を希望する旨の申出があった｛ を希望しない旨の申出があった｛ の希望に関する申出はなかった	3 D
	②　労働者派遣事業に雇用される派遣労働者のうち常時雇用される労働者以外の者	4 D
	（1回の契約期間　　箇月、通算契約期間　　箇月、契約更新回数　　回）	
	（契約を更新又は延長することの確約・合意の　有・無　（更新又は延長しない旨の明示の　有・無））	5 E
	労働者から契約の更新又は延長 ｛ を希望する旨の申出があった｛ を希望しない旨の申出があった｛ の希望に関する申出はなかった	
	a　労働者が適用基準に該当する派遣就業の指示を拒否したことによる場合	
	b　事業主が適用基準に該当する派遣就業の指示を行わなかったことによる場合（指示した派遣就業が取りやめになったことによる場合を含む。）	
	（aに該当する場合は、更に下記の5のうち、該当する主たる離職理由を更に1つ選択し、○印を記入してください。該当するものがない場合は下記の6に○印を記入した上、具体的な理由を記載してください。）	
□ ……	（3）早期退職優遇制度、選択定年制度等により離職	
□ ……	（4）移籍出向	
	4　事業主からの働きかけによるもの	
□ ……	（1）解雇（重責解雇を除く。）	
□ ……	（2）重責解雇（労働者の責めに帰すべき重大な理由による解雇）	
	（3）希望退職の募集又は退職勧奨	
□ ……	①　事業の縮小又は一部休廃止に伴う人員整理を行うためのもの	
□ ……	②　その他（理由を具体的に　　　　　　　　　　　　　　　　　）	
	5　労働者の判断によるもの	
	（1）職場における事情による離職	
□ ……	①　労働条件に係る問題（賃金低下、賃金遅配、時間外労働、採用条件との相違等）があったと労働者が判断したため	
□ ……	②　事業主又は他の労働者から就業環境が著しく害されるような言動（故意の排斥、嫌がらせ等）を受けたと労働者が判断したため	
□ ……	③　妊娠、出産、育児休業、介護休業等に係る問題（休業等の申出拒否、妊娠、出産、休業等を理由とする不利益取扱い）があったと労働者が判断したため	
□ ……	④　事業所での大規模な人員整理があったことを考慮した離職	
□ ……	⑤　職種転換等に適応することが困難であったため（教育訓練の　有・無）	
□ ……	⑥　事業所移転により通勤困難となった（なる）ため（旧（新）所在地：　　　　　　　）	
□ ……	⑦　その他（理由を具体的に　　　　　　　　　　　　　　　　　）	
◎ ……	（2）労働者の個人的な事情による離職（一身上の都合、転職希望等）	
□ ……	6　その他（1－5のいずれにも該当しない場合）（理由を具体的に　　　　　　　　　　　　　　　　　）	
	具体的事情記載欄（事業主用）　　　　転職希望による自己都合退職	

⑯離職者本人の判断（○で囲むこと）
事業主が○を付けた離職理由に異議　有り・(無し)
　　　　　吉田　恵子

様式第5号（第7条関係）　　**雇用保険被保険者離職証明書（安定所提出用）　　続　紙**

①被保険者番号	_		③フリガナ		④離職年月日	令和 5 年 3 月 20 日
②事業所番号	_		離職者氏名			

⑤　名称
事業所　所在地
　　　　電話番号

離職者の住所又は居所　〒
　　　　　　　　電話番号（　　　）　　－

この証明書の記載は、事実に相違ないことを証明します。

※離職票交付　令和　　年　　月　　日
　（交付番号　　　　　　　番）

住所
⑩事業主
氏名

離職の日以前の賃金支払状況等

⑧被保険者期間算定対象期間		⑨⑧の期間における賃金支払基礎日数	⑩賃金支払対象期間	⑪⑩の基礎日数	⑫賃金額			⑬備考
Ⓐ一般被保険者等 離職日の翌日 月 日	⑨短期雇用特例被保険者 月 日				Ⓐ	Ⓑ	計	
月 日～ 離職 月 日	月 日		月 日～ 離職 月 日	日				
1月21日～2月20日	月 31日		1月21日～2月20日	31日	250,000			
12月21日～1月20日	月 31日		12月21日～1月20日	31日	250,000			
月 日～ 月 日	月 日		月 日～ 月 日	日				
月 日～ 月 日	月 日		月 日～ 月 日	日				
▶ 月 日～ 月 日	月 日		月 日～ 月 日	日				
月 日～ 月 日	月 日		月 日～ 月 日	日				
月 日～ 月 日	月 日		月 日～ 月 日	日				
月 日～ 月 日	月 日		月 日～ 月 日	日				
月 日～ 月 日	月 日		月 日～ 月 日	日				
▶ 月 日～ 月 日	月 日		月 日～ 月 日	日				

⑭賃金に関する特記事項	⑮この証明書の記載内容（⑦欄を除く）は相違ないと認めます。 （離職者氏名）

※公共職業安定所記載欄
　⑮欄の記載　有・無
　⑯欄の記載　有・無
　資・聴

本手続きは電子申請による申請も可能です。本手続きについて、電子申請により行う場合には、被保険者が離職証明書の内容について確認したことを証明することができるものを本離職証明書の提出と併せて送信することをもって、当該被保険者の電子署名に代えることができます。
　また、本手続きについて、社会保険労務士が電子申請による本届書の提出に関する手続を事業主に代わって行う場合には、当該社会保険労務士が当該事業主の提出代行者であることを証明することができるものを本届書の提出と併せて送信することをもって、当該事業主の電子署名に代えることができます。

社会保険労務士記載欄	作成年月日・提出代行者・事務代理者の表示	氏　名	電話番号	※	所長	次長	課長	係長	係

記載不要の欄には線を引く

備考欄

⑦離職理由欄…事業主の方は、離職者の主たる離職理由が該当する理由を1つ選択し、左の事業主記入欄の□の中に○印を記入の上、下の具体的事情記載欄に具体的事情を記載してください。

【離職理由は所定給付日数・給付制限の有無に影響を与える場合があり、適正に記載してください。】

事業主記入欄	離　　職　　理　　由	※離職区分
□ ……	1　事業所の倒産等によるもの （1）倒産手続開始、手形取引停止による離職	1 A
□ ……	（2）事業所の廃止又は事業活動停止後事業再開の見込みがないため離職	1 B
□ ……	2　定年によるもの 　定年による離職（定年　　歳） 　　定年後の継続雇用　{　を希望していた（以下のaからcまでのいずれかを1つ選択してください） 　　　　　　　　　　　　{　を希望していなかった 　　a　就業規則に定める解雇事由又は退職事由（年齢に係るものを除く。以下同じ。）に該当したため 　　　（解雇事由又は退職事由と同一の事由として就業規則又は労使協定に定める「継続雇用しないことができる事由」に該当して離職した場合も含む。） 　　b　平成25年3月31日以前に労使協定により定めた継続雇用制度の対象となる高年齢者に係る基準に該当しなかったため 　　c　その他（具体的理由：	2 A 2 B 2 C
□ ……	3　労働契約期間満了等によるもの （1）採用又は定年後の再雇用時等にあらかじめ定められた雇用期限到来による離職 　　（1回の契約期間　　箇月、通算契約期間　　箇月、契約更新回数　　回） 　　（当初の契約締結後に契約期間や更新回数の上限を短縮し、その上限到来による離職に該当　する・しない） 　　（当初の契約締結後に契約期間や更新回数の上限を設け、その上限到来による離職に該当　する・しない） 　　（定年後の再雇用時にあらかじめ定められた雇用期限到来による離職で　ある・ない） 　　（4年6箇月以上5年以下の通算契約期間の上限が定められ、この上限到来による離職で　ある・ない） 　　→ある場合（同一事業所の有期雇用労働者に一律に4年6箇月以上5年以下の通算契約期間の上限が平成24年8月10日前から定められて　いた・いなかった）	2 D 2 E
□ ……	（2）労働契約期間満了による離職 　　①　下記②以外の労働者 　　　（1回の契約期間　　箇月、通算契約期間　　箇月、契約更新回数　　回） 　　　（契約を更新又は延長することの確約・合意の　有・無　（更新又は延長しない旨の明示の　有・無）） 　　　（直前の契約更新時に雇止め通知の　有　・　無　） 　　　（当初の契約締結後に不更新条項の追加が　ある・ない） 　　　　　　　　　　　　　　　　　{　を希望する旨の申出があった 　　　労働者から契約の更新又は延長　{　を希望しない旨の申出があった 　　　　　　　　　　　　　　　　　{　の希望に関する申出はなかった 　　②　労働者派遣事業に雇用される派遣労働者のうち常時雇用される労働者以外の者 　　　（1回の契約期間　　箇月、通算契約期間　　箇月、契約更新回数　　回） 　　　（契約を更新又は延長することの確約・合意の　有・無　（更新又は延長しない旨の明示の　有・無）） 　　　　　　　　　　　　　　　　　{　を希望する旨の申出があった 　　　労働者から契約の更新又は延長　{　を希望しない旨の申出があった 　　　　　　　　　　　　　　　　　{　の希望に関する申出はなかった 　　　a　労働者が適用基準に該当する派遣就業の指示を拒否したことによる場合 　　　b　事業主が適用基準に該当する派遣就業の指示を行わなかったことによる場合（指示した派遣就業が取りやめになったことによる場合を含む。） 　　　（aに該当する場合は、更に下記の5のうち、該当する主たる離職理由を更に1つ選択し、○印を記入してください。該当するものがない場合は下記の6に○印を記入した上、具体的な理由を記載してください。）	3 A 3 B 3 C 3 D 4 D 5 E
□ ……	（3）早期退職優遇制度、選択定年制度等により離職	
□ ……	（4）移籍出向	
□ ……	4　事業主からの働きかけによるもの （1）解雇（重責解雇を除く。）	
□ ……	（2）重責解雇（労働者の責めに帰すべき重大な理由による解雇）	
□ ……	（3）希望退職の募集又は退職勧奨 　　①　事業の縮小又は一部休廃止に伴う人員整理を行うためのもの	
□ ……	②　その他（理由を具体的に　　　　　　　　　　　　　　　　）	
□ ……	5　労働者の判断によるもの （1）職場における事情による離職 　　①　労働条件に係る問題（賃金低下、賃金遅配、時間外労働、採用条件との相違等）があったと労働者が判断したため	
□ ……	②　事業主又は他の労働者から就業環境が著しく害されるような言動（故意の排斥、嫌がらせ等）を受けたと労働者が判断したため	
□ ……	③　妊娠、出産、育児休業、介護休業等に係る問題（休業等の申出拒否、妊娠、出産、休業等を理由とする不利益取扱い）があったと労働者が判断したため	
□ ……	④　事業所での大規模な人員整理があったことを考慮した離職	
□ ……	⑤　職種転換等に適応することが困難であったため（教育訓練の　有・無）	
□ ……	⑥　事業所移転により通勤困難となった（なる）ため（旧（新）所在地：　　　　）	
□ ……	⑦　その他（理由を具体的に　　　　　　　　　　　　　　　　）	
□ ……	（2）労働者の個人的な事情による離職（一身上の都合、転職希望等）	
□ ……	6　その他（1－5のいずれにも該当しない場合） 　　（理由を具体的に　　　　　　　　　　　　　　　　　　　）	

具体的事情記載欄（事業主用）

⑯離職者本人の判断（○で囲むこと）
事業主が○を付けた離職理由に異議　有り・無し

［離職者氏名］

書式4　残業により賃金額の変動があった正社員が自己都合退職する場合

様式第5号(第7条関係)　**雇用保険被保険者離職証明書（安定所提出用）**

① 被保険者番号	4567-890123-4	③ フリガナ	ヤマダ ユミコ	④ 離職 年月日	令和	年 5	月 3	日 20
② 事業所番号	1111-111111-1	離職者氏名	山田 由美子					

⑤ 名称	株式会社 佐藤商事	⑥ 離職者の 住所又は居所	〒120-3456　足立区○○4-5-6
事業所 所在地	品川区○○1-1-1		
電話番号	03-1111-1111		電話番号（ 03 ）4567-8901

この証明書の記載は、事実に相違ないことを証明します。

事業主　住所　品川区○○1-1-1
　　　　氏名　代表取締役　佐藤清

※離職票交付　令和　　年　　月　　日
（交付番号　　　　　　　　番）

離職の日以前の賃金支払状況等

⑧ 被保険者期間算定対象期間		⑨ ⑧の期間における賃金支払基礎日数	⑩ 賃金支払対象期間	⑪ ⑩の基礎日数	⑫ 賃金額			⑬ 備考
④ 一般被保険者等	⑧ 短期雇用特例被保険者				Ⓐ	Ⓑ	計	
離職日の翌日 3月21日								
2月21日~ 離職日	離職日	28日	2月21日~ 離職日	28日	250,000			
1月21日~2月20日	月	31日	1月21日~2月20日	31日	277,045			
12月21日~1月20日	月	31日	12月21日~1月20日	31日	286,060			
11月21日~12月20日	月	30日	11月21日~12月20日	30日	277,045			
10月21日~11月20日	月	31日	10月21日~11月20日	31日	268,030			
9月21日~10月20日	月	30日	9月21日~10月20日	30日	286,060			
8月21日~9月20日	月	31日	8月21日~9月20日	31日	250,000			
7月21日~8月20日	月	31日	7月21日~8月20日	31日	250,000			
6月21日~7月20日	月	30日	6月21日~7月20日	30日	268,030			
5月21日~6月20日	月	31日	5月21日~6月20日	31日	277,045			
4月21日~5月20日	月	31日	4月21日~5月20日	31日	277,045			
3月21日~4月20日	月	31日	3月21日~4月20日	31日	286,060			
月 日~ 月 日	月	日	月 日~ 月 日	日				

⑭ 賃金に関する特記事項		⑮この証明書の記載内容（⑦欄を除く）は相違ないと認めます。 離職者 （氏名） 山田 由美子

※ 公共職業安定所記載欄
⑮欄の記載　有・無
⑯欄の記載　有・無
資・聴

本手続きは電子申請による申請も可能です。本手続きについて、電子申請により行う場合には、被保険者が離職証明書の内容について確認したことを証明することができるものを本離職証明書の提出と併せて送信することをもって、当該被保険者の電子署名に代えることができます。
　また、本手続きについて、社会保険労務士が電子申請による本離職票の提出に関する手続を事業主に代わって行う場合には、当該社会保険労務士が当該事業主の提出代行者であることを証明することができるものを本届書の提出と併せて送信することをもって、当該事業主の電子署名に代えることができます。

社会保険 労務士 記載欄	作成年月日・提出代行者・事務代理者の表示	氏　名	電話番号	※ 所長	次長	課長	係長	係

備考欄

⑦ ⑦離職理由欄…事業主の方は、離職者の主たる離職理由が該当する理由を1つ選択し、左の事業主記入欄の□の中に○印を記入の上、下の具体的事情記載欄に具体的事情を記載してください。

【離職理由は所定給付日数・給付制限の有無に影響を与える場合があり、適正に記載してください。】

事業主記入欄	離　　職　　理　　由	※離職区分
□ □ □	1　事業所の倒産等によるもの （1）倒産手続開始、手形取引停止による離職 （2）事業所の廃止又は事業活動停止後事業再開の見込みがないため離職 2　定年によるもの 　　定年による離職（定年　　歳） 　　　定年後の継続雇用 ｛ を希望していた（以下のaからcまでのいずれかを1つ選択してください） 　　　　　　　　　　　　 を希望していなかった 　　　　a　就業規則に定める解雇事由又は退職事由（年齢に係るものを除く。以下同じ。）に該当したため 　　　　　（解雇事由又は退職事由と同一の事由として就業規則又は労使協定に定める「継続雇用しないことができる事由」に該当して離職した場合も含む。） 　　　　b　平成25年3月31日以前に労使協定により定めた継続雇用制度の対象となる高年齢者に係る基準に該当しなかったため 　　　　c　その他（具体的理由： 3　労働契約期間満了等によるもの （1）採用又は定年後の再雇用時等にあらかじめ定められた雇用期限到来による離職 　　（1回の契約期間　　　箇月、通算契約期間　　　箇月、契約更新回数　　　回） 　　（当初の契約締結後に契約期間や更新回数の上限を短縮し、その上限到来による離職に該当する・しない） 　　（当初の契約締結後に不更新条項の追加が　ある・ない） 　　（定年後の再雇用時にあらかじめ定められた雇用期限到来による離職で　ある・ない） 　　（4年6箇月以上5年以下の通算契約期間の上限が定められ、この上限到来による離職で　ある・ない） 　　→ある場合（同一事業所の有期雇用労働者に一律に4年6箇月以上5年以下の通算契約期間の上限が平成24年8月10日前から定められて　いた・いなかった） （2）労働契約期間満了による離職 　　① 下記②以外の労働者 　　　（1回の契約期間　　　箇月、通算契約期間　　　箇月、契約更新回数　　　回） 　　　（契約を更新又は延長することの確約・合意の　有・無（更新又は延長しない旨の明示の　有・無）） 　　　（直前の契約更新時に雇止め通知の　有・無） 　　　（当初の契約締結後に不更新条項の追加が　ある・ない） 　　　　　　　　　　　　　　　　　　 ｛ を希望する旨の申出があった 　　　労働者から契約の更新又は延長 ｛ を希望しない旨の申出があった 　　　　　　　　　　　　　　　　　　 ｛ の希望に関する申出はなかった 　　② 労働者派遣事業に雇用される派遣労働者のうち常時雇用される労働者以外の者 　　　（1回の契約期間　　　箇月、通算契約期間　　　箇月、契約更新回数　　　回） 　　　（契約を更新又は延長することの確約・合意の　有・無（更新又は延長しない旨の明示の　有・無）） 　　　　　　　　　　　　　　　　　　 ｛ を希望する旨の申出があった 　　　労働者から契約の更新又は延長 ｛ を希望しない旨の申出があった 　　　　　　　　　　　　　　　　　　 ｛ の希望に関する申出はなかった 　　　a　労働者が適用基準に該当する派遣就業の指示を拒否したことによる場合 　　　b　事業主が適用基準に該当する派遣就業の指示を行わなかったことによる場合（指示した派遣就業が取りやめになったことによる場合を含む。） 　　　（aに該当する場合は、更に下記の5のうち、該当する主たる離職理由を更に1つ選択し、○印を記入してください。該当するものがない場合は下記の6に○印を記入した上、具体的な理由を記載してください。） （3）早期退職優遇制度、選択定年制度等により離職 （4）移籍出向 4　事業主からの働きかけによるもの （1）解雇（重責解雇を除く。） （2）重責解雇（労働者の責めに帰すべき重大な理由による解雇） （3）希望退職の募集又は退職勧奨 　　① 事業の縮小又は一部休廃止に伴う人員整理を行うためのもの 　　② その他（理由を具体的に　　　　　　　　　　　　　　　　　　　　　　　） 5　労働者の判断によるもの （1）職場における事情による離職 　　① 労働条件に係る問題（賃金低下、賃金遅配、時間外労働、採用条件との相違等）があったと労働者が判断したため 　　② 事業主又は他の労働者から就業環境が著しく害されるような言動（故意の排斥、嫌がらせ等）を受けたと労働者が判断したため 　　③ 妊娠、出産、育児休業、介護休業等に係る問題（休業等の申出拒否、妊娠、出産、休業等を理由とする不利益取扱い）があったと労働者が判断したため 　　④ 事業所での大規模な人員整理があったことを考慮した離職 　　⑤ 職種転換等に適応することが困難であったため（教育訓練の　有・無） 　　⑥ 事業所移転により通勤困難となった（なる）ため（旧（新）所在地：　　　　　　） 　　⑦ その他（理由を具体的に　　　　　　　　　　　　　　　　　　　　　　　） （2）労働者の個人的な事情による離職（一身上の都合、転職希望等） 6　その他（1－5のいずれにも該当しない場合） 　　（理由を具体的に　　　　　　　　　　　　　　　　　　　　　　　　　　　　）	1 A 1 B 2 A 2 B 2 C 2 D 2 E 3 A 3 B 3 C 3 D 4 D 5 E

具体的事情記載欄（事業主用）　　　転職希望による自己都合退職

⑯ ⑯離職者本人の判断（○で囲むこと）
事業主が○を付けた離職理由に異議　有り・無し

山田　由美子

書式5　業績不振による賃金カットにより賃金額の変動があった正社員が自己都合退職する場合

様式第5号（第7条関係）　**雇用保険被保険者離職証明書（安定所提出用）**

① 被保険者番号	5678-901234-5	③フリガナ	ナカムラオサム	④離職	年 月 日
② 事業所番号	1111-111111-1	離職者氏名	中村 修	年月日 令和	5 3 20

⑤ 名称	株式会社佐藤商事	⑥ 離職者の	〒120-4567
事業所 所在地	品川区○○1-1-1	住所又は居所	足立区○○5-6-7
電話番号	03-1111-1111		電話番号（ 03 ）5678-9012

この証明書の記載は、事実に相違ないことを証明します。

※離職票交付　令和　　年　　月　　日
（交付番号　　　　　　　番）

⑩

⑨

⑧

事業主　住所　品川区○○1-1-1
氏名　代表取締役　佐藤清

⑪

離 職 の 日 以 前 の 賃 金 支 払 状 況 等

⑫

⑧ 被保険者期間算定対象期間		⑨ ⑧の期間における賃金支払基礎日数	⑩ 賃金支払対象期間	⑪ ⑩の基礎日数	⑫ 賃 金 額			⑬ 備 考
Ⓐ 一般被保険者等 離職日の翌日 3月21日	Ⓑ 短期雇用特例被保険者				Ⓐ	Ⓑ	計	
2月21日～ 離職日	離職月	28日	2月21日～ 離職日	28日	220,000			
1月21日～2月20日	月	31日	1月21日～2月20日	31日	220,000			
12月21日～1月20日	月	31日	12月21日～1月20日	31日	220,000			
11月21日～12月20日	月	30日	11月21日～12月20日	30日	220,000			
10月21日～11月20日	月	31日	10月21日～11月20日	31日	220,000			
9月21日～10月20日	月	30日	9月21日～10月20日	30日	230,000			賃金規程
8月21日～9月20日	月	31日	月 日～ 月 日	日				○条により
7月21日～8月20日	月	31日	月 日～ 月 日	日				4.10.1付で
6月21日～7月20日	月	30日	月 日～ 月 日	日				30,000円
5月21日～6月20日	月	31日	月 日～ 月 日	日				減給
4月21日～5月20日	月	30日	月 日～ 月 日	日				
3月21日～4月20日	月	31日	月 日～ 月 日	日				
月 日～ 月 日	月	日	月 日～ 月 日	日				

備考欄

⑬

⑭ 賃金に関する特記事項	⑮この証明書の記載内容（⑦欄を除く）は相違ないと認めます。 （離職者 氏名）　中村 修

⑮

※公共職業安定所記載欄	⑮欄の記載　有・無　⑯欄の記載　有・無　資・聴

本手続きは電子申請による申請も可能です。本手続きについて、電子申請により行う場合には、被保険者が離職証明書の内容について確認したことを証明することができるものを本離職証明書の提出と併せて送信することをもって、当該被保険者の電子署名に代えることができます。
また、本手続きについて、社会保険労務士が電子申請による本届書の提出に関する手続を事業主に代わって行う場合には、当該社会保険労務士が当該事業主の提出代行者であることを証明することができるものを本届書の提出と併せて送信することをもって、当該事業主の電子署名に代えることができます。

社会保険労務士記載欄	作成年月日・提出代行者・事務代理者の表示	氏 名	電話番号	※ 所長	次長	課長	係長	係

⑦

⑦離職理由欄…事業主の方は、離職者の主たる離職理由が該当する理由を1つ選択し、左の事業主記入欄の□の中に○印を記入の上、下の具体的事情記載欄に具体的事情を記載してください。

【離職理由は所定給付日数・給付制限の有無に影響を与える場合があり、適正に記載してください。】

事業主記入欄	離　職　理　由	※離職区分
□………	1　事業所の倒産等によるもの （1）倒産手続開始、手形取引停止による離職	1 A
□………	（2）事業所の廃止又は事業活動停止後事業再開の見込みがないため離職	1 B
□………	2　定年によるもの 　　定年による離職（定年　　歳） 　　　　定年後の継続雇用 { を希望していた（以下のaからcまでのいずれかを1つ選択してください） 　　　　　　　　　　　　 { を希望していなかった 　　　　　a　就業規則に定める解雇事由又は退職事由（年齢に係るものを除く。以下同じ。）に該当したため 　　　　　　（解雇事由又は退職事由が同一の事由として就業規則又は労使協定に定める「継続雇用しないことができる事由」に該当して離職した場合も含む。） 　　　　　b　平成25年3月31日以前に労使協定により定めた継続雇用制度の対象となる高年齢者に係る基準に該当しなかったため 　　　　　c　その他（具体的な理由：　　　　　　　　　　　　　　　　　　　　　　　　　　　　　）	2 A 2 B 2 C
□………	3　労働契約期間満了等によるもの （1）採用又は定年後の再雇用時等にあらかじめ定められた雇用期限到来による離職 　　（1回の契約期間　　箇月、通算契約期間　　箇月、契約更新回数　　回） 　　（当初の契約締結後に契約期間や更新回数の上限を短縮し、その上限到来による離職に該当　する・しない） 　　（当初の契約締結後に契約期間や更新回数の上限を設け、その上限到来による離職に該当　する・しない） 　　（定年後の再雇用時にあらかじめ定められた雇用期限到来による離職で　ある・ない） 　　（4年6箇月以上5年以下の通算契約期間の上限が定められ、この上限到来による離職で　ある・ない） 　　→ある場合（同一事業所の有期雇用労働者に一斉に4年6箇月以上5年以下の通算契約期間の上限が平成24年8月10日前から定められて　いた・いなかった）	2 D 2 E
□………	（2）労働契約期間満了による離職 　　① 下記②以外の労働者 　　（1回の契約期間　　箇月、通算契約期間　　箇月、契約更新回数　　回） 　　（契約を更新又は延長することの確約・合意の　有・無（更新又は延長しない旨の明示の　有・無）） 　　（直前の契約更新時に雇止め通知の　有　・　無　） 　　（当初の契約締結後に不更新条項の追加が　ある・ない） 　　　　労働者から契約の更新又は延長 { を希望する旨の申出があった 　　　　　　　　　　　　　　　　　　 { を希望しない旨の申出があった 　　　　　　　　　　　　　　　　　　 { の希望に関する申出はなかった 　　② 労働者派遣事業に雇用される派遣労働者のうち常時雇用される労働者以外の者 　　（1回の契約期間　　箇月、通算契約期間　　箇月、契約更新回数　　回） 　　（契約を更新又は延長することの確約・合意の　有・無（更新又は延長しない旨の明示の　有・無）） 　　　　労働者から契約の更新又は延長 { を希望する旨の申出があった 　　　　　　　　　　　　　　　　　　 { を希望しない旨の申出があった 　　　　　　　　　　　　　　　　　　 { の希望に関する申出はなかった 　　　　a　労働者が適用基準に該当する派遣就業の指示を拒否したことによる場合 　　　　b　事業主が適用基準に該当する派遣就業の指示を行わなかったことによる場合（指示した派遣就業が取りやめになったことによる場合を含む。） 　　　　（aに該当する場合は、更に下記の5のうち、該当する主たる離職理由を更に1つ選択し、○印を記入してください。該当するものがない場合は下記の6に○印を記入の上、具体的な理由を記載してください。）	3 A 3 B 3 C 3 D 4 D 5 E
□………	（3）早期退職優遇制度、選択定年制度等により離職	
□………	（4）移籍出向	
□………	4　事業主からの働きかけによるもの （1）解雇（重責解雇を除く。）	
□………	（2）重責解雇（労働者の責めに帰すべき重大な理由による解雇）	
□………	（3）希望退職の募集又は退職勧奨 　　① 事業の縮小又は一部休廃止に伴う人員整理を行うためのもの	
□………	② その他（理由を具体的に　　　　　　　　　　　　　　　　　　　　　　　　）	
□………	5　労働者の判断によるもの （1）職場における事情による離職 　　① 労働条件に係る問題（賃金低下、賃金遅配、時間外労働、採用条件との相違等）があったと労働者が判断したため	
□………	② 事業主又は他の労働者から就業環境が著しく害されるような言動（故意の排斥、嫌がらせ等）を受けたと労働者が判断したため	
□………	③ 妊娠、出産、育児休業、介護休業等に係る問題（休業等の申出拒否、妊娠、出産、休業等を理由とする不利益取扱い）があったと労働者が判断したため	
□………	④ 事業所での大規模な人員整理があったことを考慮した離職	
□………	⑤ 職種転換等に適応することが困難であったため（教育訓練の　有・無）	
□………	⑥ 事業所移転により通勤困難となった（なる）ため（旧（新）所在地：　　　　　　　）	
□………	⑦ その他（理由を具体的に　　　　　　　　　　　　　　　　　　　　　　　）	
○………	（2）労働者の個人的な事情による離職（一身上の都合、転職希望等）	
□………	6　その他（1－5のいずれにも該当しない場合） 　（理由を具体的に　　　　　　　　　　　　　　　　　　　　　　　　　）	

具体的事情記載欄（事業主用）

一身上による自己都合退職

⑯離職者本人の判断（○で囲むこと）
事業主が○を付けた離職理由に異議　　有り・無し

中村　修

書式6　1年以上休職していた正社員がそのまま退職する場合

様式第5号（第7条関係）		雇用保険被保険者離職証明書（安定所提出用）					

① 被保険者番号	7890 - 123456 - 7	③ フリガナ	ヤマモトカズヒコ	④ 離職	年 月 日
② 事業所番号	1111 - 111111 - 1	離職者氏名	山本 和彦	年月日 令和	5 3 20

⑤	名 称	株式会社 佐藤商事	⑥ 離職者の	〒 120-6789
事業所	所在地	品川区○○1-1-1	住所又は居所	足立区○○7-8-9
	電話号	03-1111-1111		電話番号（ 03 ）7890-1234

この証明書の記載は、事実に相違ないことを証明します。　　　※離職票交付 令和 年 月 日

事業主	住所	品川区○○1-1-1	（交付番号　　　　　　番）
	氏名	代表取締役　佐藤清	

⑩　⑨　⑧　⑪　⑫

離 職 の 日 以 前 の 賃 金 支 払 状 況 等

⑧ 被保険者期間算定対象期間		⑨ ⑧の期間における賃金支払基礎日数	⑩ 賃金支払対象期間	⑪ ⑩の基礎日数	⑫ 賃 金 額			⑬ 備 考
Ⓐ 一般被保険者等	Ⓑ 短期雇用特例被保険者				Ⓐ	Ⓑ	計	
離職日の翌日 3月2日								
2月21日～ 離職 日	月 離職 日	0日	2月21日～ 離職 日	0日				自 4.2.1 至 5.3.20
1月21日～2月20日	月	31日	1月21日～2月20日	11日	88,800			414日間私疾病による休職のため
12月21日～1月20日	月	31日	12月21日～1月20日	31日	250,000			賃金支払いなし
11月21日～12月20日	月	30日	11月21日～12月20日	30日	250,000			
10月21日～11月20日	月	31日	10月21日～11月20日	31日	250,000			
9月21日～10月20日	月	30日	9月21日～10月20日	30日	250,000			
8月21日～9月20日	月	31日	8月21日～9月20日	31日	250,000			
7月21日～8月20日	月	31日	7月21日～8月20日	31日	250,000			
6月21日～7月20日	月	30日	6月21日～7月20日	30日	250,000			
5月21日～6月20日	月	31日	5月21日～6月20日	31日	250,000			
4月21日～5月20日	月	30日	4月21日～5月20日	30日	250,000			
3月21日～4月20日	月	31日	3月21日～4月20日	31日	250,000			
2月21日～3月20日	月	28日	2月21日～3月20日	28日	250,000			

備考欄

⑭ 賃金に関する特記事項	⑮この証明書の記載内容（⑦欄を除く）は相違ないと認めます。 （離職者 氏名） 山本 和彦	⑮

※ 公共職業安定所記載欄	⑮欄の記載　　有・無 ⑯欄の記載　　有・無 資・聴

本手続きは電子申請による申請も可能です。本手続きについて、電子申請により行う場合には、被保険者が離職証明書の内容について確認したことを証明することができるものを本離職証明書の提出と併せて送信することをもって、当該被保険者の電子署名に代えることができます。
　また、本手続きについて、社会保険労務士が電子申請による本届書の提出に関する手続を事業主に代わって行う場合には、当該社会保険労務士が当該事業主の提出代行者であることを証明することができるものを本届書の提出と併せて送信することをもって、当該事業主の電子署名に代えることができます。

社会保険労務士記載欄	作成年月日・提出代行者・事務代理者の表示	氏　名	電話番号		※	所長	次長	課長	係長	係

⑦ ⑦離職理由欄…事業主の方は、離職者の主たる離職理由が該当する理由を1つ選択し、左の事業主記入欄の□の中に○印を記入の上、下の具体的事情記載欄に具体的事情を記載してください。

【離職理由は所定給付日数・給付制限の有無に影響を与える場合があり、適正に記載してください。】

事業主記入欄	離 職 理 由	※離職区分
	1 事業所の倒産等によるもの	
□ ……	(1) 倒産手続開始、手形取引停止による離職	1 A
□ ……	(2) 事業所の廃止又は事業活動停止後事業再開の見込みがないため離職	1 B
	2 定年によるもの	
□ ……	定年による離職(定年 歳) 定年後の継続雇用 { を希望していた(以下のaからcまでのいずれかを1つ選択してください) { を希望していなかった	2 A
	a 就業規則に定める解雇事由又は退職事由(年齢に係るものを除く。以下同じ。)に該当したため 　　(解雇事由又は退職事由と同一の事由として就業規則又は労使協定に定める「継続雇用しないことができる事由」に該当して離職した場合を含む。)	2 B
	b 平成25年3月31日以前に労使協定により定めた継続雇用制度の対象となる高年齢者に係る基準に該当しなかったため	2 C
	c その他(具体的理由:)	
	3 労働契約期間満了等によるもの	
□ ……	(1) 採用又は定年後の再雇用時等にあらかじめ定められた雇用期間到来による離職 (1回の契約期間 箇月、通算契約期間 箇月、契約更新回数 回) (当初の契約締結後に契約期間や更新回数の上限を短縮し、その上限到来による離職に該当 する・しない) (当初の契約締結後に契約期間や更新回数の上限を設け、その上限到来による離職に該当 する・しない) (定年後の再雇用時にあらかじめ定められた雇用期間到来による離職である ・ ない) (4年6箇月以上5年以下の通算契約期間の上限が定められ、この上限到来による離職で ある ・ ない) →4年6箇月以上5年以下の通算契約期間の上限が定められ、この上限到来による離職で ある ・ ない) →4年6箇月以上5年以下の通算契約期間の上限が定められ、この上限到来による離職で ある ・ ない) →4年6箇月以上5年以下の通算契約期間の上限が定められ、この上限到来による離職で ある ・ ない)	2 D
		2 E
□ ……	(2) 労働契約期間満了による離職 ① 下記②以外の労働者 (1回の契約期間 箇月、通算契約期間 箇月、契約更新回数 回) (契約を更新又は延長することの確約・合意の 有・無 (更新又は延長しない旨の明示の 有・無)) (直前の契約更新時に雇止め通知の 有 ・ 無) (当初の契約締結後に不更新条項の追加が ある ・ ない) 労働者から契約の更新又は延長 { を希望する旨の申出があった { を希望しない旨の申出があった { の希望に関する申出はなかった	3 A
		3 B
		3 C
	② 労働者派遣事業に雇用される派遣労働者のうち常時雇用される労働者以外の者 (1回の契約期間 箇月、通算契約期間 箇月、契約更新回数 回) (契約を更新又は延長することの確約・合意の 有・無 (更新又は延長しない旨の明示の 有・無)) 労働者から契約の更新又は延長 { を希望する旨の申出があった { を希望しない旨の申出があった { の希望に関する申出はなかった	3 D
		4 D
	a 労働者が適用基準に該当する派遣就業の指示を拒否したことによる場合 　b 事業主が適用基準に該当する派遣就業の指示を行わなかったことによる場合(指示した派遣就 　　業が取りやめになったことによる場合を含む。) (aに該当する場合は、更に下記の5のうち、該当する主たる離職理由を更に1つ選択し、○印を 記入してください。該当するものがない場合は下記の6に○印を記入した上、具体的な理由を記載 してください。)	5 E
□ ……	(3) 早期退職優遇制度、選定定年制度等により離職	
□ ……	(4) 移籍出向	
	4 事業主からの働きかけによるもの	
□ ……	(1) 解雇(重責解雇を除く。)	
□ ……	(2) 重責解雇(労働者の責めに帰すべき重大な理由による解雇)	
	(3) 希望退職の募集又は退職勧奨	
□ ……	① 事業の縮小又は一部休廃止に伴う人員整理を行うためのもの	
□ ……	② その他(理由を具体的に)	
	5 労働者の判断によるもの	
	(1) 職場における事情による離職	
□ ……	① 労働条件に係る問題(賃金低下、賃金遅配、時間外労働、採用条件との相違等)があったと 労働者が判断したため	
□ ……	② 事業主又は他の労働者から就業環境が著しく害されるような言動(故意の排斥、嫌がらせ等)を 受けたと労働者が判断したため	
□ ……	③ 妊娠、出産、育児休業、介護休業等に係る問題(休業等の申出拒否、妊娠、出産、休業等を理由とする 不利益取扱い)があったと労働者が判断したため	
□ ……	④ 事業所での大規模な人員整理があったことを考慮した離職	
□ ……	⑤ 職種転換等に適応することが困難であったため(教育訓練の 有・無)	
□ ……	⑥ 事業所移転により通勤困難となった(なる)ため(旧(新)所在地:)	
□ ……	⑦ その他(理由を具体的に)	
□ ……	(2) 労働者の個人的な事情による離職(一身上の都合、転職希望等)	
◎ ……	6 その他(1~5のいずれにも該当しない場合) (理由を具体的に 就業規則に基づき休職期間満了により退職)	

具体的事情記載欄(事業主用)
休職は1年を限度とするが、経過するも治ゆせず復帰不能のため

⑯ ⑯離職者本人の判断(○で囲むこと)
事業主が○を付けた離職理由に異議 有り・無し

山本 和彦

書式7　入社した新入社員が2週間で自己都合退職する場合

様式第5号(第7条関係)　**雇用保険被保険者離職証明書(安定所提出用)**

① 被保険者番号	8901-234567-8	③ フリガナ	ヤマグチアケミ	④ 離職年月日	令和 年5 月4 日15
② 事業所番号	1111-111111-1	離職者氏名	山口 明美		

⑤ 事業所	名称	株式会社 佐藤商事	⑥ 離職者の住所又は居所	〒120-7890 足立区○○8-9-1
	所在地	品川区○○1-1-1		
	電話番号	03-1111-1111		電話番号(　03)8901-2345

この証明書の記載は、事実に相違ないことを証明します。	※離職票交付 令和　年　月　日
住所　品川区○○1-1-1	(交付番号　　　　番)
事業主　氏名　代表取締役　佐藤清	

⑩ ⑨ ⑧ **離職の日以前の賃金支払状況等** ⑪ ⑫

⑧ 被保険者期間算定対象期間		⑨ ⑧の期間における賃金支払基礎日数	⑩ 賃金支払対象期間	⑩の基礎日数	⑫ 賃金額			⑬ 備考
④ 一般被保険者等	⑧ 短期雇用特例被保険者				④	⑧	計	
離職日の翌日　3月2日	離職月		賃金支払対象期間					
4月1日～ 離職 日	離職月	15日	3月20日～ 離職 日	15日	96,800			
月　日～　月　日	月　日		月　日～　月　日					
月　日～　月　日	月　日		月　日～　月　日					
月　日～　月　日	月　日		月　日～　月　日					
月　日～　月　日	月　日		月　日～　月　日					
▶ 月　日～　月　日	月　日		月　日～　月　日					
月　日～　月　日	月　日		月　日～　月　日					
月　日～　月　日	月　日		月　日～　月　日					
月　日～　月　日	月　日		月　日～　月　日					
月　日～　月　日	月　日		月　日～　月　日					
▶ 月　日～　月　日	月　日		月　日～　月　日					

備考欄

⑭ 賃金に関する特記事項	⑮この証明書の記載内容(⑦欄を除く)は相違ないと認めます。 (離職者 氏名)　山口 明美

※ 公共職業安定所記載欄	⑮欄の記載　有・無 ⑯欄の記載　有・無 資・聴

本手続きは電子申請による申請も可能です。本手続きについて、電子申請により行う場合には、被保険者が離職証明書の内容について確認したことを証明することができるものを本離職証明書の提出と併せて送信することをもって、当該被保険者の電子署名に代えることができます。
　また、本手続きについて、社会保険労務士が電子申請による本届書の提出に関する手続を事業主に代わって行う場合には、当該社会保険労務士が当該事業主の提出代行者であることを証明することができるものを本届書の提出と併せて送信することをもって、当該事業主の電子署名に代えることができます。

社会保険労務士記載欄	作成年月日・提出代行者・事務代理者の表示	氏名	電話番号	※	所長	次長	課長	係長	係

⑦

⑦離職理由欄…事業主の方は、離職者の主たる離職理由が該当する理由を1つ選択し、左の事業主記入欄の□の中に○印を記入の上、下の具体的事情記載欄に具体的事情を記載してください。

【離職理由は所定給付日数・給付制限の有無に影響を与える場合があり、適正に記載してください。】

事業主記入欄	離　職　理　由	※離職区分
	1　事業所の倒産等によるもの	
□ ……	（1）倒産手続開始、手形取引停止による離職	1 A
□ ……	（2）事業所の廃止又は事業活動停止後事業再開の見込みがないため離職	1 B
	2　定年によるもの	
□ ……	定年による離職（定年　　歳）	
	定年後の継続雇用 { を希望していた（以下のaからcまでのいずれかを1つ選択してください） を希望していなかった	2 A
	a　就業規則に定める解雇事由又は退職事由（年齢に係るものを除く。以下同じ。）に該当したため 　　（解雇事由又は退職事由と同一の事由として就業規則に定める「継続雇用しないことができる事由」に該当して離職した場合も含む。）	2 B
	b　平成25年3月31日以前に労使協定により定めた継続雇用制度の対象となる高年齢者に係る基準に該当しなかったため	2 C
	c　その他（具体的理由：　　　　　　　　　　　　　　　　　　　　）	
	3　労働契約期間満了等によるもの	
□ ……	（1）採用又は定年後の再雇用時等にあらかじめ定められた雇用期限到来による離職 　　（1回の契約期間　　箇月、通算契約期間　　箇月、契約更新回数　　回） 　　（当初の契約締結後に契約更新回数の上限を短縮し、その上限到来による離職に該当　する・しない） 　　（当初の契約締結後に契約更新回数の上限を設け、その上限到来による離職に該当　する・しない） 　　（定年後の再雇用時にあらかじめ定められた雇用期限到来による離職で　ある・ない） 　　（4年6箇月以上5年以下の通算契約期間の上限が定められ、この上限到来による離職で　ある・ない） 　　→ある場合（同一事業所の有期雇用労働者に一様に4年6箇月以上5年以下の通算契約期間の上限が平成24年8月10日前から定められて　いた・いなかった）	2 D
		2 E
□ ……	（2）労働契約期間満了による離職 　　① 下記②以外の労働者 　　（1回の契約期間　　箇月、通算契約期間　　箇月、契約更新回数　　回） 　　（契約を更新又は延長することの確約・合意の　有・無（更新又は延長しない旨の明示の　有・無）） 　　（直前の契約更新時に雇止め通知の　有・無） 　　（当初の契約締結後に不更新条項の追加が　ある・ない） 　　労働者から契約の更新又は延長 { を希望する旨の申出があった 　　　　　　　　　　　　　　　　を希望しない旨の申出があった 　　　　　　　　　　　　　　　　の希望に関する申出はなかった	3 A
		3 B
		3 C
	② 労働者派遣事業に雇用される派遣労働者のうち常時雇用される労働者以外の者 　　（1回の契約期間　　箇月、通算契約期間　　箇月、契約更新回数　　回） 　　（契約を更新又は延長することの確約・合意の　有・無（更新又は延長しない旨の明示の　有・無）） 　　労働者から契約の更新又は延長 { を希望する旨の申出があった 　　　　　　　　　　　　　　　　を希望しない旨の申出があった 　　　　　　　　　　　　　　　　の希望に関する申出はなかった	3 D
		4 D
	a　労働者が適用基準に該当する派遣就業の指示を拒否したことによる場合 　　b　事業主が適用基準に該当する派遣就業の指示を行わなかったことによる場合（指示した派遣就業が取りやめになったことによる場合を含む。） 　　（aに該当する場合は、更に下記の5のうち、該当する主たる離職理由を更に1つ選択し、○印を記入してください。該当するものがない場合は下記の6に○印を記入した上、具体的な理由を記載してください。）	5 E
□ ……	（3）早期退職優遇制度、選択定年制度等により離職	
□ ……	（4）移籍出向	
	4　事業主からの働きかけによるもの	
□ ……	（1）解雇（重責解雇を除く。）	
□ ……	（2）重責解雇（労働者の責めに帰すべき重大な理由による解雇）	
	（3）希望退職の募集又は退職勧奨	
□ ……	① 事業の縮小又は一部廃止に伴う人員整理を行うためのもの	
□ ……	② その他（理由を具体的に　　　　　　　　　　　　　　　　）	
	5　労働者の判断によるもの	
	（1）職場における事情による離職	
□ ……	① 労働条件に係る問題（賃金低下、賃金遅配、時間外労働、採用条件との相違等）があったと労働者が判断したため	
□ ……	② 事業主又は他の労働者から就業環境が著しく害されるような言動（故意の排斥、嫌がらせ等）を受けたと労働者が判断したため	
□ ……	③ 妊娠、出産、育児休業、介護休業等に係る問題（休業等の申出拒否、妊娠、出産、休業等を理由とする不利益取扱い）があったと労働者が判断したため	
□ ……	④ 事業所での大規模な人員整理があったことを考慮した離職	
□ ……	⑤ 職種転換等に適応することが困難であったため（教育訓練の　有・無）	
□ ……	⑥ 事業所移転により通勤困難となった（なる）ため（旧（新）所在地：　　　　　）	
◎ ……	⑦ その他（理由を具体的に　　　　　　　　　　　　　　　　）	
	（2）労働者の個人的な事情による離職（一身上の都合、転職希望等）	
□ ……	6　その他（1-5のいずれにも該当しない場合） （理由を具体的に　　　　　　　　　　　　　　　　　　　　）	

具体的事情記載欄（事業主用）	
	転職希望による自己都合退職

⑯

⑯離職者本人の判断（○で囲むこと）
事業主が○を付けた離職理由に異議　　有り・無し

山口　明美

書式8　3か月だけ勤務した新入社員が退職する場合……

様式第5号（第7条関係）　**雇用保険被保険者離職証明書（安定所提出用）**

① 被保険者番号	9012-345678-9	③ フリガナ	ワタナベタカシ	④ 離職	令和	年	月	日
② 事業所番号	1111-111111-1	離職者氏名	渡辺 隆	年月日		5	3	20

⑤ 事業所	名称	株式会社 佐藤商事	⑥ 離職者の 住所又は居所	〒 120-8901 足立区○○9-1-2
	所在地	品川区○○1-1-1		
	電話番号	03-1111-1111		電話番号（ 03 ）9012-3456

この証明書の記載は、事実に相違ないことを証明します。　　　　　※離職票交付　令和　　年　　月　　日
　　　　　　　　　　　　　　　　　　　　　　　　　　　　　　　　　　（交付番号　　　　　　　　番）
住所　品川区○○1-1-1
事業主
氏名　代表取締役　佐藤清

離職の日以前の賃金支払状況等

⑧ 被保険者期間算定対象期間		⑨ ⑧の期間における賃金支払基礎日数	⑩ 賃金支払対象期間	⑪ ⑩の基礎日数	⑫ 賃金額			⑬ 備考
ⓐ 一般被保険者等	ⓑ 短期雇用特例被保険者				Ⓐ	Ⓑ	計	
離職日の翌日 3月21日								
2月21日～ 離職 月	離職月 28日	2月21日～ 離職 月	28日	200,000				
1月21日～2月20日	月 31日	1月21日～2月20日	31日	200,000				
12月21日～1月20日	月 31日	12月21日～1月20日	31日	200,000				
月 日～ 月 日	日	月 日～ 月 日	日					
月 日～ 月 日	日	月 日～ 月 日	日					
月 日～ 月 日	日	月 日～ 月 日	日					
月 日～ 月 日	日	月 日～ 月 日	日					
月 日～ 月 日	日	月 日～ 月 日	日					
月 日～ 月 日	日	月 日～ 月 日	日					
月 日～ 月 日	日	月 日～ 月 日	日					
月 日～ 月 日	日	月 日～ 月 日	日					

備考欄

⑭ 賃金に関する特記事項	⑮この証明書の記載内容（⑦欄を除く）は相違ないと認めます。
	離職者 （氏名）　渡辺 隆

※公共職業安定所記載欄
⑮欄の記載　有・無
⑯欄の記載　有・無
資・聴

本手続きは電子申請による申請も可能です。本手続きについて、電子申請により行う場合には、被保険者が離職証明書の内容について確認したことを証明することができるものを本離職証明書の提出と併せて送信することをもって、当該被保険者の電子署名に代えることができます。
また、本手続きについて、社会保険労務士が電子申請による本届書の提出に関する手続を事業主に代わって行う場合には、当該社会保険労務士が当該事業主の提出代行者であることを証明することができるものを本届書の提出と併せて送信することをもって、当該事業主の電子署名に代えることができます。

社会保険労務士記載欄	作成年月日・提出代行者・事務代理者の表示	氏　名	電話番号	※	所長	次長	課長	係長	係

156

⑦ ⑦離職理由欄…事業主の方は、離職者の主たる離職理由が該当する理由を1つ選択し、左の事業主記入欄の□の中に○印を記入の上、下の具体的事情記載欄に具体的事情を記載してください。

【離職理由は所定給付日数・給付制限の有無に影響を与える場合があり、適正に記載してください。】

事業主記入欄	離　職　理　由	※離職区分
	1　事業所の倒産等によるもの	
□ ……	（1）倒産手続開始、手形取引停止による離職	1 A
□ ……	（2）事業所の廃止又は事業活動停止後事業再開の見込みがないため離職	1 B
	2　定年によるもの	
□ ……	定年による離職（定年　　歳）	2 A
	定年後の継続雇用 { を希望していた（以下のaからcまでのいずれかを1つ選択してください） / を希望していなかった }	
	a　就業規則に定める解雇事由又は退職事由（年齢に係るものを除く。以下同じ。）に該当したため（解雇事由又は退職事由と同一の事由として就業規則又は労使協定に定める「継続雇用しないことができる事由」に該当して離職した場合も含む。）	2 B
	b　平成25年3月31日以前に労使協定により定めた継続雇用制度の対象となる高年齢者に係る基準に該当しなかったため	2 C
	c　その他（具体的理由：　　　　　　　　　　　　　　　　　　　）	2 D
	3　労働契約期間満了等によるもの	
□ ……	（1）採用又は定年後の再雇用時等にあらかじめ定められた雇用期限到来による離職	2 E
	（1回の契約期間　　箇月、通算契約期間　　箇月、契約更新回数　　回）	
	（当初の契約締結後に契約期間や更新回数の上限を短縮し、その上限到来による離職に該当　する・しない）	
	（当初の契約締結後に契約期間や更新回数の上限を設け、その上限到来による離職に該当　する・しない）	
	（定年後の再雇用時にあらかじめ定められた雇用期限到来による離職で　ある・ない）	
	（4年6箇月以上5年以下の通算契約期間の上限が定められ、この上限到来による離職で　ある・ない）	
	→ある場合（同一事業所の有期雇用労働者に一律4年6箇月以上5年以下の通算契約期間の上限が平成24年8月10日前から定められて いた・いなかった）	
□ ……	（2）労働契約期間満了による離職	
	①　下記②以外の労働者	3 A
	（1回の契約期間　　箇月、通算契約期間　　箇月、契約更新回数　　回）	
	（契約を更新又は延長することの確約・合意の　有・無（更新又は延長しない旨の明示の　有・無））	3 B
	（直前の契約更新時に雇止め通知の　有・無）	
	（当初の契約締結後に不更新条項の追加が　ある・ない）	3 C
	{ を希望する旨の申出があった	
	労働者から契約の更新又は延長　{ を希望しない旨の申出があった	3 D
	{ の希望に関する申出はなかった	
	②　労働者派遣事業に雇用される派遣労働者のうち常時雇用される労働者以外の者	
	（1回の契約期間　　箇月、通算契約期間　　箇月、契約更新回数　　回）	4 D
	（契約を更新又は延長することの確約・合意の　有・無（更新又は延長しない旨の明示の　有・無））	
	{ を希望する旨の申出があった	
	労働者から契約の更新又は延長　{ を希望しない旨の申出があった	5 E
	{ の希望に関する申出はなかった	
	a　労働者が適用基準に該当する派遣就業の指示を拒否したことによる場合	
	b　事業主が適用基準に該当する派遣就業の指示を行わなかったことによる場合（指示した派遣就業が取りやめになったことによる場合を含む。）	
	（aに該当する場合は、更に下記の5のうち、該当する主たる離職理由を更に1つ選択し、○印を記入してください。該当するものがない場合は下記の6に○印を記入した上、具体的な理由を記載してください。）	
□ ……	（3）早期退職優遇制度、選択定年制度等により離職	
□ ……	（4）移籍出向	
	4　事業主からの働きかけによるもの	
□ ……	（1）解雇（重責解雇を除く。）	
□ ……	（2）重責解雇（労働者の責めに帰すべき重大な理由による解雇）	
	（3）希望退職の募集又は退職勧奨	
□ ……	①　事業の縮小又は一部休廃止に伴う人員整理を行うためのもの	
□ ……	②　その他（理由を具体的に　　　　　　　　　　　　　　　　　）	
	5　労働者の判断によるもの	
	（1）職場における事情による離職	
□ ……	①　労働条件に係る問題（賃金低下、賃金遅配、時間外労働、採用条件との相違等）があったと労働者が判断したため	
□ ……	②　事業主又は他の労働者から就業環境が著しく害されるような言動（故意の排斥、嫌がらせ等）を受けたと労働者が判断したため	
□ ……	③　妊娠、出産、育児休業、介護休業等に係る問題（休業等の申出拒否、妊娠、出産、休業等を理由とする不利益取扱い）があったと労働者が判断したため	
□ ……	④　事業所での大規模な人員整理があったことを考慮した離職	
□ ……	⑤　職種転換等に適応することが困難であったため（教育訓練の　有・無）	
□ ……	⑥　事業所移転により通勤困難となった（なる）ため（旧（新）所在地：　　　　　　）	
◉ ……	⑦　その他（理由を具体的に　　　　　　　　　　　　　　　　　）	
	（2）労働者の個人的な事情による離職（一身上の都合、転職希望等）	
□ …… 6	その他（1-5のいずれにも該当しない場合）	
	（理由を具体的に　　　　　　　　　　　　　　　　　）	

具体的事情記載欄（事業主用）

　　　　転職希望による自己都合退職

⑯ ⑯離職者本人の判断（○で囲むこと）
　事業主が○を付けた離職理由に異議　有り・無し

　　　　　　渡辺　隆

書式９　正社員が懲戒解雇により退職する場合 …………

様式第５号（第７条関係）　**雇用保険被保険者離職証明書（安定所提出用）**

① 被保険者番号 `8765-432109-8`　③ フリガナ タナカトオル　離職氏名 田中 徹

④ 離職 年月日 令和 5 3 20

② 事業所番号 `2222-222222-2`

⑤ 名称 株式会社 鈴木工業
事業所 所在地 品川区○○2-2-2
電話番号 03-2222-2222

⑥ 離職者の 住所又は居所 〒120-0123 足立区○○8-7-6
電話番号（ 03 ）9876-5432

⑩ この証明書の記載は、事実に相違ないことを証明します。
事業主 住所 品川区○○2-2-2
⑨ 氏名 代表取締役 鈴木勇
⑧

※離職票交付 令和 年 月 日
（交付番号 番）

⑪

離職の日以前の賃金支払状況等

⑫

備考欄

⑧ 被保険者期間算定対象期間		⑨ ⑧の期間における賃金支払基礎日数	⑩ 賃金支払対象期間	⑪ ⑩の基礎日数	⑫ 賃金 額			⑬ 備考
Ⓐ 一般被保険者等	Ⓑ 短期雇用特例被保険者				Ⓐ	Ⓑ	計	
離職日の翌日 3月21日								
2月21日~離職日	離職日	28日	2月21日~離職日	28日	250,000			
1月21日~2月20日	月	31日	1月21日~2月20日	31日	250,000			
12月21日~1月20日	月	31日	12月21日~1月20日	31日	250,000			
11月21日~12月20日	月	30日	11月21日~12月20日	30日	250,000			
10月21日~11月20日	月	31日	10月21日~11月20日	31日	250,000			
9月21日~10月20日	月	30日	9月21日~10月20日	30日	250,000			
8月21日~9月20日	月	31日	8月21日~9月20日	31日	250,000			
7月21日~8月20日	月	31日	7月21日~8月20日	31日	250,000			
6月21日~7月20日	月	30日	6月21日~7月20日	30日	250,000			
5月21日~6月20日	月	31日	5月21日~6月20日	31日	250,000			
4月21日~5月20日	月	30日	4月21日~5月20日	30日	250,000			
3月21日~4月20日	月	31日	3月21日~4月20日	31日	250,000			
月 日~ 月 日	月	日	月 日~ 月 日	日				

⑭ 賃金に関する特記事項

⑮この証明書の記載内容（⑦欄を除く）は相違ないと認めます。
（離職者 氏名） 田中 徹

⑮

※公共職業安定所記載欄
⑮欄の記載 有・無
⑯欄の記載 有・無
資・聴

本手続きは電子申請による申請も可能です。本手続きについて、電子申請により行う場合には、被保険者が離職証明書の内容について確認したことを証明することができるものを本離職証明書の提出と併せて送信することをもって、当該被保険者の電子署名に代えることができます。
また、本手続きについて、社会保険労務士が電子申請による本書面の提出に関する手続を事業主に代わって行う場合には、当該社会保険労務士が当該事業主の提出代行者であることを証明することができるものを本書面の提出と併せて送信することをもって、当該事業主の電子署名に代えることができます。

社会保険労務士記載欄	作成年月日・提出代行者・事務代理者の表示	氏 名	電話番号

※	所長	次長	課長	係長	係

⑦【離職理由欄】…事業主の方は、離職者の主たる離職理由が該当する理由を1つ選択し、左の事業主記入欄の□の中に○印を記入の上、下の具体的事情記載欄に具体的事情を記載してください。

【離職理由は所定給付日数・給付制限の有無に影響を与える場合があり、適正に記載してください。】

事業主記入欄	離　職　理　由	※離職区分
	1　事業所の倒産等によるもの	
□ ……	(1) 倒産手続開始、手形取引停止による離職	1 A
□ ……	(2) 事業所の廃止又は事業活動停止後事業再開の見込みがないため離職	1 B
	2　定年によるもの	
□ ……	定年による離職（定年　　歳）	2 A
	定年後の継続雇用 { を希望していた（以下のaからcまでのいずれかを1つ選択してください） / を希望していなかった	
	a　就業規則に定める解雇事由又は退職事由（年齢に係るものを除く。以下同じ。）に該当したため	2 B
	（解雇事由又は退職事由と同一の事由として就業規則又は労使協定に定める「継続雇用しないことができる事由」に該当して離職した場合を含む。）	
	b　平成25年3月31日以前に労使協定により定めた継続雇用制度の対象となる高年齢者に係る基準に該当しなかったため	2 C
	c　その他（具体的理由：　　　　　　　　　　　　　　　　　　　）	
	3　労働契約期間満了等によるもの	2 D
□ ……	(1) 採用又は定年後の再雇用時等にあらかじめ定められた雇用期限到来による離職	
	（1回の契約期間　　箇月、通算契約期間　　箇月、契約更新回数　　回）	
	（当初の契約締結後に契約期間や更新回数の上限を短縮し、その上限到来による離職に該当　する・しない）	2 E
	（当初の契約締結後に契約期間や更新回数の上限を設け、その上限到来による離職に該当　する・しない）	
	（定年後の再雇用時にあらかじめ定められた雇用期限到来による離職で　ある・ない）	
	（4年6箇月以上5年以下の通算契約期間の上限が定められ、この上限到来による離職で　ある・ない）	3 A
	→ある場合（同一事業所の有期雇用労働者に一律に4年6箇月以上5年以下の通算契約期間の上限が平成24年8月10日以前から定められて　いた・いなかった）	
□ ……	(2) 労働契約期間満了による離職	3 B
	① 下記②以外の労働者	
	（1回の契約期間　　箇月、通算契約期間　　箇月、契約更新回数　　回）	3 C
	（契約を更新又は延長することの確約・合意の　有・無（更新又は延長しない旨の明示の　有・無））	
	（直前の契約更新時に雇止め通知の　有　・　無　）	3 D
	（当初の契約締結後に不更新条項の追加が　ある・ない）	
	労働者から契約の更新又は延長 { を希望する旨の申出があった / を希望しない旨の申出があった / の希望に関する申出はなかった	4 D
	② 労働者派遣事業に雇用される派遣労働者のうち常時雇用される労働者以外の者	
	（1回の契約期間　　箇月、通算契約期間　　箇月、契約更新回数　　回）	5 E
	（契約を更新又は延長することの確約・合意の　有・無（更新又は延長しない旨の明示の　有・無））	
	労働者から契約の更新又は延長 { を希望する旨の申出があった / を希望しない旨の申出があった / の希望に関する申出はなかった	
	a　労働者が適用基準に該当する派遣就業の指示を拒否したことによる場合	
	b　事業主が適用基準に該当する派遣就業の指示を行わなかったことによる場合（指示した派遣就業が取りやめになったことによる場合を含む。）	
	（aに該当する場合は、更に下記の5のうち、該当する主たる離職理由を更に1つ選択し、○印を記入してください。該当するものがない場合は下記の6に○印を記入した上、具体的な理由を記載してください。）	
□ ……	(3) 早期退職優遇制度、選択定年制度等により離職	
□ ……	(4) 移籍出向	
	4　事業主からの働きかけによるもの	
□ ……	(1) 解雇（重責解雇を除く。）	
◎ ……	(2) 重責解雇（労働者の責めに帰すべき重大な理由による解雇）	
	(3) 希望退職の募集又は退職勧奨	
□ ……	① 事業の縮小又は一部休廃止に伴う人員整理を行うためのもの	
□ ……	② その他（理由を具体的に　　　　　　　　　　　　　　　）	
	5　労働者の判断によるもの	
	(1) 職場における事情による離職	
□ ……	① 労働条件に係る問題（賃金低下、賃金遅配、時間外労働、採用条件との相違等）があったと労働者が判断したため	
□ ……	② 事業主又は他の労働者から就業環境が著しく害されるような言動（故意の排斥、嫌がらせ等）を受けたと労働者が判断したため	
□ ……	③ 妊娠、出産、育児休業、介護休業等に係る問題（休業等の申出拒否、妊娠、出産、休業等を理由とする不利益取扱い）があったと労働者が判断したため	
□ ……	④ 事業所での大規模な人員整理があったことを考慮した離職	
□ ……	⑤ 職種転換等に適応することが困難であったため（教育訓練の　有・無）	
□ ……	⑥ 事業所移転により通勤困難となった（なる）ため（旧(新)所在地：　　　　）	
□ ……	⑦ その他（理由を具体的に　　　　　　　　　　　　　　　）	
□ ……	(2) 労働者の個人的な事情による離職（一身上の都合、転職希望等）	
□ ……	6　その他（1－5のいずれにも該当しない場合）	
	（理由を具体的に　　　　　　　　　　　　　　　　　　　）	

具体的事情記載欄（事業主用）
横領が発覚し就業規則に基づいて懲戒解雇

⑯離職者本人の判断（○で囲むこと）
事業主が○を付けた離職理由に異議　有り・無し
田中　徹

書式10　正社員がリストラにより退職する場合…………

様式第5号（第7条関係）　　**雇用保険被保険者離職証明書（安定所提出用）**

① 被保険者番号	1234 - 567890 - 1	③ フリガナ	マツモトユウコ	④ 離職	令和	年 5	月 3	日 20
② 事業所番号	1111 - 111111 - 1	離職者氏名	松本裕子	年月日				

⑤ 事業所	名称	株式会社鈴木工業	⑥ 離職者の 住所又は居所	〒 120-8765 足立区○○7-6-5
	所在地	品川区○○2-2-2		
	電話番号	03-2222-2222		電話番号 (03)8765 - 4321

この証明書の記載は、事実に相違ないことを証明します。　　※離職票交付　令和　　年　　月　　日
　　　　　　　　　　　　　　　　　　　　　　　　　　　　　（交付番号　　　　　　番）

⑩⑨⑧

事業主　住所　品川区○○2-2-2
　　　　氏名　代表取締役　鈴木勇

⑪⑫

離職の日以前の賃金支払状況等

⑧ 被保険者期間算定対象期間		⑨ ⑧の期間における賃金支払基礎日数	⑩ 賃金支払対象期間	⑪ ⑩の基礎日数	⑫ 賃金額			⑬ 備考
Ⓐ 一般被保険者等	⑧ 短期雇用特例被保険者				Ⓐ	Ⓑ	計	
離職日の翌日 3月21日								
2月21日~ 離職 日	離職月	28日	2月21日~ 離職 日	28日	250,000			
1月21日~2月20日	月	31日	1月21日~2月20日	31日	250,000			
12月21日~1月20日	月	31日	12月21日~1月20日	31日	250,000			
11月21日~12月20日	月	30日	11月21日~12月20日	30日	250,000			
10月21日~11月20日	月	31日	10月21日~11月20日	31日	250,000			
9月21日~10月20日	月	30日	9月21日~10月20日	30日	250,000			
月 日~ 月 日	月	日	月 日~ 月 日	日				
月 日~ 月 日	月	日	月 日~ 月 日	日				
月 日~ 月 日	月	日	月 日~ 月 日	日				
月 日~ 月 日	月	日	月 日~ 月 日	日				
月 日~ 月 日	月	日	月 日~ 月 日	日				

⑪ 備考欄

⑭ 賃金に関する特記事項		⑮この証明書の記載内容（⑦欄を除く）は相違ないと認めます。 （離職者 氏名） 松本 裕子	⑮

※公共職業安定所記載欄

⑮欄の記載　有・無
⑯欄の記載　有・無
　資・聴

本手続きは電子申請による申請も可能です。本手続きについて、電子申請により行う場合には、被保険者が離職証明書の内容について確認したことを証明することができるものを本離職証明書の提出と併せて送信することをもって、当該被保険者の電子署名に代えることができます。
　また、本手続きについて、社会保険労務士が電子申請による本届書の提出に関する手続を事業主に代わって行う場合には、当該社会保険労務士が当該事業主の提出代行者であることを証明することができるものを本届書の提出と併せて送信することをもって、当該事業主の電子署名に代えることができます。

社会保険労務士記載欄	作成年月日・提出代行者・事務代理者の表示	氏 名	電話番号	※	所 長	次 長	課 長	係 長	係

▼

⑦ ⑦離職理由欄…事業主の方は、離職者の主たる離職理由が該当する理由を1つ選択し、左の事業主記入欄の□の中に○印を記入の上、下の具体的事情記載欄に具体的事情を記載してください。

【離職理由は所定給付日数・給付制限の有無に影響を与える場合があり、適正に記載してください。】

事業主記入欄	離　　職　　理　　由	※離職区分
	1　事業所の倒産等によるもの	
□ ……	（1）倒産手続開始、手形取引停止による離職	1 A
□ ……	（2）事業所の廃止又は事業活動停止後事業再開の見込みがないため離職	1 B
	2　定年によるもの	
□ ……	定年による離職（定年　　歳）{ を希望していた（以下のaからcまでのいずれかを1つ選択してください）	
	定年後の継続雇用 { を希望していなかった	2 A
	a　就業規則に定める解雇事由又は退職事由（年齢に係るものを除く。以下同じ。）に該当したため（解雇事由又は退職事由と同一の事由として就業規則又は労使協定に定める「継続雇用しないことができる事由」に該当して離職した場合も含む。）	2 B
	b　平成25年3月31日以前に労使協定により定めた継続雇用制度の対象となる高年齢者に係る基準に該当しなかったため	2 C
	c　その他（具体的理由：　　　　　　　　　　　　　　　　　）	
	3　労働契約期間満了等によるもの	2 D
□ ……	（1）採用又は定年後の再雇用時等にあらかじめ定められた雇用期限到来による離職	
	（1回の契約期間　　箇月、通算契約期間　　箇月、契約更新回数　　回）	2 E
	（当初の契約締結後に契約期間や更新回数の上限を短縮し、その上限到来による離職に該当　する・しない）	
	（当初の契約締結後に契約期間や更新回数の上限を設け、その上限到来による離職に該当　する・しない）	
	（定年後の再雇用時にあらかじめ定められた雇用期限到来による離職で　ある・ない）	
	（4年6箇月以上5年以下の通算契約期間の上限が定められ、この上限到来による離職で　ある・ない）	
	→ある場合（同一事業所の有期雇用労働者に一様に4年6箇月以上5年以下の通算契約期間の上限が平成24年8月10日前から定められて　いた・いなかった）	3 A
□ ……	（2）労働契約期間満了による離職	
	①　下記②以外の労働者	3 B
	（1回の契約期間　　箇月、通算契約期間　　箇月、契約更新回数　　回）	
	（契約を更新又は延長することの確約・合意の　有・無（更新又は延長しない旨の明示の　有・無））	3 C
	（直前の契約更新時に雇止め通知の　有・無）	
	（当初の契約締結後に不更新条項の追加が　ある・ない）	3 D
	労働者から契約の更新又は延長 { を希望する旨の申出があった	
	{ を希望しない旨の申出があった	4 D
	{ の希望に関する申出はなかった	
	②　労働者派遣事業に雇用される派遣労働者のうち常時雇用される労働者以外の者	5 E
	（1回の契約期間　　箇月、通算契約期間　　箇月、契約更新回数　　回）	
	（契約を更新又は延長することの確約・合意の　有・無（更新又は延長しない旨の明示の　有・無））	
	労働者から契約の更新又は延長 { を希望する旨の申出があった	
	{ を希望しない旨の申出があった	
	{ の希望に関する申出はなかった	
	a　労働者が適用基準に該当する派遣就業の指示を拒否したことによる場合	
	b　事業主が適用基準に該当する派遣就業の指示を行わなかったことによる場合（指示した派遣就業が取りやめになったことによる場合を含む。）	
	（aに該当する場合は、更に下記の5のうち、該当する主たる離職理由を更に1つ選択し、○印を記入してください。該当するものがない場合は下記の6に○印を記入した上、具体的な理由を記載してください。）	
□ ……	（3）早期退職優遇制度、選択定年制度等により離職	
□ ……	（4）移籍出向	
	4　事業主からの働きかけによるもの	
□ ……	（1）解雇（重責解雇を除く。）	
□ ……	（2）重責解雇（労働者の責めに帰すべき重大な理由による解雇）	
	（3）希望退職の募集又は退職勧奨	
◎ ……	①　事業の縮小又は一部休廃止に伴う人員整理を行うためのもの	
□ ……	②　その他（理由を具体的に　　　　　　　　　　　　　　　）	
	5　労働者の判断によるもの	
	（1）職場における事情による離職	
□ ……	①　労働条件に係る問題（賃金低下、賃金遅配、時間外労働、採用条件との相違等）があったと労働者が判断したため	
□ ……	②　事業主又は他の労働者から就業環境が著しく害されるような言動（故意の排斥、嫌がらせ等）を受けたと労働者が判断したため	
□ ……	③　妊娠、出産、育児休業、介護休業等に係る問題（休業等の申出拒否、妊娠、出産、休業等を理由とする不利益取扱い）があったと労働者が判断したため	
□ ……	④　事業所での大規模な人員整理があったことを考慮した離職	
□ ……	⑤　職種転換等に適応することが困難であったため（教育訓練の　有・無）	
□ ……	⑥　事業所移転により通勤困難となった（なる）ため（旧（新）所在地：　　　　）	
□ ……	⑦　その他（理由を具体的に　　　　　　　　　　　　　　　）	
□ ……	（2）労働者の個人的な事情による離職（一身上の都合、転職希望等）	
□ ……	6　その他（1－5のいずれにも該当しない場合）	
	（理由を具体的に　　　　　　　　　　　　　　　）	

具体的事情記載欄（事業主用）
経営不振による人員整理のため退職勧奨に応じてもらう。

⑯ ⑯離職者本人の判断（○で囲むこと）
　　事業主が○を付けた離職理由に異議　　有り・**無し**

松本　裕子

書式11　会社の倒産により正社員が退職する場合………

様式第5号（第7条関係）　**雇用保険被保険者離職証明書（安定所提出用）**

① 被保険者番号	6543 - 210987 - 6	③ フリガナ	イノウエ ヨウコ	④ 離職	年	月	日
② 事業所番号	1111 - 111111 - 1	離職者氏名	井上 洋子	年月日 令和	5	3	20

⑤ 事業所	名称	株式会社鈴木工業	⑥ 離職者の	〒 120-0123
	所在地	品川区○○2-2-2	住所又は居所	足立区○○1-2-3
	電話番号	03-2222-2222		電話番号 (03)7654-3210

この証明書の記載は、事実に相違ないことを証明します。　　※離職票交付　令和　年　月　日
　　　　　　　住所　品川区○○2-2-2　　　　　　　　　　　　　（交付番号　　　　　番）
事業主　　　氏名　代表取締役　鈴木勇

離職の日以前の賃金支払状況等

⑧ 被保険者期間算定対象期間		⑨ ⑧の期間における賃金支払基礎日数	⑩ 賃金支払対象期間	⑪ ⑩の基礎日数	⑫ 賃金額			⑬ 備考
④ 一般被保険者等 離職日の翌日 3月2日	短期雇用特例被保険者				④	⑧	計	
2月21日～離職日	離職月	28日	2月21日～離職日	28日	250,000			
1月21日～2月20日	月	31日	1月21日～2月20日	31日	250,000			
12月21日～1月20日	月	31日	12月21日～1月20日	31日	250,000			
11月21日～12月20日	月	30日	11月21日～12月20日	30日	250,000			
10月21日～11月20日	月	31日	10月21日～11月20日	31日	250,000			
9月21日～10月20日	月	30日	9月21日～10月20日	30日	250,000			
8月21日～9月20日	月	31日	8月21日～9月20日	31日	250,000			
7月21日～8月20日	月	31日	7月21日～8月20日	31日	250,000			
6月21日～7月20日	月	30日	6月21日～7月20日	30日	250,000			
5月21日～6月20日	月	31日	5月21日～6月20日	31日	250,000			
4月21日～5月20日	月	30日	4月21日～5月20日	30日	250,000			
3月21日～4月20日	月	31日	3月21日～4月20日	31日	250,000			
月 日～ 月 日	月		月 日～ 月 日					

備考欄

⑭ 賃金に関する特記事項	⑮この証明書の記載内容（⑦欄を除く）は相違ないと認めます。 （離職者 氏名）　井上 洋子

※公共職業安定所記載欄
　⑮欄の記載　有・無
　⑯欄の記載　有・無
　　資・聴

本手続きは電子申請による申請も可能です。本手続きについて、電子申請により行う場合には、被保険者が離職証明書の内容について確認したことを証明することができるものを本離職証明書の提出と併せて送信することをもって、当該被保険者の電子署名に代えることができます。
また、本手続きについて、社会保険労務士が電子申請による本届書の提出に関する手続を事業主に代わって行う場合には、当該社会保険労務士が当該事業主の提出代行者であることを証明することができるものを本届書の提出と併せて送信することをもって、当該事業主の電子署名に代えることができます。

社会保険労務士記載欄	作成年月日・提出代行者・事務代理者の表示）	氏　名	電話番号

※	所長	次長	課長	係長	係

⑦

⑦離職理由欄…事業主の方は、離職者の主たる離職理由が該当する理由を1つ選択し、左の事業主記入欄の□の中に○印を記入の上、下の具体的事情記載欄に具体的事情を記載してください。

【離職理由は所定給付日数・給付制限の有無に影響を与える場合があり、適正に記載してください。】

事業主記入欄	離 職 理 由	※離職区分
◎ ……	1 事業所の倒産等によるもの （1）倒産手続開始、手形取引停止による離職	1 A
□ ……	（2）事業所の廃止又は事業活動停止後事業再開の見込みがないため離職	1 B
□ ……	2 定年によるもの 定年による離職（定年　　歳） 定年後の継続雇用 { を希望していた（以下のaからcまでのいずれかを1つ選択してください） { を希望していなかった 　a 就業規則に定める解雇事由又は退職事由（年齢に係るものを除く。以下同じ。）に該当したため 　　（解雇事由又は退職事由と同一の事由として就業規則又は労使協定に定める「継続雇用しないことができる事由」に該当して離職した場合も含む。） 　b 平成25年3月31日以前に労使協定により定めた継続雇用制度の対象となる高年齢者に係る基準に該当しなかったため 　c その他（具体的理由：	2 A 2 B 2 C
□ ……	3 労働契約期間満了等によるもの （1）採用又は定年後の再雇用時等にあらかじめ定められた雇用期限到来による離職 　（当初の契約締結後に契約期間や更新回数の上限を短縮し、その上限到来による離職に該当　する・しない） 　（当初の契約締結後に契約期間や更新回数の上限を設け、その上限到来による離職に該当　する・しない） 　（定年後の再雇用時にあらかじめ定められた雇用期限到来による離職で　ある・ない） 　（4年6箇月以上5年以下の通算契約期間の上限が定められ、この上限到来による離職で　ある・ない） 　→ある場合（同一事業所の有期雇用労働者に一様に4年6箇月以上5年以下の通算契約期間の上限が平成24年8月10日前から定められて　いた・いなかった）	2 D 2 E
□ ……	（2）労働契約期間満了による離職 　① 下記②以外の労働者 　　（1回の契約期間　　箇月、通算契約期間　　箇月、契約更新回数　　回） 　　（契約を更新又は延長することの確約・合意の　有・無（更新又は延長しない旨の明示の　有・無）） 　　（直前の契約更新時に雇止め通知の　有　・　無　） 　　（当初の契約締結後に不更新条項の追加が　ある・ない） 　　　　　　　　　　　　　{ を希望する旨の申出があった 　　労働者から契約の更新又は延長 { を希望しない旨の申出があった 　　　　　　　　　　　　　{ の希望に関する申出はなかった 　② 労働者派遣事業に雇用される派遣労働者のうち常時雇用される労働者以外の者 　　（1回の契約期間　　箇月、通算契約期間　　箇月、契約更新回数　　回） 　　（契約を更新又は延長することの確約・合意の　有・無（更新又は延長しない旨の明示の　有・無）） 　　　　　　　　　　　　　{ を希望する旨の申出があった 　　労働者から契約の更新又は延長 { を希望しない旨の申出があった 　　　　　　　　　　　　　{ の希望に関する申出はなかった 　　a 労働者が適用基準に該当する派遣就業の指示を拒否したことによる場合 　　b 事業主が適用基準に該当する派遣就業の指示を行わなかったことによる場合（指示した派遣就 　　　業が取りやめになったことによる場合を含む。） 　　（aに該当する場合は、更に下記の5のうち、該当する主たる離職理由を更に1つ選択し、○印を 　　記入してください。該当するものがない場合は下記の6に○印を記入の上、具体的な理由を記載 　　してください。）	3 A 3 B 3 C 3 D 4 D 5 E
□ ……	（3）早期退職優遇制度、選択定年制等により離職	
□ ……	（4）移籍出向	
□ ……	4 事業主からの働きかけによるもの （1）解雇（重責解雇を除く。）	
□ ……	（2）重責解雇（労働者の責めに帰すべき重大な理由による解雇）	
□ ……	（3）希望退職の募集又は退職勧奨 　① 事業の縮小又は一部休廃止に伴う人員整理を行うためのもの	
□ ……	② その他（理由を具体的に	
□ ……	5 労働者の判断によるもの （1）職場における事情による離職 　① 労働条件に係る問題（賃金低下、賃金遅配、時間外労働、採用条件との相違等）があったと 　　労働者が判断したため	
□ ……	② 事業主又は他の労働者から就業環境が著しく害されるような言動（故意の排斥、嫌がらせ等）を 　　受けたと労働者が判断したため	
□ ……	③ 妊娠、出産、育児休業、介護休業等に係る問題（休業等の申出拒否、妊娠、出産、休業等を理由とする 　　不利益取扱い）があったと労働者が判断したため	
□ ……	④ 事業所での大規模な人員整理があったことを考慮した離職	
□ ……	⑤ 職種転換等に適応することが困難であったため（教育訓練の　有・無）	
□ ……	⑥ 事業所移転により通勤困難となった（なる）ため（旧（新）所在地：	
□ ……	⑦ その他（理由を具体的に	
□ ……	（2）労働者の個人的な事情による離職（一身上の都合、転職希望等）	
□ ……	6 その他（1－5のいずれにも該当しない場合） （理由を具体的に	

具体的事情記載欄（事業主用）

会社倒産により令和5年3月20日付で残存社員離職

⑯

⑯離職者本人の判断（○で囲むこと）
事業主が○を付けた離職理由に異議　有り・無し

井上 洋子

3 離職証明書の書き方 （正社員以外の退職）

ケース１　契約期間満了による場合（月給制契約社員）

書式12は、以下のケースで会社の担当者が作成する離職証明書です。

> **労働形態**：大卒30歳中途入社、契約社員（３年勤務）
>
> **給与**：月給（総支給額）30万円（離職日前３年間変動なし）、残業なし
>
> **賞与等**：年２回、その他手当なし
>
> **給与形態**：20日締め、25日支払い
>
> **離職日**：令和５年３月20日
>
> **離職理由**：契約期間満了による離職

書式の作成ポイント

　本ケースでは⑦欄で、「労働契約期間満了による離職」に○をつけます。その上で、該当欄に○をつけ、具体的な記入が必要な箇所については、詳細事項を事実に沿って記します。書式では、12か月契約で２回更新計36か月勤続、契約を更新・延長することの確約・合意もしない旨の明示もなかったが、１年前の契約更新時に今期で雇止めとなる通知はあったとしています。

　また、離職者からは契約の更新・延長を希望する旨の申出はなかったとしています。

　本ケースの離職者は「契約社員」ですが、有期契約の代償処遇として業績賞与が支給されることもあろうかと思います。仮にその賞与が、１年間に４回以上支給されていたとすると、⑭欄の賃金に関する特記事項に、⑧欄記載期間内に支給されたすべての賞与について、支給年

月日、「業績賞与」、支給額を記載することになります。なお、この額は、⑫欄には算入させません。

ケース2　時給労働者が雇止めにより会社都合で退職する場合

　書式13は、以下のケースで会社の担当者が作成する離職証明書です。

労働形態：高卒30歳中途入社、契約社員（3年勤務）

給与：時給1,250円（離職日前3年間変動なし）、残業なし

賞与等：なし、その他手当なし

給与形態：20日締め、25日支払い

離職日：令和5年3月20日

離職理由：雇止めによる会社都合退職

書式の作成ポイント

　会社から契約を更新しない旨申し出たケースですので、⑦欄では、「労働契約期間満了による離職」に○をつけるものの、「労働者から契約の更新又は延長」については「希望に関する申出はなかった」に○をつけることになります。

　しかし、ケース1、ケース2ともに、1回以上更新され継続して3年以上引き続き雇用された場合、離職者の本心としては更新を期待していたとすると、特定受給資格者（一般の離職者に比べて基本手当の所定給付日数が多くなる者）に分類される可能性もありますので、判断には慎重を期してもらいたいところです。なお、不更新条項とは、契約を更新しない旨や、更新回数の上限を明記する条項のことをいいます。「具体的事情記載欄」には、更新をしなかった理由をできるだけ具体的に記載しておくようにします。

書式12　月給制契約社員の契約期間満了による退職……

様式第5号（第7条関係）　**雇用保険被保険者離職証明書（安定所提出用）**

① 被保険者番号	4321 - 198765 - 4	③ フリガナ	タカハシコウイチ	④ 離職年月日	令和	年 5	月 3	日 20
② 事業所番号	3333 - 333333 - 3		離職者氏名 高橋浩一					

⑤	名称	株式会社 高橋物流	⑥ 離職者の住所又は居所	120-5432 足立区○○4-3-2
事業所	所在地	品川区○○3-3-3		
	電話番号	03-3333-3333		電話番号（ 03 ）5432-1098

この証明書の記載は、事実に相違ないことを証明します。　　　※離職票交付　令和　　年　　月　　日
（交付番号　　　　番）

⑩⑨⑧

事業主	住所	品川区○○3-3-3
	氏名	代表取締役　高橋博

離職の日以前の賃金支払状況等　⑪⑫

⑧ 被保険者期間算定対象期間		⑨ ⑧の期間における賃金支払基礎日数	⑩ 賃金支払対象期間	⑩の基礎日数	⑫ 賃金額			⑬ 備考
④ 一般被保険者等	⑨ 短期雇用特例被保険者				④	⑧	計	
離職日の翌日 3月2日								
2月21日～ 離職 日	離職月	28日	2月21日～ 離職 日	28日	300,000			
1月21日～ 2月20日	月	31日	1月21日～ 2月20日	31日	300,000			
12月21日～ 1月20日	月	31日	12月21日～ 1月20日	31日	300,000			
11月21日～12月20日	月	30日	11月21日～12月20日	30日	300,000			
10月21日～11月20日	月	31日	10月21日～11月20日	31日	300,000			
9月21日～10月20日	月	30日	9月21日～10月20日	30日	300,000			
8月21日～ 9月20日	月	31日	月 日～ 月 日	日				
7月21日～ 8月20日	月	31日	月 日～ 月 日	日				
6月21日～ 7月20日	月	30日	月 日～ 月 日	日				
5月21日～ 6月20日	月	31日	月 日～ 月 日	日				
4月21日～ 5月20日	月	30日	月 日～ 月 日	日				
3月21日～ 4月20日	月	31日	月 日～ 月 日	日				
月 日～ 月 日	月	日	月 日～ 月 日	日				

⑪⑫⑬　備考欄

⑭ 賃金に関する特記事項	4.3.25 業績賞与 100,000円	4.6.25 業績賞与 100,000円	4.9.25 業績賞与 100,000円	4.12.25 業績賞与 100,000円	⑮この証明書の記載内容（⑦欄を除く）は相違ないと認めます。 （離職者 氏名） 高橋 浩一	⑮

※公共職業安定所記載欄

⑮欄の記載　　有・無
⑯欄の記載　　有・無
資・聴

本手続きは電子申請による申請も可能です。本手続きについて、電子申請により行う場合には、被保険者が離職証明書の内容について確認したことを証明することができるものを本離職証明書の提出と併せて送信することをもって、当該被保険者の電子署名に代えることができます。
　また、本手続きについて、社会保険労務士が電子申請による本届書の提出に関する手続を事業主に代わって行う場合には、当該社会保険労務士が当該事業主の提出代行者であることを証明することができるものを本届書の提出と併せて送信することをもって、当該事業主の電子署名に代えることができます。

社会保険労務士記載欄	作成年月日・提出代行者・事務代理者の表示	氏　　名	電話番号		※	所長	次長	課長	係長	係

⑦

⑦離職理由欄…事業主の方は、離職者の主たる離職理由が該当する理由を1つ選択し、左の事業主記入欄の□の中に○印を記入の上、下の具体的事情記載欄に具体的事情を記載してください。

【離職理由は所定給付日数・給付制限の有無に影響を与える場合があり、適正に記載してください。】

事業主記入欄	離　職　理　由	※離職区分
□ ……	1　事業所の倒産等によるもの (1)　倒産手続開始、手形取引停止による離職	1 A
□ ……	(2)　事業所の廃止又は事業活動停止後事業再開の見込みがないため離職	1 B
□ ……	2　定年によるもの 　定年による離職（定年　　歳） 　定年後の継続雇用｛を希望していた（以下のaからcまでのいずれかを1つ選択してください） 　　　　　　　　　　　｛を希望していなかった 　　a　就業規則に定める解雇事由又は退職事由（年齢に係るものを除く。以下同じ。）に該当したため 　　　（解雇事由又は退職事由と同一の事由として就業規則又は労使協定に定める「継続雇用しないことができる事由」に該当して離職した場合も含む。） 　　b　平成25年3月31日以前に労使協定により定めた継続雇用制度の対象となる高年齢者に係る基準に該当しなかったため 　　c　その他（具体的理由：　　　　　　　　　　　　　　　　　　　　）	2 A 2 B 2 C 2 D 2 E
□ …… ✓ ……	3　労働契約期間満了等によるもの (1)　採用又は定年後の再雇用時等にあらかじめ定められた雇用期限到来による離職 　　（1回の契約期間　　箇月、通算契約期間　　箇月、契約更新回数　　回） 　　（当初の契約締結後に契約期間や更新回数の上限を短縮し、その上限到来による離職に該当　する・しない） 　　（当初の契約締結後に契約期間や更新回数の上限を設け、その上限到来による離職に該当　する・しない） 　　（定年後の再雇用時にあらかじめ定められた雇用期限到来による離職で　ある・ない） 　　（4年6箇月以上5年以下の通算契約期間の上限が定められ、この上限到来による離職で　ある・ない） 　　─ある場合（同一事業所の有期雇用労働者に一様に4年6箇月以上5年以下の通算契約期間の上限が平成24年8月10日前から定められて　いた・いなかった） (2)　労働契約期間満了による離職 　　①　②以外の労働者 　　（1回の契約期間　12箇月、通算契約期間　36箇月、契約更新回数　2回） 　　（契約を更新又は延長することの確約・合意の　有・無（更新又は延長しない旨の明示の　有・無）） 　　（直前の契約更新時に雇止め通知の　有・無） 　　（当初の契約締結後に不更新条項の追加が　ある・ない） 　　　　　　　　　　　　　　　　　　｛を希望する旨の申出があった 　　労働者から契約の更新又は延長　｛を希望しない旨の申出があった 　　　　　　　　　　　　　　　　　　｛の希望に関する申出はなかった 　　②　労働者派遣事業に雇用される派遣労働者のうち常時雇用される労働者以外の者 　　（1回の契約期間　　箇月、通算契約期間　　箇月、契約更新回数　　回） 　　（契約を更新又は延長することの確約・合意の　有・無（更新又は延長しない旨の明示の　有・無）） 　　　　　　　　　　　　　　　　　　｛を希望する旨の申出があった 　　労働者から契約の更新又は延長　｛を希望しない旨の申出があった 　　　　　　　　　　　　　　　　　　｛の希望に関する申出はなかった 　　　a　労働者が適用基準に該当する派遣就業の指示を拒否したことによる場合 　　　b　事業主が適用基準に該当する派遣就業の指示を行わなかったことによる場合（指示した派遣就業が取りやめになったことによる場合を含む。） 　　　（aに該当する場合は、更に下記の5のうち、該当する主たる離職理由を更に1つ選択し、○印を記入してください。該当するものがない場合は下記の6に○印を記入した上、具体的な理由を記載してください。）	3 A 3 B 3 C 3 D 4 D 5 E
□ …… □ ……	(3)　早期退職優遇制度、選択定年制度等により離職 (4)　移籍出向	
□ …… □ …… □ …… □ ……	4　事業主からの働きかけによるもの (1)　解雇（重責解雇を除く。） (2)　重責解雇（労働者の責めに帰すべき重大な理由による解雇） (3)　希望退職の募集又は退職勧奨 　①　事業の縮小又は一部休廃止に伴う人員整理を行うためのもの 　②　その他（理由を具体的に　　　　　　　　　　　　　）	
□ …… □ …… □ …… □ …… □ …… □ …… □ …… □ ……	5　労働者の判断によるもの (1)　職場における事情による離職 　①　労働条件に係る問題（賃金低下、賃金遅配、時間外労働、採用条件との相違等）があったと労働者が判断したため 　②　事業主又は他の労働者から就業環境が著しく害されるような言動（故意の排斥、嫌がらせ等）を受けたと労働者が判断したため 　③　妊娠、出産、育児休業、介護休業等に係る問題（休業等の申出拒否、妊娠、出産、休業等を理由とする不利益取扱い）があったと労働者が判断したため 　④　事業所での大規模な人員整理があったことを考慮した離職 　⑤　職種転換等に適応することが困難であったため（教育訓練の　有・無） 　⑥　事業所移転により通勤困難となった（なる）ため（旧（新）所在地：　　　　） 　⑦　その他（理由を具体的に　　　　　　　　　　　　　） (2)　労働者の個人的な事情による離職（一身上の都合、転職希望等）	
□ ……	6　その他（1~5のいずれにも該当しない場合） 　（理由を具体的に　　　　　　　　　　　　　）	

具体的事情記載欄（事業主用）
契約期間満了による離職。

⑯

⑯離職者本人の判断（○で囲むこと）
事業主が○を付けた離職理由に異議　　有り・無し

（離職者氏名）　　高橋　浩一

第4章　ケース別　離職証明書の書き方　**167**

書式13　時給労働者が雇止めにより会社都合で退職する場合

様式第5号（第7条関係）　**雇用保険被保険者離職証明書（安定所提出用）**

| ① 被保険者番号 | 1234-321098-9 | ③ フリガナ | サイトウキョウコ | ④ 離職 | 年 | 月 | 日 |
| ② 事業所番号 | 3333-333333-3 | 離職者氏名 | 斎藤京子 | 年月日 令和 | 5 | 3 | 20 |

⑤	名称	株式会社高橋物流	⑥ 離職者の	〒 120-0198
	事業所 所在地	品川区○○3-3-3	住所又は居所	足立区○○1-3-5
	電話番号	03-3333-3333		電話番号（ 03 ）1098-7654

この証明書の記載は、事実に相違ないことを証明します。　※離職票交付 令和　　年　　月　　日
⑩ 事業主 住所 品川区○○3-3-3　　　　　　　　　　　　　　　（交付番号　　　　　番）
⑨ 　　　　氏名 代表取締役 高橋博
⑧

離職の日以前の賃金支払状況等

備考欄

⑧ 被保険者期間算定対象期間		⑨ ⑧の期間における賃金支払基礎日数	⑩ 賃金支払対象期間	⑪ ⑩の基礎日数	⑫ 賃金額			⑬ 備考
ⓐ 一般被保険者等	ⓑ 短期雇用特例被保険者				ⓐ	ⓑ	計	
離職日の翌日 3月21日								
2月21日~ 離職 日	離職月	19日	2月21日~ 離職 日	19日		190,000		
1月21日~2月20日	月	22日	1月21日~2月20日	22日		220,000		
12月21日~1月20日	月	15日	12月21日~1月20日	15日		150,000		
11月21日~12月20日	月	21日	11月21日~12月20日	21日		210,000		
10月21日~11月20日	月	22日	10月21日~11月20日	22日		220,000		
9月21日~10月20日	月	20日	9月21日~10月20日	20日		200,000		
8月21日~9月20日	月	22日	月~ 月 日	日				
7月21日~8月20日	月	21日	月~ 月 日	日				
6月21日~7月20日	月	21日	月~ 月 日	日				
5月21日~6月20日	月	23日	月~ 月 日	日				
4月21日~5月20日	月	17日	月~ 月 日	日				
3月21日~4月20日	月	23日	月~ 月 日	日				
月~ 月 日	月	日						

| ⑭ 賃金に関する特記事項 | ⑮この証明書の記載内容（⑦欄を除く）は相違ないと認めます。 （離職者氏名） 斎藤京子 | ⑮ |

※公共職業安定所記載欄
⑮欄の記載　　有・無
⑯欄の記載　　有・無
資・聴

本手続きは電子申請による申請も可能です。本手続きについて、電子申請により行う場合には、被保険者が離職証明書の内容について確認したことを証明することができるものを本離職証明書の提出と併せて送信することをもって、当該被保険者の電子署名に代えることができます。
また、本手続きについて、社会保険労務士が電子申請による本届書の提出に関する手続を事業主に代わって行う場合には、当該社会保険労務士が当該事業主の提出代行者であることを証明することができるものを本届書の提出と併せて送信することをもって、当該事業主の電子署名に代えることができます。

| 社会保険労務士記載欄 | 作成年月日・提出代行者・事務代理者の表示 | 氏　　　　名 | 電話番号 | ※ | 所長 | 次長 | 課長 | 係長 | 係 |
| | | | | | | | | | |

⑦ ⑦離職理由欄…事業主の方は、離職者の主たる離職理由が該当する理由を１つ選択し、左の事業主記入欄の□の中に○印を記入の上、下の具体的事情記載欄に具体的事情を記載してください。

【離職理由は所定給付日数・給付制限の有無に影響を与える場合があり、適正に記載してください。】

事業主記入欄	離　職　理　由	※離職区分
□ ……	1　事業所の倒産等によるもの	1 A
□ ……	（1）倒産手続開始、手形取引停止による離職	
	（2）事業所の廃止又は事業活動停止後事業再開の見込みがないため離職	1 B
□ ……	2　定年によるもの	
	定年による離職（定年　　　歳）	
	定年後の継続雇用 { を希望していた（以下のaからcまでのいずれかを１つ選択してください） を希望していなかった	
	a　就業規則に定める解雇事由又は退職事由（年齢に係るものを除く。以下同じ。）に該当したため （解雇事由又は退職事由と同一の事由として就業規則又は労使協定に定める「継続雇用しないことができる事由」に該当して離職した場合も含む。）	2 A
	b　平成25年3月31日以前に労使協定により定めた継続雇用制度の対象となる高年齢者に係る基準に該当しなかったため	2 B
	c　その他（具体的理由：　　　　　　　　　　　　　　　　　　　　）	
□ ……	3　労働契約期間満了等によるもの	2 C
	（1）採用又は定年後の再雇用時等にあらかじめ定められた雇用期限到来による離職	
	当初の契約期間　　　箇月、通算契約期間　　　箇月、契約更新回数　　　回）	2 D
	（当初の契約締結後に契約期間や更新回数の上限を短縮し、その上限到来による離職に該当　する・しない） （当初の契約締結後に契約期間や更新回数の上限を設け、その上限到来による離職に該当　する・しない）	
	（4年6箇月以上5年以下の通算契約期間の上限が定められ、この上限到来による離職で　ある・ない） →ある場合（同一事業所の有期雇用労働者に一様に4年6箇月以上5年以下の通算契約期間の上限が平成24年8月10日前から定められて　いた・いなかった）	2 E
☑ ……	（2）労働契約期間満了による離職	3 A
	①　下記②以外の労働者	
	（1回の契約期間　12箇月、通算契約期間　36箇月、契約更新回数　2回）	3 B
	（契約を更新又は延長することの確約・合意の　有・無（更新又は延長しない旨の明示の　有・無）） （当初の契約締結後に不更新条項の追加が　ある・ない）	
	労働者から契約の更新又は延長 { を希望する旨の申出があった を希望しない旨の申出があった の希望に関する申出はなかった	3 C
	②　労働者派遣事業に雇用される派遣労働者のうち常時雇用される労働者以外の者	3 D
	（1回の契約期間　　　箇月、通算契約期間　　　箇月、契約更新回数　　　回）	
	（契約を更新又は延長することの確約・合意の　有・無（更新又は延長しない旨の明示の　有・無））	4 D
	労働者から契約の更新又は延長 { を希望する旨の申出があった を希望しない旨の申出があった の希望に関する申出はなかった	
	a　労働者が適用基準に該当する派遣就業の指示を拒否したことによる場合	5 E
	b　事業主が適用基準に該当する派遣就業の指示を行わなかったことによる場合（指示した派遣就業が取りやめになったことによる場合を含む。） （aに該当する場合は、更に下記の5のうち、該当する主たる離職理由を更に1つ選択し、○印を記入してください。該当するものがない場合は下記の6に○印を記入した上、具体的な理由を記載してください。）	
□ ……	（3）早期退職優遇制度、選択定年制度等により離職	
	（4）移籍出向	
□ ……	4　事業主からの働きかけによるもの	
□ ……	（1）解雇（重責解雇を除く。）	
□ ……	（2）重責解雇（労働者の責めに帰すべき重大な理由による解雇）	
□ ……	（3）希望退職の募集又は退職勧奨	
□ ……	①　事業の縮小又は一部休廃止に伴う人員整理を行うためのもの	
	②　その他（理由を具体的に　　　　　　　　　　　　　　　　　　　）	
	5　労働者の判断によるもの	
□ ……	（1）職場における事情による離職	
	①　労働条件に係る問題（賃金低下、賃金遅配、時間外労働、採用条件との相違等）があったと労働者が判断したため	
□ ……	②　事業主又は他の労働者から就業環境が著しく害されるような言動（故意の排斥、嫌がらせ等）を受けたと労働者が判断したため	
□ ……	③　妊娠、出産、育児休業、介護休業等に係る問題（休業等の申出拒否、妊娠、出産、休業等を理由とする不利益取扱い）があったと労働者が判断したため	
□ ……	④　事業所での大規模な人員整理があったことを考慮した離職	
□ ……	⑤　職種転換等に適応することが困難であったため（教育訓練の　有・無）	
□ ……	⑥　事業所移転により通勤困難となった（なる）ため（旧）（新）所在地：　　　　　）	
□ ……	⑦　その他（理由を具体的に　　　　　　　　　　　　　　　　　　　）	
	（2）労働者の個人的な事情による離職（一身上の都合、転職希望等）	
□ ……	6　その他（1－5のいずれにも該当しない場合） （理由を具体的に　　　　　　　　　　　　　　　　　　　）	

具体的事情記載欄（事業主用）　　経営悪化により次回更新せず。

⑯ ⑯離職者本人の判断（○で囲むこと）
事業主が○を付けた離職理由に異議　有り・無し
斎藤京子

雇用保険の受給手続き

　失業等給付をもらう手続は、住所地を管轄するハローワークに出向いて退職時に会社から受け取った離職票を提出し、求職の申込みをすることからはじまります。求職の申込みを行い、失業の状態と認められ受給資格が決定した場合でも、決定日から通算7日間（待期期間）は失業等給付を受けることができません。待期期間を過ぎると4週間に1回、失業認定日にハローワークに行くことになります。ここで失業状態にあったと認定されると、その日数分の基本手当が支給されます。

　給付制限（107ページ）がある場合とない場合とで、下図のように支給までの流れが異なります。

■ 基本手当が支給されるまでの流れ ………………………………

●支給までの流れ（給付制限のない場合）

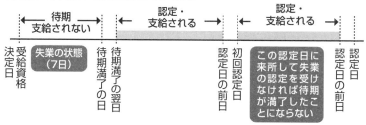

●支給までの流れ（給付制限がある場合）

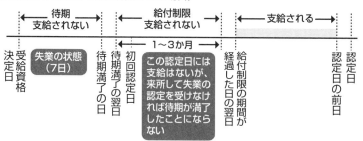

第5章

社員の変動にかかわる事務

人を雇用したときに提出する労働保険保険関係成立届

● 労働保険には労災保険と雇用保険がある

　パート、アルバイト、正社員を問わず人を採用したときは、必ず労働保険に加入しなければなりません。これを労働保険関係の成立といいます。労働保険には労災保険と雇用保険の２つがあります。原則として両保険同時に加入しなければなりません（一元適用事業）。しかし、建設業をはじめとするいくつかの事業は、現場で働いている人と会社で働いている人が異なる場合があるため、労災保険と雇用保険が別々に成立する二元適用事業とされています。

【届出と添付書類】

　事業主が、会社を設立したとき、または人を雇用したとき（保険関係成立日）の翌日から10日以内に「保険関係成立届」を管轄の労働基準監督署へ届け出ます。なお、会社を新たに設立した場合だけでなく、支店を設置し、その支店に人を雇用した場合にも、支店について保険関係成立届を提出します。

　会社など法人の場合には登記事項証明書、個人の場合には事業主の住民票、事業所の所在地がそれらの書類と違う場合は、賃貸借契約書等の写しを添付書類として提出します。

【ポイント】

　③欄の事業の概要については作業内容などを具体的に記入します。

　⑧欄の賃金総額の見込額はパート、アルバイトに対する支給額を含みます。

　㉓欄の常時使用労働者数はパート、アルバイトも含みます。

書式1　保険関係成立届 ・・・・・・・・・・・・・・・・・・・・・・・・・・・・・・・・・・・

様式第1号（第4条、第64条、附則第2条関係）（1）（表面）　　　　　　　　　　　　　　　　　　　　　　　　　　　　　　　【提出用】

労働保険
- 0：保険関係成立届（継続）（事務処理委託届）
- 1：保険関係成立届（有期）
- 2：任意加入申請書（事務処理委託届）

令和5年 7月 5日

⑯種別
31600

① 事業主 住所又は所在地：品川区五反田1-2-3
氏名又は名称：株式会社 緑商会

② 所在地：141-0000　品川区五反田1-2-3
03-3321-1123

③ 事業の概要：衣料品の小売業

③ 事業の種類：小売業

⑤加入済の労働保険：(イ)労災保険　(ロ)雇用保険
⑥保険関係成立年月日：（労災）令和5年 7月 1日　（雇用）令和5年 7月 1日

⑦雇用保険被保険者数：一般・短期 9人　日雇 0人

⑧賃金総額の見込額：25,000千円

品川　労働局長　労働基準監督署長　公共職業安定所長　殿

(イ)届けます。（31600又は31601のとき）
(ロ)(ハ)労災保険　雇用保険 の加入を申請します。（31602のとき）

※修正項目番号　①漢字修正項目番号
※労働保険番号　都道府県 所掌 管轄(1) 基幹番号 枝番号

⑰住所（カナ）
郵便番号 **141-0000**（項1）　住所 市・区・郡名 **シナガ゛ワク**（項3）
住所（つづき）町村名 **コ゛タンタ゛**（項4）
住所（つづき）丁目・番地 **1-2-3**（項5）
住所（つづき）ビル・マンション名等（項6）

⑱住所（漢字）
住所 市・区・郡名 **品川区**（項7）
住所（つづき）町村名 **五反田**（項8）
住所（つづき）丁目・番地 **1-2-3**（項9）
住所（つづき）ビル・マンション名等（項10）

⑲名称・氏名（カナ）
名称・氏名 **カフ゛シキカ゛イシャ**（項11）
名称・氏名（つづき）**ミト゛リショウカイ**（項12）
名称・氏名（つづき）（項13）
電話番号 （市内局番）**03**-**3321**-**1123**（項14）

⑳名称・氏名（漢字）
名称・氏名 **株式会社**（項15）
名称・氏名（つづき）**緑商**（項16）
名称・氏名（つづき）**会**（項17）

委託事務組合 所在地／名称／代表者氏名

㉑委託開始理由
⑪事業開始年月日　年　月　日
⑫事業廃止等年月日　年　月　日
⑬建設の事業の請負金額　円
⑭立木の伐採の事業の素材見込生産量　立方メートル

⑮発注者 所在地／氏名又は名称

㉑保険関係成立年月日（31600又は31601のとき）
任意加入認可年月日（31602のとき）（元号・令和は9）
元号 **9**-**05**-**07**-**01**（項18）

㉒事務処理委託年月日（31600又は31602のとき）
事業終了予定年月日（31601のとき）（元号・令和は9）
元号　年　月　日（項19）

㉓常時使用労働者数 **10**人（項20）

※保険関係区分（31600又は31602のとき）（項21）

㉔雇用保険被保険者数（31600又は31602のとき）
千 百 十 **9**人（項22）

※片保険理由コード（31600のとき）（項24）
都道府県 所掌 管轄(1) 基幹番号 枝番号（項23）

㉗適用済労働保険番号1
都道府県 所掌 管轄(1) 基幹番号 枝番号（項26）

㉙適用済労働保険番号2
都道府県 所掌 管轄(1) 基幹番号 枝番号

※雇用保険の事業所番号（31600又は31602のとき）（項27）
※府県区分（31600又は31602のとき）（項28）
※特掲コード（31602のとき）（項29）
※管轄(2)（31600のとき）（項30）
※業種（項31）
※産業分類（31600又は31602のとき）（項32）
※データ指示コード（項33）（項34）
※再入力区分（項35）

※修正項目（英数・カナ）
※修正項目（漢字）

事業主氏名（法人のときはその名称及び代表者の氏名）
株式会社 緑商会
代表取締役 鈴木 太郎

※受付年月日（元号・令和は9）
元号　年　月　日
㉟法人番号 **9876543210987**

(3.3)

労働保険料を前払いで支払う概算保険料申告書

◉ 年３回に分割もできる

　労働保険料は、人を採用した日より、保険年度の終了日（３月31日）までに支払うはずの賃金総額（賞与を含む）を概算で予測（算定）して申告・納付します（概算保険料申告）。たとえば、４月１日から翌年３月31日までの１年間に支払うことが見込まれる賃金総額が3,000万円であれば、3,000万円を基準として概算保険料を計算します。保険料の納付回数については原則１回となりますが、概算保険料額が40万円以上（建設業などについては労災保険、雇用保険のそれぞれで20万円以上）の場合には、３回に分けて納付することができます（ただし、保険関係成立時期によっては延納できない場合があります）。

【届出】

　会社を設立したとき、または人を雇用した日（保険関係成立日）から50日以内に、事業主が、「概算保険料申告書」を管轄の労働基準監督署へ届け出ます。会社を新たに設立した場合だけでなく、支店を設置し、その支店に人を雇用した場合にも、支店について「概算保険料申告書」を提出します。

【ポイント】

　⑫欄の保険料算定基礎額の見込額は保険関係成立日から翌年の３月31日までの賃金総額（賞与を含む）を算定して記入します。

　⑰欄の延納の申請には延納回数を記入します。

　㉒欄の期別納付額については、延納により分割した各期の納付額に１円未満の端数が生じた場合には、その端数を第１期の納付額にまとめて記入します。

書式2　概算保険料申告書 ·····················

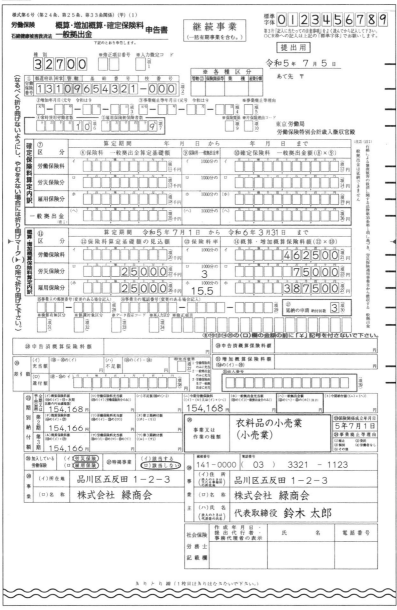

新しい労働者を雇用保険に加入させるための届出

● 社員を採用したときに必要になる手続き

　正社員を採用すると、その正社員は雇用保険の被保険者となりますので、資格取得の手続きを行わなければなりません。また、正社員でなくても以下の場合には被保険者となります。

① 　1週間の所定労働時間が20時間以上であり、31日以上雇用される見込みがあるパートタイマー（一般被保険者）

② 　65歳以上で上記①一般被保険者に該当する者（高年齢被保険者）

③ 　4か月を超えて、かつ1週間の所定労働時間が30時間以上である季節的に雇用される者（短期雇用特例被保険者）

④ 　30日以内の期間を定めて雇用される者、または日々雇用される者（日雇労働被保険者）

　なお、個人事業主、会社などの法人の社長は被保険者となりません。しかし、取締役で部長などの従業員としての身分があり、労働者としての賃金が支給されていると認められれば、被保険者となる場合があります。

【届出と添付書類】

　採用した日の翌月10日までに、事業主が、「雇用保険被保険者資格取得届」（次ページ）を管轄の公共職業安定所に届け出ます。

　なお、平成22年4月1日から原則として添付書類は不要となっています。

　なお、65歳前から引き続いて同一の会社で働いている場合は、65歳に達した日（誕生日の前日）から高年齢被保険者となります。被保険者資格取得届の提出が6か月以上遅れた場合、遅延理由書（178ページ）を提出します。

書式3　雇用保険被保険者資格取得届 ･･････････････

様式第2号（第6条関係）

雇用保険被保険者資格取得届

標準字体 `0 1 2 3 4 5 6 7 8 9`
（必ず第2面の注意事項を読んでから記載してください。）

帳票種別
`1 9 1 0 1`

1.個人番号
`1 2 3 4 5 6 7 8 9 0 1 2`

2.被保険者番号
`3 4 1 2 - 3 4 5 6 7 8 - 9`

3.取得区分
`1`（1 新規 / 2 再取得）

4.被保険者氏名
`高橋　均`
フリガナ（カタカナ）
`タカハシ　ヒトシ`

5.変更後の氏名
フリガナ（カタカナ）

6.性別
`1`（1 男 / 2 女）

7.生年月日
`3 - 5 8 0 3 0 4`
元号（2 大正 3 昭和 4 平成 5 令和）　年　月　日

8.事業所番号
`1 3 0 6 - 7 8 9 1 2 3 - 4`

9.被保険者となったことの原因
`2`

1 新規雇用（新規学卒）
2 新規雇用（その他）
3 日雇からの切替
4 その他
8 出向元への復帰等（65歳以上）

10.賃金（支払の態様ー賃金月額：単位千円）
`1 - 2 5 6`
百万 十万 万 千 円
（1 月給 2 週給 3 日給 4 時間給 5 その他）

11.資格取得年月日
`5 - 0 5 0 7 0 1`
元号（4 平成 5 令和）　年　月　日

12.雇用形態
`3`
1 日雇　2 派遣
3 パートタイム　4 有期契約労働者
5 季節的雇用　6 船員　7 その他

13.職種
`1 0`
（01～11）第2面参照

14.就職経路
`1`
1 安定所紹介
2 自己就職
3 民間紹介
4 把握していない

15.1週間の所定労働時間
`3 0 0 0`
時間　　分

16.契約期間の定め
`2`

1 有　契約期間　　　元号　　年　月　日　から　　　元号　　年　月　日　まで
契約更新条項の有無（1 有 / 2 無）（4 平成 5 令和）

2 無

事業所名[　株式会社　緑建築　]　　**備考**[　　　　]

17欄から23欄までは、被保険者が外国人の場合のみ記入してください。

17.被保険者氏名（ローマ字）（アルファベット大文字で記入してください。）

被保険者氏名〔続き（ローマ字）〕

18.在留カードの番号（在留カードの右上に記載されている12桁の英数字）

19.在留期間
西暦　　年　月　日　まで

20.資格外活動の許可の有無（1 有 / 2 無）

21.派遣・請負就労区分
1 派遣・請負労働者としてまとめて当該事業所以外で就労する場合
2 1に該当しない場合

22.国籍・地域（　　　　　　）　**23.在留資格**（　　　　　　）

※公共職業安定所欄

24.取得時被保険者種類
1 一般
2 短期常用
3 季節
11 高年齢被保険者（65歳以上）

25.番号複数取得チェック不要
チェック・リストが出力されたが、調査の結果、同一人でなかった場合に「1」を記入。

26.国籍・地域コード
22欄に対応するコードを記入

27.在留資格コード
23欄に対応するコードを記入

雇用保険法施行規則第6条第1項の規定により上記のとおり届けます。

住　所　品川区五反田1－2－3　　　　　　　　　令和　5 年　7 月　5 日

事業主　氏　名　株式会社　緑建築
　　　　　　　　代表取締役　鈴木　太郎
　　　　電話番号　03－3321－1123

品川 公共職業安定所長　殿

社会保険労務士記載欄	作成年月日・提出代行者・事務代理者の表示	氏　　名	電話番号

※	所長	次長	課長	係長	係	操作者

※備考

確認通知　令和　年　月　日

2021.9

遅延理由書

令和　5年10月11日

　　品川　公共職業安定所長　殿

　このたび、下記1の雇用保険被保険者資格取得届について、提出が遅れた理由は、下記2のとおりです。以後、届出期限までに提出するよう留意いたします。

記

1　雇用保険被保険者資格取得届の内容

被保険者氏名	生年月日	雇入年月日	資格取得年月日	被保険者番号
目黒　博	昭和59年4月2日	令和5年3月21日	令和5年3月21日	5013-456876-1

2　遅延理由

　　前職での「雇用保険被保険者証」を紛失してしまい、探していたが見つからなかった。一方、健康保険の手続きが順調に進んでいたため、健康保険の手続き終了と同時に雇用保険の手続きも終了したものと勘違いしてしまい、そのまま手続きを失念してしまった。

　　　　　　名称　　　株式会社エービーシー
事業所　代表者氏名　　佐藤　一郎
　　　　　　所在地　　　東京都港区三田7－6－11

新しい事業所を設置した場合に行う届出

● 事業所を設置したときに届け出る

　人を雇用した場合、パート、アルバイト、正社員を問わず雇用保険に加入します。業種や事業規模に関係なく加入の義務があります。ただ、5人未満の個人事業（農林水産・畜産・養蚕の事業）に限っては加入が任意となります。雇用保険を適用するには、まず労働保険関係を成立させます。その上で加入手続きを行います。その際、雇用する労働者の「雇用保険被保険者資格取得届」（177ページ）を同時に提出します。会社を新たに設立した場合だけでなく、支店を設置した場合にも、支店についての適用事業所設置届の提出が必要になるのが原則です。なお、雇用保険の「適用事業所の設置」は、保険関係の成立の日と同日になるのが原則です。

【届出】

　事業主が、雇用保険の加入該当者を雇用した日から10日以内に「雇用保険適用事業所設置届」を管轄公共職業安定所に届け出ます。

【添付書類】

・労働保険関係成立届の控えと雇用保険被保険者資格取得届
・会社などの法人の場合には登記事項証明書など
・個人の場合には事業許可証など（必要に応じて事業主の住民票など）

【ポイント】

・7欄の設置年月日は原則として、保険関係成立の日ですが、最初に労働者を雇用保険に加入させた日のことです。
・8欄には、労働保険関係成立届につけられた14ケタの番号を記入します。
・設置届裏面の欄の事業所印影には角印、事業主（代理人）印影には代表者印を押します。

書式5　雇用保険適用事業所設置届 ・・・・・・・・・・・・・・・・・・・

雇用保険適用事業所設置届

（必ず第2面の注意事項を読んでから記載してください。）

事業所番号 [　　　　　　　　　]

下記のとおり届けます。

公共職業安定所長　殿

令和5年7月5日

この用紙は、このまま機械で処理しますので、汚さないようにしてください。

帳票種別
`1 2 0 0 1`

1.法人番号（個人事業の場合は記入不要です。）
`9 8 7 6 5 4 3 2 1 0 9 8 7`

2.事業所の名称（カタカナ）
`カ ブ シ キ カ イ シ ャ`

事業所の名称〔続き（カタカナ）〕
`ミ ド リ ケ ン チ ク`

3.事業所の名称（漢字）
`株 式 会 社`

事業所の名称〔続き（漢字）〕
`緑 建 築`

4.郵便番号
`1 4 1 - 0 0 0 0`

5.事業所の所在地（漢字）※市・区・郡及び町村名
`品 川 区 五 反 田`

事業所の所在地（漢字）※丁目・番地
`1 - 2 - 3`

事業所の所在地（漢字）※ビル、マンション名等
`　`

6.事業所の電話番号（項目ごとにそれぞれ右詰めで記入してください。）
`0 3 - 3 3 2 1 - 1 1 2 3`
市外局番　　市内局番　　番号

7.設置年月日
`5 - 0 5 0 7 0 1` （3昭和 4平成 5令和）
元号　　年　月　日

8.労働保険番号
`1 3 1 0 9 6 5 4 3 2 1 0 0 0`
府県　所掌　管轄　基幹番号　枝番号

※公共職業安定所記載欄	9.設置区分 □（1当然 2任意）	10.事業所区分 □（1個別 2委託）	11.産業分類 □□	12.台帳保存区分 □（1日雇被保険者のみの事業所 2船舶所有者）

13.事業主	（フリガナ） 住　所 （法人のときは主たる事業所の所在地）	シナガワクゴタンダ 品川区五反田1−2−3	17.常時使用労働者数	10 人
	（フリガナ） 名　称	カブシキガイシャ　ミドリケンチク 株式会社　緑建築	18.雇用保険被保険者数 一般	9 人
			日雇	0 人
	（フリガナ） 氏　名 （法人のときは代表者の氏名）	ダイヒョウトリシマリヤク　スズキ　タロウ 代表取締役　鈴木　太郎	19.賃金支払関係 賃金締切日	10 日
			賃金支払日 当・翌月25日	
14.事業の概要 （漁業の場合は漁船の総トン数を記入すること）		建設業	20.雇用保険担当課名	総務 課 労務 係
15.事業の開始年月日	令和5年7月1日	※事業の 16.廃止年月日　令和　年　月　日	21.社会保険加入状況	健康保険 厚生年金保険 労災保険
備考		※ 所長　次長　課長　係長　係　操作者		

（この届出は、事業所を設置した日の翌日から起算して10日以内に提出してください。）

2021.9

外国人を雇用したときの届出

● 外国人雇用状況届出制度とは

　外国人労働者（在留資格「外交」「公用」、特別永住者を除く）を採用したときまたは離職のときに、その氏名、在留資格等をハローワークに届け出なければなりません。

　雇用保険の被保険者の場合は、資格取得届、喪失届の所定欄に在留資格、在留期限、国籍などを記載して届け出ますが、その他の外国人労働者については外国人雇用状況届出書を提出します。

【届出】

　外国人雇用状況届出書（182ページ）を、管轄のハローワークに、雇入れ、離職の場合ともに翌月末日までに提出します（たとえば10月1日の雇入れの場合は11月30日まで）。なお、次ページの届出書は雇用保険の被保険者にならない場合に提出します。雇用保険の被保険者に該当する場合、外国人雇用状況届出書ではなく、被保険者資格取得届（177ページ）を提出し、「⑰欄から㉓欄」に記載します。

【添付書類】

① 　在留カードまたはパスポート
② 　資格外活動許可書または就労資格証明書

【ポイント】

　留学生が行うアルバイトも届出の対象となります。届出にあたっては資格外活動の許可を得ていることを確認しなければなりません。通常外国人であると判断できるにもかかわらず、在留資格の確認をしないで、在留資格がない外国人を雇用すると罰則の対象となります。

　また、採用した外国人が届出の期間内に離職した場合や採用、離職を繰り返す場合はまとめて届け出ることができます。

書式6　雇入れに係る外国人雇用状況届出書 ‥‥‥‥‥‥

様式第3号（第10条関係）（表面）

（雇　　入　　れ / 離　　職）に係る外国人雇用状況届出書

フリガナ（カタカナ）	姓　　イ	名　　ケンパク	ミドルネーム
①外国人の氏名（ローマ字）	李	建白	
②①の者の在留資格	特定技能（建設）	③①の者の在留期間（期限）（西暦）	20×× 年 11 月 30 日 まで
④①の者の生年月日（西暦）	1988年 5 月 4 日	⑤①の者の性別	①男 ・ 2 女
⑥①の者の国籍・地域	中華人民共和国	⑦①の者の資格外活動許可の有無	①有 ・ 2 無
⑧①の者の在留カードの番号（在留カードの右上に記載されている12桁の英数字）	AB12345678CD		

雇入れ年月日（西暦）	20×× 年 9 月 21 日	離職年月日（西暦）	年　　月　　日
	年　　月　　日		年　　月　　日
	年　　月　　日		年　　月　　日

労働施策の総合的な推進並びに労働者の雇用の安定及び職業生活の充実等に関する法律施行規則第10条第3項の規定により上記のとおり届けます。

20×× 年 9 月 27 日

事業主	雇入れ又は離職に係る事業所	雇用保険適用事業所番号 1305 - 706123 - 4
事業所の名称、所在地、電話番号等	（名称）株式会社○○建設 （所在地）東京都○○区○○×-×-× 主たる事務所 （名称）株式会社○○建設 （所在地）東京都○○区○○×-×-×	①の者が主として左記以外の事業所で就労する場合□ TEL 0000-00-0000 TEL 0000-00-0000
氏名	代表取締役　佐藤　一郎	

社会保険労務士記載欄	作成年月日・提出代行者・事務代理者の表示	氏名	
			○○ 公共職業安定所長　殿

182

6 中小企業の経営者や一人親方が 労災保険に加入したいときの届出

● 特別加入とは

　労災保険の本来の目的は、事業主に使用される労働者に対し、業務上や通勤途上での災害に対して補償を行うことであり、事業主は補償の対象外です。しかし、中小企業の事業主や自営業者の中には、業務の実態、災害の発生状況を考慮すると、労働者に準じた保護がふさわしい者もいます。そこで、一定規模以下の中小企業の事業主や自営業者（一人親方）、海外に駐在する労働者についても、労災保険本来の建前をそこなわない範囲で、労災保険への加入を認めています。

【加入手続】

　それぞれ所定の管轄の労働基準監督署を経由して都道府県労働局長に特別加入申請書（184、185、186ページ）を提出します。

【添付書類】

　添付書類については、特別加入の種類ごとに異なり、第1種、第2種については、事務組合や一人親方ごとに異なるので、提出の際に確認することが必要です。

【ポイント】

　特別加入できる中小企業の事業主は、常時300人（卸売業・サービス業は100人、金融業・保険業・不動産業・小売業は50人）以下の労働者を使用する事業主で、家族従事者やその他の役員も全員加入する必要があります。保険給付の際の給付基礎額は、賃金に関係なく3,500円（家内労働者は2,000円、2,500円、3,000円）から25,000円の範囲で、希望に基づき都道府県労働局長が決定します。

書式7 特別加入申請書（中小事業主等）………………

労働者災害補償保険　特別加入申請書（中小事業主等）

帳票種別				
3	6	2	1	1

① 申請に係る事業の労働保険番号

◎裏面の注意事項を読んでから記載してください。
※印の欄は記載しないでください。（職員が記載します。）

府県	所掌	管轄	基幹番号	枝番号
1 3	1	0 9	6 5 4 3 2 1	0 0 0

※ 受付年月日

元号		年		月		日	
9 令和							

1～9年は右に／1～9月は右に／1～9日は右に

② 事業主の氏名（法人その他の団体であるときはその名称）　株式会社 緑商会

③ 申請に係る事業

名称（フリガナ）　カブシキガイシャ　ミドリショウカイ
名称（漢字）　株式会社 緑商会
事業場の所在地　品川区五反田１－２－３

④ 特別加入予定者　加入予定者数　計 **2** 名　*この用紙に記載しきれない場合には、別紙に記載すること。

特別加入予定者	業務の内容		特定業務・給付基礎日額	
フリガナ 氏名　スズキ タロウ　**鈴木 太郎** 生年月日 平成元年 2月23日	事業主との関係（地位又は続柄） 1 本人　③役員 （**代表取締役**） 5 家族従事者 （　）	業務の具体的内容 **衣料品の小売業** 労働者の始業及び終業の時刻 9時00分～18時00分	除染作業 1 有 ③無 従事する特定業務 1 粉じん　3 振動工具 5 鉛　7 有機溶剤 ⑨該当なし	業務歴 最初に従事した年月　　年　　月 従事した期間の合計　　年間　　ヶ月 希望する給付基礎日額 **20,000** 円
フリガナ 氏名　スズキ キョウコ　**鈴木 京子** 生年月日 平成2年 8月7日	事業主との関係（地位又は続柄） 1 本人　3役員 ⑤家族従事者 （　**妻**　）	業務の具体的内容 **経理等一般事務** 労働者の始業及び終業の時刻 9時00分～18時00分	除染作業 1 有 ③無 従事する特定業務 1 粉じん　3 振動工具 5 鉛　7 有機溶剤 ⑨該当なし	業務歴 最初に従事した年月　　年　　月 従事した期間の合計　　年間　　ヶ月 希望する給付基礎日額 **10,000** 円
フリガナ 氏名 生年月日　　年　　月　　日	事業主との関係（地位又は続柄） 1 本人　3役員 5 家族従事者 （　）	業務の具体的内容 労働者の始業及び終業の時刻 　時　分～　時　分	除染作業 1 有 3無 従事する特定業務 1 粉じん　3 振動工具 5 鉛　7 有機溶剤 9 該当なし	業務歴 最初に従事した年月　　年　　月 従事した期間の合計　　年間　　ヶ月 希望する給付基礎日額 円
フリガナ 氏名 生年月日　　年　　月　　日	事業主との関係（地位又は続柄） 1 本人　3役員 5 家族従事者 （　）	業務の具体的内容 労働者の始業及び終業の時刻 　時　分～　時　分	除染作業 1 有 3無 従事する特定業務 1 粉じん　3 振動工具 5 鉛　7 有機溶剤 9 該当なし	業務歴 最初に従事した年月　　年　　月 従事した期間の合計　　年間　　ヶ月 希望する給付基礎日額 円

⑤ 労働保険事務の処理を委託した年月日　令和 **5**年 **7**月 **10**日

⑥ 労働保険事務組合の証明

上記⑤の日より労働保険事務の処理の委託を受けていることを証明します。

令和 **5**年 **7**月 **16**日

労働保険の事務組合の　名称　**関東中小企業協会**
〒 141-0009　電話（ 03 ）1111-9999
主たる事務所の所在地　**品川区大井４－２－８**
代表者の氏名　**会長　坂本　良一**

⑦ 特別加入を希望する日（申請日の翌日から起算して30日以内）　令和 **5**年 **7**月 **21**日

上記のとおり特別加入の申請をします。

令和 **5**年 **7**月 **20**日

品川 労働局長 殿

事業主の　〒 141-0000　電話（ 03 ）3321-1123
住所　**品川区五反田１－２－３**
氏名　**株式会社 緑商会　代表取締役　鈴木 太郎**
（法人その他の団体であるときはその名称及び代表者の氏名）

折り曲げる場合には（▶）の所で折り曲げてください。

書式8　特別加入申請書（一人親方等）‥‥‥‥‥‥‥‥‥‥

■ 様式第34号の10（表面）

労働者災害補償保険　特別加入申請書（一人親方等）

帳票種別						
3 6 2 2 1						

◎裏面の注意事項を読んでから記載してください。
※印の欄は記載しないでください。（職員が記載します。）

① 申請に係る事業の労働保険番号

府県	所掌	管轄	基幹番号	枝番号
1 3	1	0 6	0 9 8 7 6 5	0 0 0

※受付年月日　9令和 元号 [　　] 年 [　　] 月 [　　] 日
（1〜9月は右へ）（1〜9月は右へ）（1〜9月は右へ）

② 特別加入団体	名称（フリガナ）	オオタケンセツギョウ　キョウドウクミアイ	
	名称（漢字）	大田建設業　協同組合	
	代表者の氏名	組合長　大森　智史	
	事業又は作業の種類	建設の事業	※特定業種区分

③ 特別加入予定者　　加入予定者数　計 3 名

*この用紙に記載しきれない場合には、別紙に記載すること。

特別加入予定者	業務又は作業の内容		特定業務・給付基礎日額	
フリガナ　氏名　カマタ　サブロウ　**鎌田 三郎**　生年月日　昭和49年4月20日	法第33条第3号に掲げる者との関係　① 本人　5 家族従事者（　　）　業務又は作業の具体的内容　**大工工事業**	除染作業　1 有　③ 無	従事する特定業務　1 粉じん　3 振動工具　5 鉛　7 有機溶剤　9 該当なし	業務歴　最初に従事した年月 [　]年[　]月　従事した期間の合計 [　]年間[　]ヶ月　希望する給付基礎日額 **14,000** 円
フリガナ　氏名　サタケ　ジュンイチ　**佐竹 淳一**　生年月日　昭和60年11月16日	法第33条第3号に掲げる者との関係　① 本人　5 家族従事者（　　）　業務又は作業の具体的内容　**舗装工事業**	除染作業　1 有　③ 無	従事する特定業務　1 粉じん　③ 振動工具　5 鉛　7 有機溶剤　9 該当なし	業務歴　最初に従事した年月 平成15年5月　従事した期間の合計 20年5ヶ月　希望する給付基礎日額 **12,000** 円
フリガナ　氏名　マセ　ツヨシ　**間瀬 剛**　生年月日　平成17年2月4日	法第33条第3号に掲げる者との関係　① 本人　5 家族従事者（　　）　業務又は作業の具体的内容　**左官工事業**	除染作業　1 有　③ 無	従事する特定業務　1 粉じん　3 振動工具　5 鉛　⑦ 有機溶剤　9 該当なし	業務歴　最初に従事した年月 令和5年4月　従事した期間の合計 [　]年6ヶ月　希望する給付基礎日額 **10,000** 円
フリガナ　氏名　生年月日　　年　月　日	法第33条第3号に掲げる者との関係　1 本人　5 家族従事者（　　）　業務又は作業の具体的内容	除染作業　1 有　3 無	従事する特定業務　1 粉じん　3 振動工具　5 鉛　7 有機溶剤　9 該当なし	業務歴　最初に従事した年月 [　]年[　]月　従事した期間の合計 [　]年間[　]ヶ月　希望する給付基礎日額 [　] 円
フリガナ　氏名　生年月日　　年　月　日	法第33条第3号に掲げる者との関係　1 本人　5 家族従事者（　　）　業務又は作業の具体的内容	除染作業　1 有　3 無	従事する特定業務　1 粉じん　3 振動工具　5 鉛　7 有機溶剤　9 該当なし	業務歴　最初に従事した年月 [　]年[　]月　従事した期間の合計 [　]年間[　]ヶ月　希望する給付基礎日額 [　] 円

④ 添付する書類の名称	団体の目的、組織、運営等を明らかにする書類	大田建設業　協同組合規約
	業務災害の防止に関する措置の内容を記載した書類	大田建設業　協同組合災害防止規程

⑤ 特別加入を希望する日（申請日の翌日から起算して30日以内）　　令和 5 年 11 月 1 日

上記のとおり特別加入の申請をします。

令和 5 年 10 月 21 日

東京　労働局長　殿

団体の
名称　大田建設業　協同組合
主たる事務所の所在地　〒144-0004　電話（ 03 ）3444-4444　東京都大田区東蒲田4-8-1
代表者の氏名　組合長　大森　智史

書式9　特別加入申請書（海外派遣者）・・・・・・・・・・・・・・・・・・

■　様式第34号の11（表面）

労働者災害補償保険　特別加入申請書（海外派遣者）

帳票種別
| 3 | 6 | 2 | 3 | 1 |

◎裏面の注意事項を読んでから記載してください。
※印の欄は記載しないでください。（職員が記載します。）

① ※第3種特別加入に係る労働保険番号

府県	所掌	管轄	基幹番号	枝番号
1 3	1	0 1	0 1 1 2 2 3	0 0 0

※受付年月日
| 元号 | | 年 | | 月 | | 日 | |
| 9 令和 | | | | | | | |
1~9日は右へ　1~9日は右へ　1~9日は右へ

② 団体の名称又は事業主の氏名（事業主が法人その他の団体であるときはその名称）　**東京貿易商事株式会社**

③ 申請に係る事業

労働保険番号
府県	所掌	管轄	基幹番号	枝番号
1 3	1	0 1	0 1 1 2 2 3	0 0 0

名称（フリガナ）　トウキョウボウエキショウジカブシキガイシャ

名称（漢字）　**東京貿易商事株式会社**

事業場の所在地　**東京都港区芝浦町5-6-1**

事業の種類　**卸売業**

④ 特別加入予定者　加入予定者数　計　3　名

＊この用紙に記載しきれない場合には、別紙に記載すること。

特別加入予定者	派遣先		派遣先の事業において従事する業務の内容（業務内容、地位・役職名、労働者の人数及び就業時間など）	希望する給付基礎日額
フリガナ 氏名 ナガノ ヨシオ **長野 良男** 生年月日 昭和45年12月9日	事業の名称 **東京貿易商事株式会社** **上海支店** 事業場の所在地	派遣先国	上海支店長（代表者） 使用労働者15人 所定労働時間9:00~18:00 製品購買に関する統括業務	16,000 円
フリガナ 氏名 カナザワ タダシ **金沢 正** 生年月日 昭和60年9月24日	事業の名称 **同上** 事業場の所在地	派遣先国	購買課員 製品の購買	14,000 円
フリガナ 氏名 トミヤマ コウイチ **富山 孝一** 生年月日 平成2年1月1日	事業の名称 **同上** 事業場の所在地	派遣先国	同上	14,000 円
フリガナ 氏名 生年月日 年 月 日	事業の名称 事業場の所在地	派遣先国		円

⑤ 特別加入を希望する日（申請日の翌日から起算して30日以内）　　令和5年10月1日

折り曲げる場合には▶の所で折り曲げてください。

上記のとおり特別加入の申請をします。

令和5年9月21日

東京　労働局長　殿

〒108-0008　　電話（03）5544-3210

団体又は事業主の住所　**東京都港区芝浦町5-6-1**

団体の名称又は事業主の氏名　**東京貿易商事株式会社　代表取締役　秋田 学**

（法人その他の団体であるときはその名称及び代表者の氏名）

社員が退職するときの雇用保険の手続き

● どんな離職理由があるのかをおさえておく

社員が離職したときに雇用保険の資格を喪失させる手続きを行います。おもな離職理由には、①～⑥があります。

① 自己都合
② 契約期間満了
③ 定年
④ 取締役就任
⑤ 移籍出向
⑥ 解雇

離職者が雇用保険の失業給付を受けるために離職票の交付を希望したときは、この資格喪失届に加えて雇用保険被保険者離職証明書（第4章参照）を作成します。

【届出】

事業主が、離職した日の翌日から10日以内に雇用保険被保険者資格喪失届（次ページ）を、管轄の公共職業安定所へ届け出ます。

【添付書類】

原則として雇用保険被保険者離職証明書を添付しますが、本人が離職票の交付を希望しないときは添付する必要がありません。ただ、離職日において59歳以上の人の場合は必ず離職証明書を添付します。その他の添付書類には、ⓐ労働者名簿、ⓑ出勤簿、ⓒ賃金台帳、などがあります。

【ポイント】

離職理由によっては事実確認のための書類の提出が必要になることがあります。

書式10　雇用保険被保険者資格喪失届··················

様式第4号（第7条関係）　（第1面）　（移行処理用）

雇用保険被保険者資格喪失届

標準字体 `0 1 2 3 4 5 6 7 8 9`
（必ず第2面の注意事項を読んでから記載してください。）

帳票種別
`1 7 9 1`

1. 個人番号
`2 3 4 5 6 7 8 9 0 1 2 3`

2. 被保険者番号
`5 0 1 8 - 1 3 5 2 4 6 - 1`

3. 事業所番号
`1 3 0 6 - 7 8 9 1 2 3 - 4`

4. 資格取得年月日
`4 - 2 6 0 8 0 1`
元号（3 昭和 / 4 平成 / 5 令和）　年　月　日

5. 離職等年月日
`5 - 0 5 0 3 2 0`
元号　年　月　日

6. 喪失原因
`2`
1 離職以外の理由
2 3以外の離職
3 事業主の都合による離職

7. 離職票交付希望
`1`
（1 有 / 2 無）

8. 1週間の所定労働時間
`4 0 0 0`
時間　分

9. 補充採用予定の有無
`1`
（空白 無 / 1 有）

10. 新氏名　フリガナ（カタカナ）

※公共職業安定所記載欄

11. 喪失時被保険者種類 `□`（3 日雇）

12. 国籍・地域コード `□□□`（18欄に対応するコードを記入）

13. 在留資格コード `□□`（19欄に対応するコードを記入）

---- 14欄から19欄までは、被保険者が外国人の場合のみ記入してください。----

14. 被保険者氏名（ローマ字）又は新氏名（ローマ字）（アルファベット大文字で記入してください。）

被保険者氏名（ローマ字）又は新氏名（ローマ字）（続き）

15. 在留カードの番号（在留カードの右上に記載されている12桁の英数字）

16. 在留期間　西暦　年　月　日　まで

17. 派遣・請負就労区分
1 派遣・請負労働者として主として当該事業所以外で就労していた場合
2 1に該当しない場合

18. 国籍・地域 (　　　　　)

19. 在留資格 (　　　　　)

20. （フリガナ）	カトウ　サトシ	21. 性別	22. 生年月日
被保険者氏名	加藤　聡	男・女	大正・昭和・平成・令和 49 年 10 月 3 日
23. 被保険者の住所又は居所	足立区足立1-2-3		
24. 事業所名称	株式会社 緑商会	25. 氏名変更年月日	令和　年　月　日
26. 被保険者でなくなったことの原因	転職希望による退職		

雇用保険法施行規則第7条第1項の規定により、上記のとおり届けます。

〒141-0000
住　所　品川区五反田1-2-3

事業主　氏　名　株式会社 緑商会
代表取締役　鈴木 太郎

電話番号　03-3321-1123

令和 5 年 3 月 27日

品川 公共職業安定所長　殿

社会保険労務士記載欄	作成年月日・提出代行者・事務代理者の表示	氏　名	電話番号	安定所備考欄	

※	所長	次長	課長	係長	係	操作者	確認通知年月日　令和　年　月　日

2021.9

8 労働者が転勤したときの届出

● 複数の事業所が単独で適用事業所になっている場合に利用する

　ひとつの会社内に複数の事業所（支店・営業所など）があり、それらが単独で雇用保険の適用事業所になっている場合があります。そのような事業所間で転勤をしたときは雇用保険についても転勤の届出をする必要があります。一方、社会保険の場合は、転勤前の事業所に資格喪失届を、転勤後の事業所に資格取得届を提出します。

【届出】

　転勤した日の翌日から10日以内に、事業主が、雇用保険被保険者転勤届（次ページ）を転勤後の事業所管轄の公共職業安定所に届け出ます。

【添付書類】

　異動辞令などの書類、賃金台帳、資格取得時に交付された①雇用保険被保険者証、②雇用保険資格喪失届を添付します。

【ポイント】

　「事業所非該当承認申請書」（248ページ）を提出して、承認を受けたことにより転勤前と転勤後の事業場が1つの事業場とみなされている場合には、提出の必要はありません。

　なお、大きな会社では、支店・営業所への転勤だけでなく、関係会社への転勤（転籍）も考えられます。関係会社への転勤（転籍）の場合には、同じ転勤であっても支店や営業所と違って法人が別になりますので、転勤届ではなく、社会保険と同じように、転勤（転籍）前の会社で資格喪失届を、転勤（転籍）後の会社で資格取得届を提出することになります。

書式11 雇用保険被保険者転勤届······················

様式第10号（第13条関係）（第1面）　　**雇用保険被保険者転勤届**

（必ず第2面の注意事項を読んでから記載してください。）

帳票種別

`1 4 1 0 6`

1.被保険者番号

`3 4 2 1 - 5 6 7 8 9 0 - 1`

2.生年月日

`3 - 5 1 0 5 2 3` （2 大正　3 昭和 / 4 平成　5 令和）
元号　　年　　月　　日

3.被保険者氏名　高田 宏之　　**フリガナ（カタカナ）**

`タカダ　ヒロユキ`

4欄は、被保険者が外国人の場合のみ記入してください。

4.被保険者氏名（ローマ字）（アルファベット大文字で記入してください。）

（空欄）

被保険者氏名〔続き（ローマ字）〕

（空欄）

5.資格取得年月日

`5 - 0 5 0 7 2 1` （3 昭和 4 平成 / 5 令和）
元号　　年　　月　　日

6.事業所番号

`1 3 0 7 - 4 2 6 8 0 2 - 4`

7.転勤前の事業所番号

`1 3 0 6 - 7 8 9 1 2 3 - 4`

8.転勤年月日

`5 - 0 5 1 1 0 1` （4 平成 5 令和）
元号　　年　　月　　日

9.転勤前事業所 名称・所在地　［ 株式会社 緑商会　品川区五反田1-2-3 ］

10.（フリガナ）変更前氏名		11. 氏名変更年月日	令和　　　年　　　月　　　日

12. 備考	

雇用保険法施行規則第13条第1項の規定により上記のとおり届けます。

令和 **5** 年 **11** 月 **10** 日

住　所　**福岡市博多区天神本町2-1-5**

事業主　氏　名　**株式会社 緑商会 福岡営業所 営業所長 秋山 治雄**

電話番号　**092-123-4680**

福岡中央赤坂駅前庁舎
公共職業安定所長　殿

社会保険 労務士 記載欄	作成年月日・提出代行者・事務代理者の表示	氏　　　名	電 話 番 号

※所長	次長	課長	係長	係	操作者

※備考	
確認通知　令和　　年　　月　　日	

（この用紙は、このまま機械で処理しますので、汚さないようにしてください。）

2021.9

育児休業給付を受給するための手続き

● 育児休業給付金を受けるには

少子化や女性の社会進出に対応するため、育児休業を取得しやすくし、また、育児休業中の生活を支援することを目的として雇用保険から給付されるのが育児休業給付です。令和4年10月からは、通常の育児休業とは別に、女性の産後休業中（産後8週間）に男性が育児休業を取得できる「産後パパ育休」（出生時育児休業）の制度の開始され、取得に伴い雇用保険から出生児育児休業給付金の給付を受けることができるようになっています。

育児休業給付金は、雇用保険の被保険者が、1歳（「パパ・ママ育休プラス制度」を利用する場合は1歳2か月）未満の子を養育するため（出生時育児休業給付金は、子の出生日または出産予定日から8週間を経過する日の翌日まで）に育児休業を取得した場合に、産前産後休業開始前（出生時育児休業給付金は、休業開始日前）の2年間に賃金支払い基礎日数（就労日数）が11日以上ある完全月が12か月以上ある場合に被保険者期間の要件を満たします。11日以上の月が12か月ない場合、完全月で賃金の支払い基礎となった就労時間数が80時間以上の月を1か月として算定します。

【支給期間】

育児休業給付金の支給対象期間は産後休業を終了した日の翌日から、子が満1歳となる日（誕生日の前日）の前日まで（出生時育児休業給付金は、子の出生日または出産予定日から8週間を経過する日の翌日まで）です。

ただし、「パパ・ママ育休プラス制度」を利用して通常の育児休業を取得する場合、一定の要件を満たすことによって子が1歳2か月に

達する日の前日までに支給対象期間が延長されます。また、保育所等に申込みを行っているが入所できない等の事由がある場合には、1歳6か月または2歳まで延長されることがあります。

【支給金額】

　育児休業開始から180日は、休業開始時賃金日額の67％の額です。181日以降は50％の額となります。出生時育児休業給付金は、休業開始時賃金日額×休業期間日数（上限28日）の67％となります。

　休業開始時賃金日額とは、育児休業給付金・出生時育児休業給付金ともに、育児休業を始める前の6か月間（休業開始前の2年間に完全月が6か月ない場合は、完全月で賃金の支払い基礎となった就労時間数が80時間以上の月を含む）の賃金を180で割った金額です。令和6年7月31日までの育児休業給付金の支給上限額は、310,143円（支給率67％の場合）、出生時育児休業給付金の休業開始時賃金日額の上限額は、15,430円となっています。

【請求手続】

　育児休業給付金については、受給資格の確認のみを行う場合は、事業主は初回の支給申請を行う日までに休業開始時賃金月額証明書（書式12）を提出します。ただし、事業主を経由して受給資格の確認と初回の支給申請を同時に行う場合は、休業開始日から起算して4か月を経過する日の属する月の末日までに提出することができます。同時手続きの場合は、管轄のハローワークに休業開始時賃金月額証明書（書式12）と育児休業給付受給資格確認票・（初回）育児休業給付金支給申請書（書式13）を提出します。2回目以降の申請は、ハローワークから交付される育児休業給付金支給申請書を提出します。原則として、2カ月ごとに2か月分を申請します。支給申請期間と支給申請日は、交付される申請書に印字してあります。出生時育児休業給付金については、休業開始時賃金月額証明書（書式12）と育児休業給付受給資格確認票・出生時育児休業給付金支給申請書（書式14）を提出しま

す。なお、出生時育児休業給付金は、受給資格確認と支給申請を同時に行う必要があります。

【ポイント】

　育児休業給付金・出生時育児休業給付金の支給対象期間中に賃金が支払われた場合は、その支給率に応じて支給額が減額調整、または全額支給されないことがあります。

■ 育児休業給付金の支給を受けるための手続き　······················

	出生時育児休業給付金	育児休業給付金
申請者	育児休業を取得する被保険者を雇用している事業主	
提出書類	・育児休業給付受給資格確認票・出生時育児休業給付金支給申請書 ・休業開始時賃金月額証明書	【初回申請時】 ・育児休業給付受給資格確認票・（初回）育児休業給付金支給申請書 ・休業開始時賃金月額証明書 【2回目申請時以降】 ・育児休業給付金支給申請書
添付書類	賃金台帳、出勤簿、育児休業申出書、母子手帳など	賃金台帳、出勤簿、母子手帳など
提出先	事業所の所在地を管轄するハローワーク（電子申請も可能）	
申請期限	子の出生日（出産予定日前に出産した場合は出産予定日）から8週間を経過する日の翌日〜2か月を経過する日の属する月の末日まで	【受給確認のみの場合】 初回の申請を行う日まで 【受給確認と申請が同時の場合】 育児休業開始日から4か月経過する日の属する月の末日まで

書式12　雇用保険被保険者休業開始時賃金月額証明書…

雇用保険被保険者　休業開始時賃金月額証明書　　所定労働時間短縮開始時賃金証明書（事業主控）　（介護・育児）

①被保険者番号	1234-567890-1	③フリガナ	ミナミカワ ヨウコ	④休業等を開始した日の年月日	令和 5 2 7
②事業所番号	5900-000010-0	休業等を開始した者の氏名	南川 洋子		

⑤名称	緑商会	⑥休業等を開始した者の住所又は居所	〒145-0003　東京都大田区池上東2-2-2　電話番号（090）0001-0002
事業所所在地	東京都品川区五反田1-2-3		
電話番号	03-3321-1123		

事業主	住所	東京都品川区五反田1-2-3
	氏名	代表取締役 鈴木 太郎

休業等を開始した日前の賃金支払状況等

⑦休業等を開始した日の前日に離職したとみなした場合の被保険者期間算定対象期間	⑧⑦の期間における賃金支払基礎日数	⑨賃金支払対象期間	⑩⑨の基礎日数	⑪賃金額 A	B	計	⑫備考
休業等を開始した日 2月7日							
1月7日～休業等を開始した日の前日	0日	1月1日～休業等を開始した日の前日	0日	0			自2022.11.1 至2023.2.6 98日間 出産のため
12月7日～1月6日	0日	12月1日～12月31日	0日	0			賃金支払なし
11月7日～12月6日	0日	11月1日～11月30日	0日	0			
10月7日～11月6日	18日	10月1日～10月31日	31日	229,500			
9月7日～10月6日	30日	9月1日～9月30日	30日	229,500			
8月7日～9月6日	31日	8月1日～8月31日	31日	229,500			
7月7日～8月6日	31日	7月1日～7月31日	31日	229,500			
6月7日～7月6日	30日	6月1日～6月30日	30日	229,500			
5月7日～6月6日	31日	5月1日～5月31日	31日	229,500			
4月7日～5月6日	30日	4月1日～4月30日	30日	229,500			
3月7日～4月6日	31日	3月1日～3月31日	31日	229,500			
2月7日～3月6日	28日	2月1日～2月28日	28日	229,500			
1月7日～2月6日	31日	1月1日～1月31日	31日	229,500			
12月7日～1月6日	31日	12月1日～12月31日	31日	229,500			
11月7日～12月6日	30日	11月1日～11月30日	30日	229,500			
月 日～		月 日～					
月 日～		月 日～					
月 日～		月 日～					
月 日～		月 日～					
月 日～		月 日～					

⑬賃金に関する特別事項

休業開始時賃金月額証明書・所定労働時間短縮開始時賃金証明書　受理　令和　年　月　日　（受理番号　　番）

⑭（休業開始時における）雇用期間　イ 定めなし　ロ 定めあり→令和　年　月　日まで（休業開始日を含めて　年　か月）

公共職業安定所長記載欄

次の4つの書類を添付してください。
1. 育児休業給付受給資格確認票　2. 出勤簿（タイムカード）
3. 賃金台帳　4. 出産日の確認できる書類の写（母子手帳・住民票等）

注意
1　事業主は、公共職業安定所からこの休業開始時賃金月額証明書又は所定労働時間短縮開始時賃金証明書（事業主控）（以下「休業開始時賃金月額証明書」という。）の返付を受けたときは、これを4年間保管し、関係職員の要求があったときは提示すること。
2　休業開始時賃金月額証明書等の記載方法については、別紙「雇用保険被保険者休業開始時賃金月額証明書についての注意」を参照すること。
3　「休業等を開始した日」とあるのは、当該被保険者が介護休業又は育児休業を開始した日若しくは当該被保険者が要介護状態にある対象家族を介護するため若しくは小学校就学の期間に達するまでの子を養育するための休業又は当該被保険者が要介護状態にあり対象家族を介護すること若しくは就業しつつその子を養育することを容易にするための所定労働時間短縮措置を適用した日となる。
なお、被保険者が労働基準法の規定による産前・産後休業に引き続いて、育児休業を小学校就学の始期に達するまでの子を養育するため取得する場合は出産日から起算して58日に当たる日と、当該被保険者が就業しつつその子を養育することを容易にするための所定労働時間短縮措置を適用した場合は当該適用日が、「休業等を開始した日」となる。

社会保険労務士記載欄	作成年月日・提出代行者・事務代理者の表示	氏名	電話番号

194

書式13　育児休業給付金支給申請書………………………………

■ 第101条の30関係（第1面）

育児休業給付受給資格確認票・（初回）育児休業給付金支給申請書
（必ず第2面の注意書きをよく読んでから記入してください。）

帳票種別　`1 4 4 0 5`　1.被保険者番号 `1 2 3 4 - 5 6 7 8 9 0 - 1`　2.資格取得年月日 `4 - 2 0 0 4 0 1`

3.被保険者氏名 `南川　洋子`　フリガナ（カタカナ） `ミ ナ ミ カ ワ　ヨ ウ コ`

4.事業所番号 `5 9 0 0 - 0 0 0 0 1 0 - 0`　5.育児休業開始年月日 `5 - 0 5 0 2 0 7`　6.出産年月日（3昭和 4平成 5令和）`5 - 0 4 1 2 1 2`

8.過去に同一の子について出生時育児休業または育児休業取得の有無 `　`　9.個人番号 `9 8 7 6 5 4 3 2 1 2 3 4`　7.出産予定日 `- 　 -`

10.被保険者の住所（郵便番号）`1 4 5 - 0 0 0 3`　12.被保険者の電話番号（項目ごとにそれぞれ左詰めで記入してください。）市外局番 `0 9 0` 市内局番 `- 0 0 0 1` 番号 `- 0 0 0 2`

11.被保険者の住所（漢字）※市・区・郡及び町村名 `大 田 区 池 上 東`

被保険者の住所（漢字）※丁目・番地 `2 - 2 - 2`

被保険者の住所（漢字）※アパート、マンション名等

13.支給単位期間その1　（初日）`5 - 0 5 0 2 0 7` （末日）`- 0 3 0 6`（4平成 5令和）　14.就業日数 `0`　15.就業時間 `0`　16.支払われた賃金額 `0` 円

17.支給単位期間その2　（初日）`5 - 0 5 0 3 0 7` （末日）`- 0 4 0 6`（4平成 5令和）　18.就業日数 `0`　19.就業時間 `0`　20.支払われた賃金額 `0` 円

21.最終支給単位期間　（初日）`-` （末日）`-`（4平成 5令和）　22.就業日数 ` `　23.就業時間 ` `　24.支払われた賃金額 ` ` 円

25.職場復帰年月日 `-`　26.支給対象となる期間の延長事由－期間　事由 ` ` 元号 `-`

27.配偶者育休取得 ` `　28.配偶者の被保険者番号 ` `　29.育児休業再取得理由 ` `　31.休業等の消滅年月日 `-`

※公共職業安定所記載欄

30.期間雇用者等の継続雇用の否認 ` `　32.延長等否認 ` `　33.産後休業表示 ` `　34.賃金月額（区分－日額又は総額）` `　35.当初の育児休業開始年月日 `-`

36.受給資格確認年月日 `-`（4平成 5令和）　37.受給資格否認 ` `　38.支給申請月 ` `（1奇数月 2偶数月）　39.次回支給申請年月日 `-`

40.支払区分 ` `　41.金融機関・店舗コード ` ` 口座番号 ` `　42.末支給区分 ` `

上記被保険者が育児休業を取得し、上記の記載事実に誤りがないことを証明します。
令和 5 年 4 月 15 日　事業所名（所在地・電話番号）緑商会 東京都品川区五反田1－2－3 03-3321-1123　事業主名　代表取締役　鈴木太郎

上記のとおり育児休業給付の受給資格の確認を申請します。
雇用保険法施行規則第101条の30の規定により、上記のとおり育児休業給付金の支給を申請します。
令和 5 年 4 月 15 日　品川 公共職業安定所長 殿　申請者氏名 フリガナ ミナミカワ ヨウコ 南川 洋子

43.払渡希望金融機関指定届　フリガナ トウザイ イケガミ　名称 東西銀行 池上　金融機関コード `0 1 2 3` 店舗コード `4 5 6`　銀行等（ゆうちょ銀行以外）口座番号（普通）1122333　ゆうちょ銀行 記号番号（総合）

備考　賃金締切日 31日　賃金支払日 当月・翌月 25日　通勤手当 有・無（毎月・3か月・6か月・無）

※処理欄　資格確認の可否 可・否　資格確認年月日 令和 年 月 日　通知年月日 令和 年 月 日

社会保険労務士記載欄　作成年月日・提出代行者・事務代理者の表示　氏名　電話番号

※　所長　次長　課長　係長　係　操作者

2022.9

書式14　育児休業給付受給資格確認票・出生時育児休業給付金支給申請書

■　第101条の33関係（第1面）

育児休業給付受給資格確認票・出生時育児休業給付金支給申請書
（必ず第2面の注意書きをよく読んでから記入してください。）

帳票種別　`1 0 4 0 7`　1.被保険者番号 `9 8 7 6 - 5 4 3 2 1 0 - 1`　2.資格取得年月日 `4 - 2 0 0 4 0 1`
元号

3.被保険者氏名 `南川　貴志`　フリガナ（カタカナ）`ミ ナ ミ カ ワ　タ カ シ`

4.事業所番号 `5 9 0 0 - 0 0 0 0 1 0 - 0`　5.育児休業開始年月日 `5 - 0 4 1 2 1 0`　6.出産年月日 `5 - 0 4 1 2 1 2`
元号　年　月　日　元号　年　月　日

8.個人番号 `9 8 7 6 5 4 3 2 1 1 2 3`　7.出産予定日 `5 - 0 4 1 2 1 0`
元号　年　月　日
（ 3昭和 4平成 5令和 ）

9.被保険者の住所（郵便番号）`1 4 5 - 0 0 0 3`

10.被保険者の住所（漢字）※市・区・郡及び町村名
`大 田 区 池 上 東`

被保険者の住所（漢字）※丁目・番地
`2 - 2 - 2`

被保険者の住所（漢字）※アパート、マンション名等

11.被保険者の電話番号（項目ごとにそれぞれ左詰めで記入してください。）
市外局番 `0 8 0`　市内局番 `4 4 4 3`　番号 `5 5 5 6`

12.支給期間その1（初日）（末日）	13.就業日数	14.就業時間	15.支払われた賃金額
`5 - 0 4 1 2 1 2 - 1 2 1 6`（5令和）	`1`	`7`時間	`7 0 0 0`円
元号　年　月　日　年　月　日

16.支給期間その2（初日）（末日）	17.就業日数	18.就業時間	19.支払われた賃金額
`5 - 0 5 0 1 3 0 - 0 2 0 3`（5令和）	`2`	`7`時間	`1 4 0 0 0`円
元号　年　月　日　年　月　日

（この用紙は、このまま機械で処理しますので、汚さないようにしてください。）

※公共職業安定所記載欄

20.期間雇用者の継続雇用の見込み　　21.賃金月額（区分一日額又は総額）
（1日額）
（2総額）

22.当初の育児休業開始年月日
元号　年　月　日

23.受給資格確認年月日（5令和）　　24.受給資格否認（受給資格なしと判断した場合に「1」を記入）
元号　年　月　日

25.支払区分　26.金融機関・店舗コード　口座番号　　27.未支給区分（1 支給末支給以外　1 未支給）

上記被保険者が出生時育児休業を取得し、上記の記載事実に誤りがないことを証明します。

事業所名（所在地・電話番号）緑商会　東京都品川区五反田1-2-3 03-3321-1123
令和 5 年 2 月 10 日　事業主名　代表取締役 鈴木太郎

上記のとおり育児休業給付の受給資格の確認を申請します。
雇用保険法施行規則第101条の33の規定により、上記のとおり出生時育児休業給付金の支給を申請します。
令和 5 年 2 月 10 日　品川 公共職業安定所長 殿　フリガナ ミナミカワ タカシ　申請者氏名 南川 貴志

	28.払渡希望金融機関	フリガナ 名 称	トウザイ　イケガミ		金融機関コード	店舗コード
払渡希望金融機関指定届			東西銀行　池上	本店・支店	`0 1 2 3`	`4 5 6`
	銀行等（ゆうちょ銀行以外）	口座番号	（普通）`4 4 5 5 6 6 7`			
	ゆうちょ銀行	記号番号	（総合）			

備考　賃金締切日 ⦿31日・当月末　通勤手当 ⦾有・無　⦾毎月・3か月・6か月　賃金支払日 当月・翌月 25日

※処理欄　資格確認の可否　可・否　資格確認年月日 令和 年 月 日　通知年月日 令和 年 月 日

社会保険労務士記載欄　作成年月日・提出代行者・事務代理者の表示　氏名　電話番号

※所長　次長　課長　係長　係　操作者

2022. 9

196

介護休業給付を受給するための手続き

● どのような人が対象なのか

　介護休業の取得者は雇用保険から介護休業給付を受給することができます。まず、以下の要件を満たす者が、介護休業給付の支給対象者となります。

・雇用保険の一般被保険者であること
・介護休業開始日前の2年間に、賃金支払い基礎日数が11日以上ある完全月が12か月以上あること（11日以上の月が12か月ない場合、完全月で賃金支払いの基礎となった就労時間数が80時間以上の月を含む）
・事業主に対して介護休業の開始日と終了日を申し出ていること

　ただし、介護休業を開始する時点で介護休業終了後に離職することが決まっている場合は対象になりませんので、注意が必要です。なお、期間を定めて雇用されている労働者でも、原則として休業開始予定日から93日を経過する日から6か月を経過するまでに、労働契約が満了することが明らかでない、という要件を満たす場合は支給対象になります。

　次に、支給対象者が以下の支給要件を満たせば、介護休業給付金を受けることができます。

・支給単位期間（介護休業開始日から起算して1か月ごとの期間）の初日から末日まで継続して被保険者資格があること
・支給単位期間に、就業している日数が10日以下であること
・支給単位期間に支給された賃金が、休業を開始した時の賃金月額の80％未満であること

● 対象となる家族は

　介護休業を取得することができるのは、負傷や疾病などにより、精神もしくは身体に障害があり、2週間以上常時介護を必要とする状態にある、次の範囲内の家族を介護する場合です。

> ①配偶者（事実婚の相手でも可）、②父母（養父母でも可）、③子（養子でも可）、④配偶者の父母（養父母でも可）、⑤祖父母、⑥兄弟姉妹、⑦孫

● どの程度の期間受給できるのか

　介護休業給付金の支給期間は、1人の家族につき介護休業開始日から最長3か月（93日）を限度として、3回までの分割取得に伴う分割支給が可能となっています。

　1回目が3か月（93日）の期間より早く介護休業を終了した場合、2回目の介護休業のうち、1回目と合算して93日目になるまでは介護休業給付を受給できます。たとえば1回目の介護休業を2か月（62日間）で終えた場合は、2回目の介護休業は31日目までが介護休業給付の支給対象期間となります。

● どのくらい支給されるのか

　支給額は、原則として休業開始時賃金日額（介護休業を始める前の6か月間の賃金を180で割った金額）の67％です。介護休業給付金の支給期間中に事業主から賃金が支払われている場合は支給額が変わってきます。なお、介護休業給付金の1か月あたりの支給上限額は335,871円です（令和4年8月1日改定）。

【届出】

　事業主は、休業開始時賃金月額証明書（書式15）を、介護休業給付

金支給申請書を提出する日までにハローワークに提出します。ただし、事業主を経由して手続きを行う場合は、介護休業給付金支給申請書（書式16）と同時にハローワークに提出することができます。同時手続きの場合は、介護休業終了日（介護休業の期間が３か月以上になる場合は、介護休業開始の日から３か月を経過した日）の翌日から２か月を経過した日の属する月の末日までに提出します。

　添付書類として、介護休業申出書、住民票記載事項証明書、出勤簿やタイムカード、賃金台帳が必要になります。

【ポイント】

　休業終了日が含まれるなどで１か月に満たない支給対象期間は、就業日数が10日以下、かつ、休業日が１日以上である必要があります。同一の対象家族につき、介護休業を分割して取得し、分割支給を受ける場合は、同じ介護状態であるかどうかは問われません。

■ 介護休業給付の概要 ……………………………………………

給付対象者

・雇用保険の一般被保険者
・休業期間の初日と末日を明らかにして事業主に介護休業の申出をしていること
・就業している日が 10 日以下
・雇用期間などに関する条件を満たすこと

給付される期間

・一人の家族につき 93 日を限度に３回まで

給付額

・休業開始時の賃金日額の 67%
・１か月あたりの支給上限額は 341,298 円（令和５年８月１日改定）

その他の条件

・常時介護（２週間以上）を必要とする家族の介護であること

書式15　雇用保険被保険者休業開始時賃金月額証明書…

| 雇用保険被保険者 | 休業開始時賃金月額証明書 （事業主控）
所定労働時間短縮開始時賃金証明書 | | | 介護・育児 |

① 被保険者番号	1 2 3 4 - 5 6 7 8 9 0 - 1	フリガナ	ミナミカワ ヨウコ	④ 休業等を 開始した日の 年 月 日	令和	5	2	7
② 事業所番号	5 9 0 0 - 0 0 0 0 1 0 - 0	休業等を開始した者の氏名	南川 洋子					

③ 事業所	名　称	緑商会	⑥ 休業等を 開始した者の 住所又は居所	〒 145-0003
	所在地	東京都品川区五反田１−２−３		東京都大田区池上東２−２−２
	電話番号	03 -3321 -1123		電話番号（ 090 ）0001 − 0002

事業主	住所	東京都品川区五反田１−２−３
	氏名	代表取締役 鈴木 太郎

休業等を開始した日前の賃金支払状況等

⑦休業等を開始した日の前日に離職したとみなした場合の被保険者期間算定対象期間	⑧⑦の期間における賃金支払基礎日数	⑨賃金支払対象期間	⑩⑨の基礎日数	⑪ 賃 金 額			⑫ 備考
休業等を開始した日 2月7日				Ⓐ	Ⓑ	計	
1 月 7 日 ~ 休業等を開始した日の前日	31日	1 月 1 日 ~ 休業等を開始した日の前日	31日	229,500			
12 月 7 日 ~ 1 月 6 日	31日	12 月 1 日 ~ 12 月 31 日	31日	229,500			
11 月 7 日 ~ 12 月 6 日	30日	11 月 1 日 ~ 11 月 30 日	30日	229,500			
10 月 7 日 ~ 11 月 6 日	31日	10 月 1 日 ~ 10 月 31 日	31日	229,500			
9 月 7 日 ~ 10 月 6 日	30日	9 月 1 日 ~ 9 月 30 日	30日	229,500			
8 月 7 日 ~ 9 月 6 日	31日	8 月 1 日 ~ 8 月 31 日	31日	229,500			
7 月 7 日 ~ 8 月 6 日	31日	7 月 1 日 ~ 7 月 31 日	31日	229,500			
6 月 7 日 ~ 7 月 6 日	30日	6 月 1 日 ~ 6 月 30 日	30日	229,500			
5 月 7 日 ~ 6 月 6 日	31日	5 月 1 日 ~ 5 月 31 日	31日	229,500			
4 月 7 日 ~ 5 月 6 日	30日	4 月 1 日 ~ 4 月 30 日	30日	229,500			
3 月 7 日 ~ 4 月 6 日	31日	3 月 1 日 ~ 3 月 31 日	31日	229,500			
2 月 7 日 ~ 3 月 6 日	28日	2 月 1 日 ~ 2 月 28 日	28日	229,500			
1 月 7 日 ~ 2 月 6 日	31日	1 月 1 日 ~ 1 月 31 日	31日	229,500			
12 月 7 日 ~ 1 月 6 日	31日	12 月 1 日 ~ 12 月 31 日	31日	229,500			
11 月 7 日 ~ 12 月 6 日	30日	11 月 1 日 ~ 11 月 30 日	30日	229,500			
月 日 ~ 月 日	日	月 日 ~ 月 日	日				
月 日 ~ 月 日	日	月 日 ~ 月 日	日				
月 日 ~ 月 日	日	月 日 ~ 月 日	日				
月 日 ~ 月 日	日	月 日 ~ 月 日	日				
月 日 ~ 月 日	日	月 日 ~ 月 日	日				

⑬賃金に関する特記事項		休業開始時賃金月額証明書 所定労働時間短縮開始時賃金証明書 受理 令和 年 月 日 （受理番号 号）
⑭（休業開始時における）雇用期間	イ 定めなし　　ロ 定めあり → 令和 年 月 日まで（休業開始日を含めて 年 カ月）	

休 所
公 開
共 始
職 時
業 賃
安 金
定 月
所 額
記 証
載 明
欄 書

注意
1　事業主は、公共職業安定所からこの休業開始時賃金月額証明書又は所定労働時間短縮開始時賃金証明書（事業主控）（以下「開始時賃金証明書等」という。）の返付を受けたときは、これを４年間保管し、関係職員の要求があったときは提示すること。
2　休業開始時賃金証明書等の記載方法については、別紙「雇用保険被保険者休業開始時賃金月額証明書等についての注意」を参照すること。
3　「休業等を開始した日」とあるのは、当該被保険者が介護休業又は育児休業を開始した日及び当該被保険者が要介護状態にある対象家族を介護するため若しくは小学校就学の始期に達するまでの子を養育するための休業又は当該被保険者がその要介護状態にある対象家族を介護するため若しくはその子を養育するための所定労働時間短縮措置の適用を受けた日のことである。
なお、被保険者が労働基準法の規定による産前・産後休業に引き続いて、育児休業又は小学校就学の始期に達するまでの子を養育するための休業を取得する場合は出産日から起算して58日目に当たる日が、又は当該被保険者が就業しつつその子を養育することを容易にするための所定労働時間短縮措置を適用する場合は当該適用日が、「休業等を開始した日」となる。

社会保険労務士記載欄	作成年月日・提出代行者・事務代理者の表示	氏　　　名	電話番号

書式16　介護休業給付金支給申請書

■　様式第33号の6（第101条の19関係）（第1面）

介護休業給付金支給申請書

（必ず第2面の注意書きをよく読んでから記入してください。）

帳票種別　`1 6 6 0 1`

1. 介護休業被保険者の個人番号　`7 8 7 6 5 4 3 2 1 2 3 4 5`

2. 被保険者番号　`1 2 3 4 - 5 6 7 8 9 0 - 1`

3. 資格取得年月日　`4 - 0 5 0 4 0 1`（3 昭和　4 平成 / 5 令和）　元号　年　月　日

4. 被保険者氏名　`南川　洋子`　フリガナ（カタカナ）`ミ ナ ミ カ ワ ヨ ウ コ`

5. 事業所番号　`5 9 0 0 - 0 0 0 0 1 0 - 1`

6. 姓（漢字）`南川`　7. 名（漢字）`洋子`

8. 介護休業開始年月日　`5 - 0 5 0 2 0 7`　元号　年　月　日

9. 介護対象家族の個人番号　`3 8 7 6 5 4 3 2 1 2 3 4`

10. 介護対象家族の姓（カタカナ）`ミ ナ ミ カ ワ`

11. 介護対象家族の名（カタカナ）`イ チ ロ ウ`

12. 介護対象家族の性別 `1`（1 男 / 2 女）

13. 介護対象家族の続柄 `2`（1 配偶者 / 2 父母 / 3 子 / 4 配偶者の父母 / 5 祖父母 / 6 兄弟姉妹 / 7 孫）

14. 介護対象家族の姓（漢字）`南川`

15. 介護対象家族の名（漢字）`一郎`

16. 介護対象家族の生年月日　`3 - 2 2 0 3 0 5`（1 明治 4 平成 / 2 大正 5 令和 / 3 昭和）元号　年　月　日

17. 支給対象期間その1（初日）`5 - 0 5 0 2 0 7` -（末日）`0 3 0 6`　元号　年　月　日

18. 全日休業日数 `2 8`

19. 支払われた賃金額 `0` 円

20. 支給対象期間その2（初日）`5 - 0 5 0 3 0 7` -（末日）`0 4 0 6`　元号　年　月　日

21. 全日休業日数 `3 1`

22. 支払われた賃金額 `0` 円

23. 支給対象期間その3（初日）`5 - 0 5 0 4 0 7` -（末日）`0 5 0 6`　元号　年　月　日

24. 全日休業日数 `3 0`

25. 支払われた賃金額 `0` 円

26. 介護休業終了年月日　`-`（介護休業期間が93日未満のとき記入）元号　年　月　日

27. 終了事由（1 職場復帰 / 2 休業事由の消滅）

※公共職業安定所記載欄

28. 賃金月額（区分・日額又は総額）`-`（1 日額 / 2 総額）　円

29. 同一対象家族に係る介護休業開始年月日　年　月　日

30. 期間雇用者の継続雇用の見込み

31. 支払区分

32. 金融機関・店舗コード　口座番号

33. 未支給区分（空欄 未支給以外 / 1 未支給）

34. 処理区分（空欄 一括処理 / 1 否認（期間）/ 2 否認（対象家族）/ 3 資格喪失のみ / 4 否認のみ / 5 否認（93日超）/ 6 否認（取得回数））

35. 特殊事項（1 チェック不要 / 2 再開（他の休業の終了）/ 3 再開（被保険者資格再取得））

上記被保険者が介護休業を取得し、上記の記載事実に誤りがないことを証明します。
事業所名（所在地・電話番号）緑商会　東京都品川区五反田1-2-3　03-3321-1123
令和 5 年 5 月 15 日　事業主氏名　代表取締役　鈴木太郎

雇用保険法施行規則第101条の19の規定により、上記のとおり介護休業給付金の支給を申請します。
令和 5 年 5 月 15 日　品川区　公共職業安定所長　殿
住　所　東京都大田区池上東2-2-2　フリガナ ミナミカワ ヨウコ
申請者氏名　南川　洋子

払渡希望金融機関指定届	36. 払渡希望金融機関	フリガナ	トウザイ シナガワ		金融機関コード	店舗コード
		名称	東西銀行 品川　本店・支店		`0 1 2 3`	`4 5 6`
		銀行等（ゆうちょ銀行以外）口座番号（普通）	`7 7 7 7 7 7`			
		ゆうちょ銀行 記号番号（総合）	-			

備考
賃金締切日　当月 ・ 翌月 31 日　通勤手当（毎月・3か月・6か月・無）
賃金支払日　当月・翌月 25 日

※処理欄	支給決定年月日	令和　年　月　日
	支給決定額	円
	不支給理由	
	通知年月日	令和　年　月　日

社会保険労務士記載欄	作成年月日・提出代行者・事務代理者の表示	氏名	電話番号

※所長	次長	課長	係長	係	操作者

2021. 9

11 業務中や通勤途中にケガや病気をしたときの届出

● 業務中と通勤途中では使う書類が違う

　従業員が業務中や通勤途中のケガや病気が原因で労働することができず、給料を受けられない場合に休業（補償）給付を受けることができます。この場合、休業した日の４日目から所得補償として休業（補償）給付と休業特別支給金が支給されます。支給額は次のとおりです。

　休業（補償）給付 ＝ 給付基礎日額の60% × 休業日数

　休業特別支給金 ＝ 給付基礎日額の20% × 休業日数

　複数事業労働者（事業主が同一ではない複数の事業場に使用されている労働者）の場合は、給付基礎日額の部分が、複数の就業先にかかる給付基礎日額に相当する額を合算した額になります。

【請求手続】

　業務災害の場合は、休業補償給付支給請求書（204ページ）に治療を受けている医師から労務不能であった期間の証明を受け、管轄の労働基準監督署に提出します。複数事業労働者の場合も同じ様式を使用しますが、提出先は、災害が発生した事業場を管轄する労働基準監督署となります。複数業務要因災害の場合は、主に負荷があったと感じる事業場の管轄労働基準監督署が提出先となります。また、休業特別支給金も同一の様式で同時に請求を行うことができます。通勤災害の場合は、「休業給付支給請求書」を使用します。

【ポイント】

　休業の期間が長期になる場合は、１か月ごとに請求します。休業してから３日間（待期期間）の間は、休業（補償）給付は支給されません。ただ、業務災害の場合は事業主が待期期間の３日分を補償しなければなりません。その額は、平均賃金の60%以上とされています。

待期期間の３日間は、連続していても断続していてもかまいません。

休業日の初日は治療を受け始めた日になります。たとえば、ケガの発生が所定労働時間内であればその日が休業日の初日ということになります。しかし、ケガの発生が所定労働時間外の場合は、その日の翌日が休業日の初日となります。平均賃金算定内訳（206ページ）の計算方法は、原則として、業務中や通勤途中の災害によるケガや病気の原因となった事故が発生した日の直前の賃金締切日に、その従業員に対して支払われた給料の総額をその期間の暦日数で除した金額です。

給料の締切日があるときは災害発生日直前の給料の締切日からさかのぼった３か月間になります。書式の⑲の療養のため労働できなかった期間とは、病院などで療養を受けていて休業していることが前提になります。そのため、病院にかからず（医師の指示のない）自宅療養をしている場合は支給の対象になりません。「休業補償給付支給請求書」には、事業主の証明が必要になりますが、２回目以降の請求が退職後の場合は証明欄の記入は必要ありません。平均賃金算定内訳のAの賃金は、労働日数に関係なく一定の期間に支払われた賃金を記入します。月給制の人の基本手当や職務手当などがこれに該当します。Bは労働日数や労働時間数に応じて支払われた賃金を記入します。日給制の人の基本給や時間外手当などがこれに該当します。

２回目以降の請求の場合、休業補償給付支給申請書（様式第８号）の裏面の㉜欄から㉟欄および㊲欄（205ページ）と、平均賃金算定内訳については記入の必要がありません。診療担当者の証明欄は、治療を受けている医師に書いてもらうわけですが、記載もれがある場合もありますので、労働基準監督署に提出する前に再度見直すようにします。

なお、複数業務要因災害の場合は、休業補償給付支給申請書（様式第８号）で記入した事業場以外で働いている事業場の労働保険番号、そこでの平均賃金、雇入期間、事業主の証明などを記載した書類も別途用意して添付する必要があります。

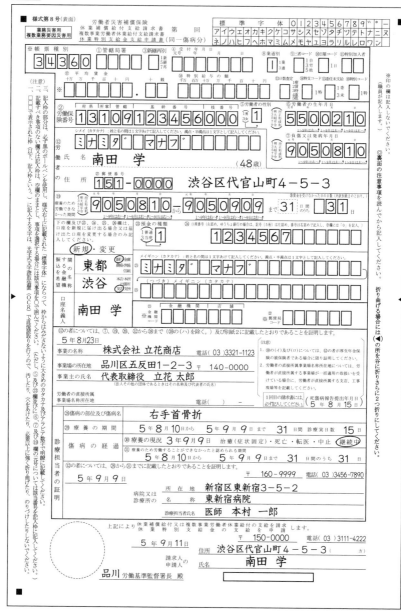

様式第8号（裏面）

[注　意]

⑫ 労働者の職種	⑬ 負傷又は発病の時刻	⑭ 平均賃金（算定内訳別紙1のとおり）	
事務職	午前・午後　9 時 00 分頃	10,197 円 80 銭	
⑮所定労働時間	午前・午後 9 時 00 分から午前・午後 5 時 00 分まで	⑯休業補償給付額、休業特別支給金額の改定比率	平均給与額証明書のとおり

⑰災害の原因、発生状況及び発生当日の就労・療養状況
（あ）どのような場所で（い）どのような作業をしているときに（う）どのような物又は環境に（え）どのような不安全な又は有害な状態があって（お）どのような災害が発生したか（か）⑦と初診日と災害発生日が同じ場合は当日所定労働時間内に通院したか、⑦と初診日が異なる場合はその理由を詳細に記入すること

事務所内で、書類をロッカーに格納する際に踏み台で足を
滑らせて転倒し、右手首を骨折してしまった。

㉘厚生年金保険等の受給関係	（イ）基礎年金番号		（ロ）被保険者資格の取得年月日	年　月　日
	（ハ）当該傷病に関して支給される年金の種類等	年金の種類	厚生年金保険法の	イ 障害年金　ロ 障害厚生年金
			国民年金法の	ハ 障害年金　ニ 障害基礎年金
			船員保険法の	ホ 障害年金
		障害等級		級
		支給される年金の額		円
		支給されることとなった年月日		年　月　日
		基礎年金番号及び厚生年金等の年金証書の年金コード		
		所轄年金事務所等		

㉙その他就業先の有無		
有・無	有の場合のその数（ただし表面の事業場を含まない）	社
	有の場合でいずれかの事業で特別加入している場合の特別加入状況（ただし表面の事業を含まない）	労働保険事務組合又は特別加入団体の名称
		加入年月日　年　月　日
		給付基礎日額　円
	労働保険番号（特別加入）	

社会保険労務士記載欄	作成年月日・提出代行者・事務代理者の表示	氏　名	電話番号
			（　）　－

一、所定労働時間後に負傷した場合には、⑮及び⑯欄については、当該負傷又は発病の日を除いて記載すること。

二、別紙1①欄の「平均賃金算定内訳」の⑯欄には、負傷又は発病の日前3か月間に支払われた賃金の総額を記載すること。この場合、別紙1②欄に平均賃金を算定する基礎となる期間中に業務外の傷病の療養等のため休業した期間が含まれている場合には、その旨及び日数を別紙1②欄に記載し、その期間中の賃金を別紙1①欄に記載された賃金の総額から控除した額によって算定した平均賃金に相当する額を記載してください。この場合は、⑭欄には記載する必要はありません。

三、前記二に該当する場合において、平均賃金の算定基礎期間中に業務外の傷病の療養等のため休業した期間の日数及びその期間中の賃金を別紙1①欄に内書きしたときは、⑭欄に平均賃金を記載する必要はありません。

四、別紙1（平均賃金算定内訳）については、前記二及び三に該当しない場合は、記載する必要はありません。

五、㉘欄の（ニ）欄、㉕欄及び㉖欄は、その者が災害発生当時他の事業場で特別加入者であった場合に記載してください。

六、⑳欄から㉒欄まで及び⑰欄の記載については、別紙1及び別紙2を添付してください。

七、㉙「その他就業先の有無」欄の記載がない場合又は複数就業していない場合は、休業補償給付額のみで請求されることとなります。

八、複数事業労働者休業給付の請求は、休業補償給付の請求とあわせて行う場合には、その請求（申請）書に記載してください。

九、疾病に係る請求の場合、その疾病の発症の原因となった出来事が生じた時の状況を明らかにすることができる書類その他の資料を添付してください。

十、休業特別支給金の支給の申請のみを行う場合には、⑬、⑭、㉘欄は記載する必要はありません。

労　働　保　険　番　号					氏　　　名	災害発生年月日
府県	所掌	管轄	基幹番号	枝番号	南田 学	令和5年 8月10日
1 3	1 0	9	1 2 3 4 5 6	0 0 0		

平均賃金算定内訳

(労働基準法第12条参照のこと。)

雇 入 年 月 日	平成19年 12月 1日	常用・日雇の別	常用 日雇
賃 金 支 給 方 法	月給 週給・日給・時間給・出来高払制・その他請負制	賃金締切日	毎月 20日

	賃金計算期間	4月21日から 5月20日まで	5月21日から 6月20日まで	6月21日から 7月20日まで	計
A 月よって支払ったもの・週その他一定の期間に	総 日 数	30 日	31 日	30 日	(イ) 91 日
	基本賃金	270,000円	270,000円	270,000円	810,000円
	職務 手当	20,000	20,000	20,000	60,000
	営業 手当	10,000	10,000	10,000	30,000
	計	300,000円	300,000円	300,000円	(ロ) 900,000円

	賃金計算期間	4月21日から 5月20日まで	5月21日から 6月20日まで	6月21日から 7月20日まで	計
B 日若しくは時間又は出来高払制その他の請負制によって支払ったもの	総 日 数	30 日	31 日	30 日	(イ) 91 日
	労 働 日 数	19 日	21 日	21 日	(ハ) 61 日
	基本賃金	円		円	円
	残業 手当	12,000	9,000	7,000	28,000
	手当				
	計	12,000円	9,000円	7,000円	(ニ) 28,000円

総　　　　　計	312,000円	309,000円	307,000円	(ホ) 928,000円

平 均 賃 金	賃金総額(ホ) 928,000円 ÷総日数(イ) 91 ＝ 10,197円 80銭

最低保障平均賃金の計算方法
Aの(ロ) 900,000円÷総日数(イ) 91 ＝ 9,890円 10銭 (ヘ)
Bの(ニ) 28,000円÷労働日数(ハ) 61 × 60/100 ＝ 275円 40銭 (ト)
(ヘ) 9,890円10銭＋(ト) 275円 40銭 ＝ 10,165円 50銭 (最低保障平均賃金)

日日雇い入れられる者の平均賃金(昭和38年労働省告示第52号による。)	第1号又は第2号の場合	賃金計算期間	(リ)労働日数又は労働総日数	(ヌ)賃金総額	平均賃金(ヌ÷リ×73/100)
		月　日から 月　日まで	日	円	円　銭
	第3号の場合	都道府県労働局長が定める金額			円
	第4号の場合	従事する事業又は職業			
		都道府県労働局長が定めた金額			円

漁業及び林業労働者の平均賃金(昭和24年労働省告示第5号による。)	平均賃金協定額の承認年月日　　年　月　日　職種　　　平均賃金協定額　　　円

① 賃金計算期間のうち業務外の傷病の療養等のため休業した期間の日数及びその期間中の賃金を業務
上の傷病の療養のため休業した期間の日数及びその期間中の賃金とみなして算定した平均賃金
（賃金の総額(ホ)－休業した期間にかかる②の(リ)）　÷　（総日数(イ)－休業した期間②の(チ)）
（　　　　円－　　　　円）÷（　　日－　　日）＝　　　円　　銭

 **業務災害が原因で治療を受けたときの届出**

● 無料で治療が受けられる

業務中の事故が原因で労働者がケガをし、または病気にかかり、指定病院（労災保険が使える病院）で診てもらった場合、療養の給付として無料で治療が受けられます。セクハラやパワハラなどによるメンタルヘルスも、労災と認められた場合には対象となります。

療養の給付の内容としては、治療費の他、入院料や看護の費用など通常療養で必要な費用も含まれます。また、原則としてケガや病気が治るまで給付を受けることができます。

【請求手続】

治療を受けている医療機関（病院など）に、業務災害であれば療養補償給付及び複数事業労働者療養給付たる療養の給付請求書（209ページ）を提出します。また、通勤災害の場合は請求書の様式が業務災害用とは異なり、災害時の通勤経路、方法、所要時間等を記載する欄が設けられています。業務と病気との因果関係を証明する添付書類を求められることがあります。

【ポイント】

労災の指定薬局で薬をもらった場合は、医療機関とは別に「療養補償給付及び複数事業労働者療養給付たる療養の給付請求書」を労災の指定薬局に提出する必要があります。なお、労災保険が使えない指定病院以外の病院にかかった場合には、いったん全額の治療費を病院へ支払い、「療養補償給付及び複数事業労働者療養給付たる療養の費用請求書」（210ページ）を労働基準監督署へ提出します。

指定医療機関を変更する場合は、変更後の指定医療機関を経由して所轄の労働基準監督署長に所定の届出を提出する必要があります。こ

の届出を「療養補償給付及び複数事業労働者療養給付たる療養の給付を受ける指定病院等（変更）届」といいます。この届出を提出することで変更後の指定医療機関で引き続き労災保険による療養補償給付の現物給付（治療など）を受けることができます。なお、通勤災害の場合は、通勤災害用の様式を使用します。

◉ 障害が残ったときの給付

　労働者が業務上（または通勤途中）負傷し、または病気にかかった場合、そのケガまたは病気が治った（治癒）としても障害が残ってしまうこともあります。そのような場合にその障害の程度に応じて支給される労災保険の給付が障害（補償）給付です。ここでいう「治ったとき」とは、完治や全快ということではなく、傷病の症状が安定して、これ以上治療を行っても症状が良くも悪くもならない状態になったことを意味します。

　障害（補償）給付は、障害の程度によって1～14等級の障害等級に分かれます。第1級から第7級に該当した場合には障害（補償）年金が支給されます。第8級から第14級に該当した場合には障害（補償）一時金が支給されます。また、障害（補償）年金が支給される者には障害特別支給金と障害特別年金が支給され、障害（補償）一時金が支給される者には障害特別支給金と障害特別一時金が支給されます。

　障害補償給付の請求は、「障害補償給付　複数事業労働者障害給付支給請求書」（212ページ）などを会社の所在地を管轄する労働基準監督署に提出することになります。特に障害の程度を審査するために重要な診断書を医師などに記載してもらい添付する必要があります。特別支給金についても、障害補償給付と同時に請求し、様式も同一のものを使用します。なお、通勤災害の場合は、通勤災害用の様式を使用します。

書式18　療養補償給付及び複数事業労働者療養給付たる療養の給付請求書

標 準 字 体	0	1	2	3	4	5	6	7	8	9	゛	゜	ー
ア	イ	ウ	エ	オ	カ	キ	ク	ケ	コ	サ	シ	ス	セ	ソ	タ	チ	ツ	テ	ト	ナ	ニ	ヌ
ネ	ノ	ハ	ヒ	フ	ヘ	ホ	マ	ミ	ム	メ	モ	ヤ	ユ	ヨ	ラ	リ	ル	レ	ロ	ワ	ン

■ 様式第5号(表面)　労働者災害補償保険

業務災害用
複数業務要因災害用
療養補償給付及び複数事業労働者
療養給付たる療養の給付請求書

裏面に記載してある注意
事項をよく読んだ上で、
記入してください。

標準字体で記入してください。

※ ①帳票種別　**3 4 5 9 0**　①管轄局署

②業通別 **1**　③保留
1 全支給
3 全部給付

※ ※印の欄は記入しないでください。（職員が記入します。）

※ ④処理区分

※ ④受付年月日

⑤労働保険番号　府県 所掌 管轄 基幹番号 枝番号
1 3 1 0 9 6 5 4 3 2 1 0 0 0
年金証書の番号記入欄

※ ⑦支給・不支給決定年月日

⑫労働者の　⑧性別 **1** 男 女　⑨労働者の生年月日 **5 6 0 0 6 1 0**　⑩負傷又は発病年月日 **9 0 5 0 7 1 9**

※ ⑪再発年月日

メイ(カタカナ)：姓と名の間は1文字あけて記入してください。濁点・半濁点は1文字として記入してください。

ア オ キ　ヒ カ ル

氏名　**青木　光**　(38歳)

⑬三者 ⑭特病　⑮特別加入者

⑭負傷又は発病の時刻
午後 **9** 時 **50** 分頃

郵便番号 **151-0000**　フリガナ シブヤクシブヤ
住所　**渋谷区渋谷32-10**

⑯災害発生の事実を確認した者の職名、氏名
職名 **総務課長**
氏名 **西村一郎**

職種 **事務職**

⑰災害の原因及び発生状況　(あ)どのような場所で(い)どのような作業をしているときに(う)どのような物又は環境に(え)どのような不安全な又は有害な状態があって(お)どのような災害が発生したか(か)⑩と初診日が異なる場合はその理由を詳細に記入すること

**事務所内で、書類をロッカーに格納する際に踏み台で足を滑らせて転倒し右手
首を骨折してしまった。**

⑳指定病院等の　名称 **東新宿病院**　電話(03) 3456-7890
所在地 **新宿区東新宿3-5-2**　〒160-9999

㉑傷病の部位及び状態 **右手首骨折**

⑫の者については、⑩、⑰及び⑲に記載したとおりであることを証明します。　**5** 年 **7** 月 **23** 日

事業の名称 **株式会社 立花商店**　電話(03) 3321-1123
事業場の所在地 **品川区五反田1-2-3**　〒141-0000
事業主の氏名 **代表取締役 立花太郎**
(法人その他の団体であるときはその名称及び代表者の氏名)
労働者の所属事業
場の名称・所在地　電話(　)　-

(注意)　1　労働者の所属事業場の名称・所在地については、労働者が直接所属する事業場が一括適用の取扱いを受けている場合に、労働者が直接所属する支店、工事現場等を記載してください。
2　派遣労働者について、療養補償給付又は複数事業労働者療養給付のみの請求がなされる場合にあっては、派遣先事業主は、派遣元事業主が証明する事項の記載内容が事実と相違ない旨裏面に記載してください。

上記により療養補償給付又は複数事業労働者療養給付たる療養の給付を請求します。　**5** 年 **7** 月 **31** 日

品川 労働基準監督署長 殿

東新宿
病院
診療所
薬局 経由
訪問看護事業者

〒151-0000　電話(03) 3111-4222
請求人の　住所 **渋谷区渋谷32-10** (方)
氏名 **青木 光**

支不支給決定決議書

	署 長	副署長	課 長	係 長	係	決定年月日	・ ・
調査年月日 ・ ・					不支給の理由		
復命書番号 第 号 第 号 第 号							

(この欄は記入しないでください。)

折り曲げる場合には◀の所を谷に折りさらに◁で2つ折りにしてください。

書式19　療養補償給付及び複数事業労働者療養給付たる療養の費用請求書

■ 様式第7号（1）(表面)　　労働者災害補償保険

標	準	字	体	0	1	2	3	4	5	6	7	8	9	゜゛	ー
ア	イ	ウ	エ	オ	カ	キ	ク	ケ	コ	サ	シ	ス	セ	ソ	タ	チ	ツ	テ	ト	ナ	ニ	ヌ
ネ	ノ	ハ	ヒ	フ	ヘ	ホ	マ	ミ	ム	メ	モ	ヤ	ユ	ヨ	ラ	リ	ル	レ	ロ	ワ	ン

業務災害用
複数業務要因災害用

第　　　回

療養補償給付及び複数事業労働者療養給付たる療養の費用請求書(同一傷病分)

※ 帳票種別 `3 4 2 6 0`　①管轄局署 `　　　　`　②業通別 `　`（1業 2通 3通）　⑤受付年月日　　　③三者コード　⑪委任未支給　⑫特別加入者　⑬審査コード

<注意>
③労働保険番号 府県 `1 3` 所掌 `1` 管轄 `0 9` 基幹番号 `6 5 4 3 2 1` 枝番号 `0 0 0`　④ 管轄局 種別 西暦年 番号（年金証書の番号）

⑤労働者の性別 `1`（1男 2女 3不明）　⑥労働者の生年月日 `5 6 0 0 6 1 0`（1明治 2大正 3昭和 4平成 5令和）　⑦負傷又は発病年月日 `9 0 5 0 7 1 9`　⑭金融機関 店舗　金融機関コード

シメイ (カタカナ) `ア オ キ　ヒ カ ル`

⑮郵便貯金コード

労働者の　氏名 **青木 光**　(38歳)　職種 **事務職**

住所 `1 5 1` - `0 0 0 0` **渋谷区渋谷32−10**

新規・変更　⑯預金の種類 `1`　口座番号 `1 2 3 4 5 6 7`

○○銀行 ○○金庫
農協・漁協・信組

○○本店・本所
○○出張所
○○支店・支所

フリガナ (カタカナ) `ア オ キ　ヒ カ ル`

口座名義人 **青木 光**

(つづき) メイギニン (カタカナ)

⑨の者については、⑦並びに裏面の(ヌ)及び(ヲ)に記載したとおりであることを証明します。

5 年 8月 2日

事業の名称 **株式会社 立花商店**　電話(03)3321-1123
事業場の所在地 **品川区五反田1−2−3**　〒 141- 0000
事業主の氏名 **代表取締役 立花 太郎**
(法人その他の団体であるときはその名称及び代表者の氏名)

(注意) 派遣労働者について、療養補償給付又は複数事業労働者療養給付のみの請求がなされる場合にあっては、派遣先事業主は、派遣元事業主が証明する事項の記載内容が事実と相違ない旨確認し記載してください。

| 医師又は歯科医師等の証明 | 療養の内容 | (イ)期間 5年 7月 19日 | から 5年 7月 31日まで 13日間 | 診療実日数 2 日 |

⑩の者については、(イ)から(ニ)までに記載したとおりであることを証明します。

| (ロ)傷病の部位及び傷病名 | **右手首骨折** | 5 年 7 月 31日 | 〒 160-9999 |

(ハ)傷病の経過の概要 **右手の痛みを訴える**　病院又は診療所の 所在地 **新宿区東新宿3−5−2** 名称 **東新宿病院** 電話(03)3456-7890

5 年 7月31日 治療 (症状固定) 継続中 転帰 中止 死亡　診療担当者氏名 **医師 本村 一郎**

(ニ) 療養の内訳及び金額 (内訳裏面のとおり。) **60000**円

| (ホ)看護料 | 年 月 日から 年 月 日まで 日間 | (看護師の資格の有・無) |
| (ヘ)移送費 | から まで 片道・往復 キロメートル 回 |
| (ト) 上記以外の療養費 (内訳労働補償請求書又は領収書 枚のとおり。) |

(チ) 療養の給付を受けなかった理由 **近くに療養に適した労災指定病院がなかったため**　⑳療養に要した費用の額 (合計) `6 0 0 0 0`円

| ㉑費用の種別 | ㉒療養期間の初日 | ㉓療養期間の末日 | ㉔診療実日数 | ㉕転帰事由 |
| ※ | `　　　　　` から | `　　　　　` まで | `　　` 日 | |

上記により療養補償給付又は複数事業労働者療養給付たる療養の費用の支給を請求します。

5 年 8月 2日　〒 151-0000　電話(03)3111-4222

請求人の　住所 **渋谷区渋谷32−10**　(ガ)

氏名 **青木 光**

品川 労働基準監督署長 殿

様式第７号(1)(裏面)

		(ヌ) 負傷又は発病の時刻	(ル)	職名	総務課長
(リ) 労働者の 所属事業場の 名称・所在地	株式会社 立花商店 品川区五反田1－2－3	午前 **9** 時 **50**分頃	災害発生の 事実を確認 した者の	氏名	西村 一郎

(ヲ)災害の原因及び発生状況　(あ)どのような場所で(い)どのような作業をしているときに(う)どのような物又は環境に(え)どのような不安全な又は有害な状態があって(お)
どのような災害が発生したか(か)⑦と初診日が異なる場合はその理由を詳細に記入すること

事務所内で、書類をロッカーに格納する際に踏み台で足を滑らせて転倒し右手首を
骨折してしまった。

療養の内訳及び金額

診療内容				点数(点)
初診	時間外・休日・深夜			
再診	外来診療料	×	回	
	継続管理加算	×	回	
	外来管理加算	×	回	
	時間外	×	回	
	休日	×	回	
	深夜	×	回	
指導				
在宅	往診		回	
	夜間		回	
	緊急・深夜		回	
	在宅患者訪問診療		回	
	その他			
	薬剤		回	
投薬	内服 薬剤		単位	
	調剤	×	回	
	屯服 薬剤		単位	
	外用 薬剤		単位	
	調剤	×	回	
	処方	×	回	
	麻毒			
	調基			
注射	皮下筋肉内		回	
	静脈内		回	
	その他		回	
処置			回	
	薬剤			
手術 麻酔			回	
	薬剤			
検査			回	
	薬剤			
画像 診断			回	
	薬剤			
その他	処方せん		回	
	薬剤			

入院	入院年月日	年 月 日	
	病・診・衣	入院基本料・加算	
		×	日間
		×	日間
		×	日間
		×	日間
		×	日間
	特定入院料・その他		

小計	点 ①		円

診療内容	金額	摘要
初診	円	
再診	回	円
指導	回	円
その他		円
食事(基準)		
	円× 日間	円
	円× 日間	円
小計 ②		円
摘要		

合計金額	円
①+②	

㉖その他就業先の有無

	有の場合のその数 (ただし表面の事業場を含まない)
有 無	社
有の場合 でいずれ かの事業 で特別加 入してい る場合の 特別加入 状況 (ただし 表面の事 業を含ま ない)	労働保険事務組合又は 特別加入団体の名称
	加入年月日 年 月 日
	労働保険番号(特別加入)

派遣元事業主が証明する事項(表面の⑦並びに(ヌ)及び(ヲ))の記載内容について事実と相違ないことを証明します。

派遣先事業 主証明欄	年 月 日	事業の名称	電話( ) －
		事業場の所在地	〒 －
		事業主の氏名	
		(法人その他の団体であるときはその名称及び代表者の氏名)	

社会保険 労務士 記載欄	作成年月日・提出代行者・事務代理者の表示	氏 名	電 話 番 号
			( ) －

(注意)

一、共通の注意事項
事項の選択については○で囲むこと。

（イ）及び（ロ）については、その費用について明細書及び看護移送等
に要した費用の額の証明書類等を添付すること。

（は）の事業場は、最終に投与を受けている店名を記入すること。

（に）の事業場は、労働者の直接所属する事業場（工場、工事現場等）を記入すること。

（ル）（初）（再）（ト）については、該当する事業場を○で囲むこと。

事業主の証明は受ける必要がないこと。

傷病の原因又は請求の内容に注意事項に係る療養の費用を請求する場合の注意事項

ニ、第二回以後の請求の場合には記載する必要がないこと。

（ル）に災害発生の事実を確認した者（確認した者が多数あるときは最
先に発見した者）を記載すること。

三、（リ）については、請求人が直接所属する事業場を記載すること。

四、（ヌ）及び（ヲ）は、第一回目の請求の場合に記載すること。

（ヲ）の「疾病の発生した日」欄には、その症状が認められた最初の日を記入すること。

四、複数事業労働者療養給付の請求は、療養補償給付の支給決定がなされた
場合、遡って請求されなかったものとみなされること。

五、その他就業先の有無欄の記載がない場合又は複数就業していない
と、複数事業労働者療養給付の請求はないものとして取り扱うこと。

六、疾病に係る請求の場合、脳・心臓疾患、精神障害及びその他二以上の事
業の業務を要因とすることが明らかな疾病以外は、療養補償給付のみで
請求されることとなること。

第5章　社員の変動にかかわる事務　**211**

様式第10号(表面)

業務災害用
複数業務要因災害用

労働者災害補償保険

障害補償給付
複数事業労働者障害給付　支給請求書
障害特別支給金
障害特別年金
障害特別一時金　支給申請書

① 労働保険番号					
府県	所掌	管轄	基幹番号	枝番号	
13	1	0	9 6 5 4 3 2 1 0 0 0		

② 年金証書の番号			
管轄局	種別	西暦年	番号

③ 労働者の	フリガナ	シラカワ ショウタ
	氏　名	白川 翔太　(男)・女
	生年月日	昭和62年 6 月 8 日(36歳)
	フリガナ	カナガワケン カワサキシ スミヨシチョウ
	住　所	神奈川県川崎市住吉町2-11-4
	職　種	建設作業員
	所属事業場 名称・所在地	

④ 負傷又は発病年月日　5 年 8 月14日
　　　　前・(後)13時27分頃

⑤ 治ゆ(症状固定)年月日　5 年11月20日

⑥ 災害の原因及び発生状況	(あ)どのような場所で(い)どのような作業をしているときに(う)どのような物又は環境に(え)どのような不安全な又は有害な状態があって(お)どのような災害が発生したかを簡明に記載すること
	建設現場にて屋上作業中に、屋根から転落し腰椎を圧迫骨折した。

⑦ 平均賃金　6521 円73 銭

⑧ 特別給与の総額(年額)　500,000 円

⑨厚生年金保険等の受給関係	㋑ 厚年等の年金証書の 基礎年金番号・年金コード					㋺ 被保険者資格の 取得年月日	年 月 日
	当該傷病に関して支給される年金の種類等	年　金　の　種　類		厚生年金保険法の　イ、障害年金　ロ、障害厚生年金 国民年金法の　イ、障害年金　ロ、障害基礎年金 船員保険法の障害年金			
		障　害　等　級					級
		支給される年金の額					円
		支給されることとなった年月日			年	月	日
		厚年等の年金証書の 基礎年金番号・年金コード					
		所轄年金事務所等					

③の者については、④、⑥から⑧まで並びに⑨の㋑及び㋺に記載したとおりであることを証明します。

5 年 11 月 29 日

事業の名称　株式会社 立花工務店　電話(03)3321-1123
事業の所在地　品川区五反田1-2-3　〒 141-0000
事業主の氏名　代表取締役 立花 太郎
(法人その他の団体であるときは、その名称及び代表者の氏名)

[注意]⑨の㋑及び㋺については、③の者が厚生年金保険の被保険者である場合に限り証明すること。

⑩ 障害の部位及び状態	(診断書のとおり)	⑪ 既存障害がある場合には その部位及び状態	

⑫ 添付する書類 その他の資料名	レントゲン 2枚

⑬ 年金の払渡しを受けることを希望する金融機関又は郵便局	支店等を除く 郵便貯金銀行の 金融機関	名　称		※ 金融機関店舗コード		
			東都 (銀行)・金庫 農協・漁協・信組		住吉	本店・本所 出張所 (支店)・支所
		預金通帳の記号番号		(普通)・当座 第 9753124 号		
	郵便貯金銀行の 支店等又は郵便局	名　称		※ 郵便局コード		
		フリガナ	所　在　地			
		名　称		都道 府県	市郡 区	
		預金通帳の記号番号		第		号

上記により　障害補償給付
　　　　　　複数事業労働者障害給付　の支給を請求します。
　　　　　　障害特別支給金
　　　　　　障害特別年金　　　　　の支給を申請します。
　　　　　　障害特別一時金

5 年 11 月 29 日

品川　労働基準監督署長　殿

請求人
申請人　の

〒 211 - 0000
電話(080)6809-7731
住所 神奈川県川崎市住吉町2-11-4
氏名 白川 翔太
□本件手続を裏面に記載した社会保険労務士に委託します。

個人番号　2 4 6 8 0 1 1 3 5 7 9 9

振込を希望する金融機関の名称			預金の種類及び口座番号	
東都	(銀行)・金庫 農協・漁協・信組	住吉	本店・本所 出張所 (支店)・支所	(普通)・当座 第 9753124 号 口座名義人

様式第10号（裏面）

⑭その他就業先の有無		
有	有の場合のその数 （ただし表面の事業場を含まない）　　　　　社	有の場合でいずれかの事業で特別加入している場合の特別加入状況 （ただし表面の事業を含まない）
⊗無		労働保険事務組合又は特別加入団体の名称
労 働 保 険 番 号 （ 特 別 加 入 ）		加入年月日 　　　　　　　　　　　　　　　年　　　　月　　　　日
		給付基礎日額 　　　　　　　　　　　　　　　　　　　　　　　　円

〔注意〕
1　※印欄には記載しないこと。
2　事項を選択する場合には該当する事項を○で囲むこと。
3　③の労働者の「所属事業場名称・所在地」欄には、労働者の直接所属する事業場が一括適用の取扱いを受けている場合に、労働者が直接所属する支店、工事現場等を記載すること。
4　⑦には、平均賃金の算定基礎期間中に業務外の傷病の療養のため休業した期間が含まれている場合に、当該平均賃金に相当する額がその期間の日数及びその期間中の賃金を業務上の傷病の療養のため休業した期間の日数及びその期間中の賃金とみなして算定した平均賃金に相当する額に満たないときは、当該みなして算定した平均賃金に相当する額を記載すること（様式第8号の別紙1に内訳を記載し添付すること。ただし、既に提出されている場合を除く。）。
5　⑧には、負傷又は発病の日以前1年間（雇入後1年に満たない者については、雇入後の期間）に支払われた労働基準法第12条第4項の3箇月を超える期間ごとに支払われる賃金の総額を記載すること（様式第8号の別紙1に内訳を記載し添付すること。ただし、既に提出されている場合を除く。）。
6　請求人（申請人）が傷病補償年金又は複数事業労働者傷病年金を受けていた者であるときは、
　（1）①、④及び⑥には記載する必要がないこと。
　（2）②には、傷病補償年金又は複数事業労働者傷病年金に係る年金証書の番号を記載すること。
　（3）事業主の証明を受ける必要がないこと。
7　請求人（申請人）が特別加入者であるときは、
　（1）⑦には、その者の給付基礎日額を記載すること。
　（2）⑧は記載する必要がないこと。
　（3）④及び⑥の事項を証明することができる書類その他の資料を添えること。
　（4）事業主の証明を受ける必要がないこと。
8　⑬については、障害補償年金、複数事業労働者障害年金又は障害特別年金の支給を受けることとなる場合において、障害補償年金、複数事業労働者障害年金又は障害特別年金の払渡しを金融機関（郵便貯金銀行の支店等を除く。）から受けることを希望する者にあっては「金融機関（郵便貯金銀行の支店等を除く。）」欄に、障害補償年金、複数事業労働者障害年金又は障害特別年金の払渡しを郵便貯金銀行の支店等又は郵便局から受けることを希望する者にあっては「郵便貯金銀行の支店等又は郵便局」欄に、それぞれ記載すること。
　なお、郵便貯金銀行の支店等又は郵便局から払渡しを受けることを希望する場合であって振込によらないときは、「預金通帳の記号番号」の欄は記載する必要がないこと。
　また、年金等の受取口座として、国に事前に登録した公金受取口座を利用する場合は、「登録している公金受取口座を利用する：□」の□にレ点を記入すること。その際、口座情報の記載や通帳の写しの添付等は必要がないこと。
9　「個人番号」の欄については、請求人（申請人）の個人番号を記載すること。
10　本件手続を社会保険労務士に委託する場合は、「請求人（申請人）の氏名」欄の下の□にレ点を記入すること。
11　⑭「その他就業先の有無」で「有」に○を付けた場合は、様式第8号の別紙3をその他就業先ごとに記載すること。その際、その他就業先ごとに様式第8号の別紙1を記載し添付すること。なお、既に他の保険給付の請求において記載している場合は、記載の必要がないこと。
12　複数事業労働者障害年金の請求は、障害補償年金の支給決定がなされた場合、遡って請求されなかったものとみなされること。
13　⑭「その他就業先の有無」欄の記載がない場合又は複数就業していない場合は、複数事業労働者障害年金の請求はないものとして取り扱うこと。
14　疾病に係る請求の場合、脳・心臓疾患、精神障害及びその他二以上の事業の業務を要因とすることが明らかな疾病以外は、障害補償年金のみで請求されることとなること。

社会保険 労務士 記載欄	作成年月日・提出代行者・事務代理者の表示	氏　　　名	電話番号
			（　　　） 　　―

13 療養開始後1年6か月経っても治らなかったときの届出

● 労基署の職権で支給決定となる

療養開始後1年6か月が経過し、なおその傷病が治癒せず、障害の程度が傷病等級の第1級から第3級に該当する場合には、休業（補償）給付から傷病（補償）年金へ切り替えが行われます。

また、療養開始後1年6か月が経過した時点では傷病等級の第1級から第3級に該当していなくても、そのまま治癒せずに、同日以後に傷病等級の第1級から第3級に該当することとなった場合も、該当した時点より休業（補償）給付から傷病（補償）年金へ切り替えが行われれます。

【手続】

傷病（補償）年金は所轄労働基準監督署長の職権により支給決定されますので、「請求」は行いません。療養開始後1年6か月が経過しても治癒していない場合、同日後1か月以内に「傷病の状態等に関する届」（次ページ）を提出します。なお届出用紙は、労働基準監督署より直接送付されてきます。

【添付書類】

診断書など（傷病の状態を確認できるもの）

【ポイント】

傷病（補償）年金を受給中の労働者は、療養が必要なため、療養（補償）給付が併給されます。また、障害の程度に変更があった場合は、それ以後は、新しい傷病等級の傷病（補償）年金が支給されます。

書式21　傷病の状態等に関する届……………………

様式第16号の2（表面）

労働者災害補償保険
傷病の状態等に関する届

①	労働保険番号	府県	所掌	管轄	基幹番号	枝番号			③	負傷又は発病年月日	令和4年1月24日
		1 3	1	0 9	1 2 3 4 5 6	0 0 0					

② 労働者の	フリガナ	ホンダ　　　カズヤ								
	氏　名	本田　和也	（男・女）							
	生年月日	昭和58年 6 月 23 日 （40歳）				④	療養開始年月日	令和4年1月24日		
	フリガナ	カワサキシ アソウク アソウ								
	住　所	川崎市麻生区麻生1－6								

⑤	傷病の名称、部位及び状態				（診断書のとおり。）

⑥ 厚生年金保険等の受給関係	厚年等の年金証書の基礎年金番号・年金コード			被保険者資格の取得年月日		年　　月　　日
	当該傷病に関して支給される年金の種類等	年　金　の　種　類	厚生年金保険法の　　イ　障害年金　ロ　障害厚生年金国民年金法の　　イ　障害年金　ロ　障害基礎年金船員保険法の障害年金			
		障　害　等　級				級
		支給される年金の額				円
		支給されることとなった年月日		年　　　月　　　日		
		厚年等の年金証書の基礎年金番号・年金コード				
		所轄年金事務所等				

⑦	添付する書類その他の資料名	診断書

⑧ 年金の払渡しを受けることを希望する金融機関又は郵便局	金融機関（郵便貯金銀行を除く。）（支店等を除く。）	名　称	※ 金融機関店舗コード				
			東都	銀行・金庫農協・漁協・信組	川崎	本店・本所出張所支店・支所	
		預金通帳の記号番号	普通・当座	第　1 0 0 0 0 1 2　号			
	郵便貯金銀行の支店又は郵便局	※ 郵便局コード					
		フリガナ名　称					
		所在地	都道府県		市郡区		
		預金通帳の記号番号	第　　　　　　号				

上記のとおり届けます。

令和5年　8 月 4 日

〒 231-0000　　電話 (044) 323 - 5555

届出人の　住　所　川崎市麻生区麻生1－6

氏　名　本田　和也

□本件手続を裏面に記載の社会保険労務士に委託します。

個人番号　1 1 2 2 3 3 4 4 5 5 6 6

14 従業員が業務中に負傷したときの報告書

● 休業の場合には、回数によって手続きが違う

　業務中にケガをして死亡または4日以上休業したときは、労働者死傷病報告を提出します。

　ただし、休業が4日未満の場合は、前3か月分の業務災害をまとめて4月、7月、10月、翌年1月のいずれかの月に提出することになります。

　なお、通勤途中のケガの場合には、休業日数に関係なく労働者死傷病報告の提出は不要です。

【請求手続】

　事故があった後、なるべく早めに管轄の労働基準監督署に提出します。休業が4日以上続いた場合（次ページ）と休業が4日未満の場合（218ページ）では提出する労働者死傷病報告の書式が異なります。

【添付書類】

　特に決まっているわけではありませんが、事故などの災害の発生状況を示す図面や写真などがあれば添付します。

【ポイント】

　労働者死傷病報告書の提出の目的は、使用者側から労働者死傷病報告書を提出してもらうことによって、どのような労働災害が起こっているのかを監督官庁側で把握することにあります。これによって、事故の発生原因の分析や統計を取り労働災害の再発防止の指導などに役立たせています。

書式22 労働者死傷病報告（休業が4日以上続いた場合）

労働者死傷病報告

様式第23号（第97条関係）（表面）

労働保険番号（建設業の工事に従事する下請人の労働者が被災した場合、元請人の労働保険番号を記入すること。）

8 1 0 0 1	1 3 4 0 7 1 0 9 9 9 9 0 0 0				

都道府県 所掌	管轄	基幹番号	枝番号	統一部課編番号

事業の種類　**建設業**

事業場の名称（建設業にあっては工事名を併記のこと。）

カナ｜カ｜ブ｜シ｜キ｜ガ｜イ｜シ｜ャ｜ト｜ウ｜ザ｜イ｜ケ｜ン｜セ｜ツ｜

漢字｜株｜式｜会｜社｜東｜西｜建｜設｜

工事名｜新｜宿｜中｜央｜病｜院｜新｜築｜工｜事｜

職員記入欄
被災労働者の事業の
労働保険番号

都道府県 所掌	管轄	基幹番号	枝番号	統一部事業番号	派遣先の事業場の郵便番号

派遣労働者が被災した場合は、派遣先の事業場の郵便番号

事業場の所在地　**東京都新宿区中央2-1-1**　電話　**03（3333）1234**

構内下請事業の場合は親事業場の名称、
建設業の場合は元方事業場の名称　**関東・東西建設共同企業体**

派遣労働者が被災した場合は、派遣先の事業場の名称

提出事業者の区分

郵便番号

1 6 0	－	0 0 0 1

労働者数 | ３４５ 人 |

発生月日（時間は24時間制とすること。）
7：平成　9：令和

9 0 5 0 5 1 9 1 4 3 0

被災労働者の氏名（姓と名の間は1文字空けること。）

カナ｜カ｜ナ｜ヤ｜マ｜　｜ヨ｜ウ｜イ｜チ｜

漢字｜神｜奈｜山｜　｜洋｜一｜

生年月日
明5大正昭和平成令和

| 5 3 9 0 2 2 4 | （59）歳 |

性別

男 女
〇

職種　**塗装工業**

経験期間　**30**　| 年 〇 月 |

休業見込期間又は死亡日時（死亡の場合は死亡欄に〇）

休業見込 | 0 7 | □ □ □ |　死亡 □　死亡日時 □

傷病名　**右腕打撲**

傷病部位　**右腕**

被災地の場所　**東京都 新宿区中央2-6-5**

災害発生状況及び原因
①どのような場所で ②どのような作業をしているときに ③どのような物又は環境に ④どのような不安全な又は有害な状態があって ⑤どのような災害が発生したかを詳細に記入すること。

令和5年5月19日午後2時半頃、病院新築工事現場にて、塗装工事の際、4尺脚立の天板から1段下の段（高さ約1m）に乗り4階天井の木枠を塗装する作業中、誤ってバランスを崩し、落下した。その際、合板の床に右腕を強打して負傷した。

略図（発生時の状況を図示すること。）

床へ落下

労働者が外国人である場合のみ記入すること。
（国籍・地域　　　）（在留資格　　　）

職員記入欄

国籍・地域コード　在留資格コード

起因物　店社コード　業種分類

事故の型　発注者種類 事業場等区分　業種上疾病
1：該当
2：非該当

自由設定項目
(1)　　(3)

報告書作成者
職 氏名　**労務課課長　赤山三郎**

令和5年　6月　1日

新宿 労働基準監督署長殿

事業者職氏名　**株式会社　東西建設**
代表取締役　千葉二郎

受付印

様式第24号（第97条関係）

労働者死傷病報告

事業の種類	事業場の名称	事業場の所在地	電話	労働者数
建設業	株式会社 南北建築	新宿区東新宿 1-2-3	03(1234)5678	167名

5年7月から5年9月まで

被災労働者の氏名	職種（建設業にあっては工事名を併記のこと。）	性別	年齢	派遣労働者の場合は欄に○	発生月日	傷病名及び傷病の部位	休業日数	災害発生状況（派遣労働者が被災した場合は、派遣先の事業場名を併記のこと。）
黒田裕一	内装工	男・女	35歳		8月11日	熱中症	1	室温40度の現場で作業中めまいやふらつきがあり、熱中症を発症したもの
白井恭介	内装工	男・女	58歳		9月13日	側頭部外傷	2	棚の解体作業中近くにあったカーテンレールに側頭部をぶつけたもの
		男・女	歳		月 日			
		男・女	歳		月 日			
		男・女	歳		月 日			
		男・女	歳		月 日			
		男・女	歳		月 日			

報告書作成者職氏名　総務課長　西村一郎

令和5年10月5日

新宿労働基準監督署長殿

備考　派遣労働者が被災した場合、派遣先及び派遣元の事業者は、それぞれ所轄労働基準監督署に提出すること。

事業者職氏名　株式会社 南北建築　代表取締役　南山次郎

218

15 60歳以降に賃金が低下したときの手続き

● 60歳到達時の賃金を登録しておく

　継続雇用制度により、60歳以降も勤務する場合であっても、60歳以前と比べて賃金が下がることになるケースが多いでしょう。60歳以上65歳未満までの雇用保険被保険者が一定の要件を満たした場合、被保険者に給付金が支給されます。その手続きの一環として60歳到達時点の賃金を登録しておく必要があります。

【申請手続と添付書類】

　「高年齢雇用継続給付支給申請書」（初回の申請時の場合、「高年齢雇用継続給付受給資格確認票」「（初回）高年齢雇用継続給付支給申請書」、次ページ）と、「払渡希望金融機関指定届」（221ページ）を事業所の所在地を管轄する公共職業安定所に提出します。初回の支給申請期限は、最初に支給を受けようとする支給対象月（受給要件を満たし、給付金の支給の対象となった月のこと）の初日から起算して4か月以内です。その後は、原則として2か月に一度、支給申請書を提出します。

　「雇用保険被保険者六十歳到達時等賃金証明書」（222ページ）、賃金台帳、労働者名簿、出勤簿など（賃金証明書の記載内容を確認できる書類）、運転免許証か住民票の写しなど（被保険者の年齢が確認できる書類。ただし、あらかじめマイナンバーを届出している場合は省略できます）

【ポイント】

・賃金証明書の2枚目には事業主欄の横に捨印を押します。
・賃金証明書の提出と同時に高年齢雇用継続給付受給資格確認票も提出することになります。

書式24　高年齢雇用継続給付受給資格確認票・高年齢雇用継続給付支給申請書

様式第33号の3（第101条の5、第101条の7関係）（第1面）

高年齢雇用継続給付受給資格確認票・（初回）高年齢雇用継続給付支給申請書
（必ず第2面の注意書きをよく読んでから記入してください。）

帳票種別
`1 5 3 0 0`

1.個人番号
`1 1 1 1 2 2 2 2 3 3 3 3`

2.被保険者番号
`5 0 1 8 - 1 2 3 2 2 3 - 4`

3.資格取得年月日
`3 - 5 4 0 5 0 1`
（3 昭和　4 平成
　5 令和）
元号　　年　　月　　日

4.被保険者氏名
`神戸 和夫`
フリガナ（カタカナ）
`カ ン ヘ゛ カ ス゛ オ`

5.事業所番号
`1 3 0 5 - 7 0 6 1 2 3 - 4`

6.給付金の種類
`1`
（1 基本給付金
　2 再就職給付金）

＜賃金支払状況＞

7. 支給対象年月その1
`5 - 0 5 0 9`
元号　年　　月

8. 7欄の支給対象年月に支払われた賃金額
`2 1 0 0 0 0`
円

9. 賃金の減額のあった日数
（空欄）

10. みなし賃金額
`,　　,　　　` 円

11.支給対象年月その2
`5 - 0 5 1 0`
元号　年　　月

12.11欄の支給対象年月に支払われた賃金額
`1 5 0 0 0 0`
円

13. 賃金の減額のあった日数
`0`

14.みなし賃金額
`,　　,　　　` 円

15.支給対象年月その3
（空欄）
元号　年　　月

16.15欄の支給対象年月に支払われた賃金額
（空欄）

17.賃金の減額のあった日数
（空欄）

18.みなし賃金額
`,　　,　　　` 円

※公共職業安定所記載欄

60歳到達時等賃金登録欄

19.賃金月額（区分ー日額又は総額）
`-`
（1 日額
　2 総額）

20.登録区分

21.基本手当の受給資格

22.定年等修正賃金登録年月日
`-　-`

高年齢雇用継続給付受給資格確認票事項記載欄

23.受給資格確認年月日
`-`
元号　年　月　日

24.支給申請月
（1 奇数月
　2 偶数月）

25.次回（初回）支給申請年月日
`-　-`
元号　年　月　日

26.支払区分

27. 金融機関・店舗コード　口座番号
（空欄）

28. 未支給区分
（空欄 未支給以外
　1 未支給）

その他賃金に関する特記事項

29.	30.	31.

上記の記載事実に誤りのないことを証明します。
事業所名（所在地・電話番号）　**東京都港区三田7-6-11**
令和 5 年11月10日　事 業 主 氏 名　㈱エービーシー 代表取締役 佐藤一郎　印

上記のとおり高年齢雇用継続給付の受給資格の確認を申請します。
雇用保険法施行規則第101条の5及び第101条の7の規定により、上記のとおり高年齢雇用継続給付の支給を申請します。

令和 5 年11月10日　公共職業安定所長 殿
住所　　フリガナ　カンベ　カズオ
申請者氏名　**神戸 和夫**

払渡希望金融機関指定届	32.払渡希望金融機関	フリガナ　トウトギンコウ　ネリマ		金融機関コード `0 1 2 3`　店舗コード `1 5 7`
		名　称　**東都銀行 練馬**　本店・支店		
		銀行等（ゆうちょ以外）口座番号（普通）　**3456789**		
		ゆうちょ銀行　記号番号（総合）　—		

| 備考 | 賃金締切日：末日 賃金支払日：当月・翌月 10 日 賃金形態：月給・日給・時間給
所定労働日数：7日　21 日
通勤手当（毎月・3か月・6か月）・無 | 月給 11日　15日　19日 | ※処理欄 | 資格確認の可否　可・否
年齢確認書類　住・免・（　）
資格確認年月日　令和　年　月　日
通知年月日　令和　年　月　日 |

社会保険労務士記載欄	作成年月日・提出代行者・事務代理者の表示	氏　名	電話番号	※所	所長	次長	課長	係長	係	操作者印

2021.9

書式25　払渡希望金融機関指定届・・・・・・・・・・・・・・・・・・・・・・・

様式第18号（第44条関係）（第1面）
雇用保険　　　　払渡希望金融機関　指定　届
　　　　　　　　　　　　　　　　　変更

※ 帳票種別
| 1 | 2 | 1 | 3 | 1 | — |

1.被保険者番号
| 5 | 0 | 1 | 8 | - | 1 | 2 | 3 | 2 | 2 | 3 | - | 4 | — |

2.支給番号
| | | | | - | | | | | | | | | — |

3.支払区分　4.金融機関・店舗コード　　口座番号
| 0 | 1 | 2 | 3 | 1 | 5 | 7 | - | 3 | 4 | 5 | 6 | 7 | 8 | 9 | | | | | — |

5.公金受取口座利用希望
□ マイナポータルにおいて
　登録した口座を利用する
　場合に「1」を記入
| | — |

届出者	フリガナ	カンベ　カズオ
	1 氏　名	神戸　和夫
	2 住所又は居所	〒171-0001 東京都練馬区練馬1-2-3　（電話番号 03-5757-1234）

6.
払渡希望
金融機関

□ マイナポータルに登録されている公金受取口座への振込を新たに希望される方は、左欄にチェックしてください。

□ マイナポータルに登録されている公金受取口座に変更が生じ、変更後の公金受取口座への振込を希望される方は、左欄にチェックしてください。

※公金受取口座への振込を希望する場合、個人番号を基に情報照会を行うことに同意したものとみなします。
※公金受取口座への振込を希望する場合、上記にチェックを入れた場合は、以下の金融機関情報について記載の必要はありませんが、記載があった場合には、以下の金融機関情報への振込を優先します。
※マイナポータルに登録されている公金受取口座に変更が生じた際は、速やかに「払渡希望金融機関変更届」を安定所に提出してください。安定所への届出がなされない場合、変更前の口座へ振り込まれることとなります。

	フリガナ	トウトギンコウ　ネリマ	金融機関コード	店舗コード
3 名　称		東都銀行　練馬　本店（支店）	0 1 2 3	1 5 7
4 銀行等（ゆうちょ銀行以外）	口座番号	（普通）　3456789		
5 ゆうちょ銀行	記号番号	（総合）　　　－		

※雇用保険の給付金を複数受給している場合、この届の届出により、すべての給付金の払渡し先が指定・変更されます。
　給付金ごとに払渡し先を指定・変更することはできません。

雇用保険法施行規則第44条第2項・第3項（第62条・第65条・第65条の5・第69条・第101条の2・第101条の2の5
第101条の10・第101条の20・第102条・附則第32条において準用する場合を含む。）の規定により上記のとおり届けます。

令和 5 年 11 月 10 日

公共職業安定所長　殿
地方運輸局長

届出者氏名　　　神戸　和夫
支給番号　（　　　　　　　　）

※必ず第2面をお読みください。

| 備考 | |

| ※ 所長 | 次長 | 課長 | 係長 | 係 | 操作者 |
| | | | | | |

2022.9

雇用保険被保険者六十歳到達時等賃金証明書（事業主控）

① 被保険者番号	5018 - 123223 - 4	② フリガナ	カンベ　カズオ
② 事業所番号	1305 - 706123 - 4	60歳に達した者の氏名	神戸　和夫

④ 事業所 名称 所在地 電話番号	株式会社　エービーシー 東京都港区三田7-6-11 03-4321-0123	⑤ 60歳に達した者の 住所又は居所	〒 171-0001 東京都練馬区練馬1-2-3 電話番号（ 03 ）5757-1234

⑥ 60歳に達した日等の年月日	平成 令和	5 年	8 月	11 日	⑦ 60歳に達した者の 生年月日	昭和 平成	38 年	8 月	12 日

事業主	住所 氏名	東京都港区三田7-6-11 株式会社　エービーシー 代表取締役　佐藤一郎

60歳に達した日等以前の賃金支払状況等

⑧ 60歳に達した日等に離職したとみなした場合の被保険者期間算定対象期間	⑨ ⑧の期間における賃金支払基礎日数	⑩ 賃金支払対象期間	⑪ ⑩の基礎日数	⑫ 賃金　　額			⑬ 備考
60歳に達した日等の翌日 8月2日				Ⓐ	Ⓑ	計	
7 月12日～60歳に達した日等	31日	8 月1日～60歳に達した日等	11日	110,000			
6 月12日～7 月11日	30日	7 月1日～7 月31日	31日	300,000			
5 月12日～6 月11日	31日	6 月1日～6 月30日	30日	300,000			
4 月12日～5 月11日	30日	5 月1日～5 月31日	31日	300,000			
3 月12日～4 月11日	31日	4 月1日～4 月30日	30日	300,000			
2 月12日～3 月11日	28日	3 月1日～3 月31日	31日	300,000			
1 月12日～2 月11日	31日	2 月1日～2 月28日	28日	300,000			
12 月12日～1 月11日	31日	1 月1日～1 月31日	31日	300,000			
11 月12日～12 月11日	30日	12 月1日～12 月31日	31日	300,000			
10 月12日～11 月11日	31日	11 月1日～11 月30日	30日	300,000			
9 月12日～10 月11日	30日	10 月1日～10 月31日	31日	300,000			
8 月12日～9 月11日	31日	9 月1日～9 月30日	30日	300,000			
月 日～ 月 日	日	8 月1日～8 月31日	31日	300,000			

⑭賃金に関する特記事項		六十歳到達時等賃金証明書受理 令和 年 月 日 （受理番号 番）

※公共職業安定所記載欄

次の5つの書類を添付してください。
1. 高年齢雇用継続受給資格確認票
2. 賃金台帳
3. 出勤簿（タイムカード）
4. 運転免許証等・住民票等、年齢を確認できる書類（写しで可。）
5. 通帳の写し又は金融機関の確認印（※振込口座を指定する場合。）

注意
1　事業主は、公共職業安定所からこの六十歳到達時等賃金証明書（事業主控）の返付を受けたときは、これを7年間保管し、関係職員の要求があったときは提示すること。
2　六十歳到達時等賃金証明書の記載方法については、別紙「雇用保険被保険者六十歳到達時等賃金証明書についての注意」を参照すること。
3　「60歳に達した日等」とは、当該被保険者の60歳の誕生日の前日又は60歳に達した後に「被保険者であった期間」が通算して5年を満たした日である。

社会保険 労務士 記載欄	作成年月日・提出代行者・事務代理者の表示	氏　　　名	電　話　番　号
		㊞	

(46) 2020.10

⑯ 労災で死亡したときの給付

● 実際に葬儀を行った人には葬祭料が支給される

業務上の事故などにより労働者が死亡したとき、葬祭を行う人（通常は遺族）に、一定額の葬祭（葬儀）費用が支給されます。

支給される額は、①31万5000円＋給付基礎日額の30日分、②給付基礎日額の60日分、のいずれか高いほうの額となります。

労働者の死亡の原因が通勤災害である場合、葬祭給付が支給されます（名称は異なりますが、請求方法、支給内容は葬祭料と同じです）。

【請求手続】

労働者の死亡日の翌日から2年以内に「葬祭料請求書」（次ページ）を事業所管轄の労働基準監督署に提出します。通勤災害による死亡の場合には、葬祭給付請求書（225ページ）を使います。

【添付書類】

死亡を確認できる書類（死亡診断書など）が必要です。ただ、遺族（補償）年金または遺族（補償）一時金の請求と同時に行う場合は不要です。

【ポイント】

・葬祭料請求書（業務災害用）の記載欄⑥の災害の原因及び発生の状況については、療養（補償）給付請求書（5号様式）や遺族（補償）年金支給請求書に記載した事項を参考に記入します。

・遺族が葬儀を行わないことが明らかな場合には、実際に葬儀を行った友人、知人、会社などに葬祭料が支給されます。ただ、葬祭を行う遺族がいないわけではなく、会社が恩恵的、功労的趣旨で社葬を行った場合には、葬祭料は遺族に支払われます。

様式第16号(表面)

業務災害用
複数業務要因災害用

労働者災害補償保険
葬祭料又は複数事業労働者葬祭給付請求書

① 労 働 保 険 番 号					③ 請求人の	フ リ ガ ナ	アサイ　マサコ
府県	所掌	管轄	基幹番号	枝番号		氏　名	朝井　昌子
13	1	09	123456	000		住　所	品川区西品川３－８－４
② 年 金 証 書 の 番 号						死亡労働者との関係	妻
管轄局	種別	西暦年	番　号				

④ 死亡労働者の	フ リ ガ ナ	アサイ　アキオ	
	氏　名	朝井　明夫	(男・女)
	生年月日	昭和 62 年 6 月 25 日 (36 歳)	
	職　種	営業	
	所属事業場名称所在地		

⑤ 負傷又は発病年月日

令和 5 年 12 月 7 日
午前・後 2 時 30 分頃

⑥ 災害の原因及び発生状況	(あ)どのような場所で(い)どのような作業をしているときに(う)どのような物又は環境に(え)どのような不安全な又は有害な状態があって(お)どのような災害が発生したかを簡明に記載すること

得意先に新製品の説明をするため、社用車で向かっていた
ところ、品川区大崎駅前の交差点で右折する際に直進車と
衝突し死亡した。

⑦ 死 亡 年 月 日

令和 5 年 12 月 7 日

⑧ 平 均 賃 金

10,253 円 16 銭

④の者については、⑤、⑥及び⑧に記載したとおりであることを証明します。

電話(03)1234－5678

令和 6 年 1 月 15 日

事 業 の 名 称　　株式会社　南北商会
〒 160－9999
事業場の所在地　　新宿区東新宿１－２－３
事業主の氏名　　代表取締役　南山　次郎
(法人その他の団体であるときはその名称及び代表者の氏名)

⑨ 添付する書類その他の資料名	除籍謄本　死亡検案書　住民票謄本

上記により葬祭料又は複数事業労働者葬祭給付の支給を請求します。

令和 6 年 1 月 17 日　　　　　　　　　　　〒 141－ 0000　　電話(03)3456－6543

請求人の　住　所　　品川区西品川３－８－４

新宿　労働基準監督署長　殿　　　　氏　名　　朝井　昌子

振込を希望する金融機関の名称		預金の種類及び口座番号	
東都	銀行・金庫 農協・漁協・信組	品川	本店・本所 出張所 支店・支所
		普通・当座　第345678号 口座名義人　朝井　昌子	

様式第16号の10　（表面）

通勤災害用

労働者災害補償保険
葬　祭　給　付　請　求　書

① 労働保険番号				
府県	所掌	管轄	基幹番号	枝番号
13	1	09	654321	000

② 年金証書の番号

管轄局	種別	西暦年	番　号

③
請
求
人
の

フリガナ　氏　名	フジムラ　アサミ　藤村　麻美
住　所	東京都板橋区板橋１−１−４
死亡労働者との関係	妻

④
死
亡
労
働
者
の

フリガナ　氏　名	フジムラ　ヨウスケ　藤村　洋介　（男・女）
生年月日	昭和55年　5月　1日（43歳）
職　種	営業
所属事業場名称所在地	

⑤ 平均賃金　13,043 円 47 銭

⑥ 死亡年月日　令和5年　8月 17日

⑦　通勤災害に関する事項　　　　　別紙のとおり

④の者については、⑤並びに別紙の⑥、㊁、㋨、㋬、㋛、㋷、㋡（通常の通勤の経路及び方法に限る。）及び⑦に記載したとおりであることを証明します。

令和5年　8月 29日

事 業 の 名 称	株式会社　緑商会
	〒　141−0000　　電話（03）3321−1123
事業場の所在地	品川区五反田１−２−３
事 業 主 の 氏 名	代表取締役　鈴木　太郎
	（法人その他の団体であるときはその名称及び代表者の氏名）

〔注意〕事業主は、別紙の⑥、㊁及び㋡については、知り得なかった場面には証明する必要がないので、知り得なかった事項の符号を消すこと。

⑧　添付する書類その他の資料名　　遺族年金支給請求書に添付

上記により葬祭給付の支給を請求します。
　　令和5年　9月 22日

	〒173−0004　　電話（03）4443−6969
住　所	東京都板橋区板橋１−１−４
請求人の　氏　名	藤村　麻美

　　　品川　　労働基準監督署長　殿

振込を希望する金融機関の名称		預金の種類及び口座番号	
東都　（銀行・金庫　農協・漁協・信組）	板橋　（本店・本所　出張所　支店・支所）	普通・当座　第　0589362 号	
		口座名義人　藤村　麻美	

雇用保険の被保険者証や通知書などを再発行してもらうときの手続き

● 公共職業安定所に所定の書類を提出する

「雇用保険被保険者証」とは、雇用保険が適用される労働者を採用するときに管轄の公共職業安定所の所長が労働者に対して発行する書類のことです。会社で保管し、退職時に労働者に交付することが多いようです。

雇用保険被保険者証を紛失した場合には、会社が事業所を管轄する公共職業安定所に申請をすることにより、再発行してもらえます。また、労働者自身が手続きを行うことも可能です。

なお、会社が適用事業所台帳や取得喪失に関する各種通知書等を紛失した場合、事業所を管轄する公共職業安定所に雇用保険関係各種届書等再作成・再交付申請書（228ページ）を提出します。

【申請手続】

紛失の事実が判明した後、速やかに事業所を管轄する公共職業安定所へ雇用保険被保険者証再交付申請書（次ページ）を提出します。

【添付書類】

被保険者証を紛失した場合には添付書類は不要ですが、毀損の場合には毀損した被保険者証を添付します。

【ポイント】

雇用保険被保険者証再交付申請書には、申請者の住所・氏名、被保険者番号、再交付の原因となった紛失や毀損の理由について記載します。再交付申請時に雇用保険の被保険者である場合（会社に勤務している場合）には⑤、⑥欄に記入します。一方、再交付時に無職の場合には⑦、⑧欄に最後の勤務先を記入します。

書式29 雇用保険被保険者証再交付申請書············

様式第8号（第10条関係）

※	所長	次長	課長	係長	係

雇用保険被保険者証再交付申請書

申請者	1. 氏 名	フリガナ ワタヌキ サキコ 綿貫 咲子		2. 性別	1男 ②女	3. 生年月日	大昭⑤52年 6月19日 平令
	4. 住所又は居所	品川区西大崎2-16-7				郵便番号 142-0002	
現に被保険者として雇用されている事業所	5. 名 称	株式会社 緑商会				電話番号 03-3321-1123	
	6. 所在地	品川区五反田1-2-3				郵便番号 141-0000	
最後に被保険者として雇用されていた事業所	7. 名 称					電話番号	
	8. 所在地					郵便番号 —	

9. 取得年月日	令和5年 8月 1日				
10. 被保険者番号	5019 - 012345 - 3			※安定所確認印	
11. 被保険者証の滅失又は損傷の理由	被保険者証を洗面所に落としてしまい、水により損傷した。				

雇用保険法施行規則第10条第3項の規定により上記のとおり雇用保険被保険者証の再交付を申請します。

　　令和　5年 11月 17日

　品川 公共職業安定所長　殿

　　　　　　　　　　　　　申請者氏名　綿貫 咲子

※ 再交付年月日	令和　年　月　日	※備考	

注意
1 被保険者証を損傷したことにより再交付の申請をする者は、この申請書に損傷した被保険者証を添えること。
2 1欄には、滅失又は損傷した被保険者証に記載されていたものと同一のものを明確に記載すること。
3 5欄及び6欄には、申請者が現に被保険者として雇用されている者である場合に、その雇用されている事業所の名称及び所在地をそれぞれ記載すること。
4 7欄及び8欄には、申請者が現に被保険者として雇用されている者でない場合に、最後に被保険者として雇用されていた事業所の名称及び所在地をそれぞれ記載すること。
5 9欄には、最後に被保険者となったことの原因となる事実のあった年月日を記載すること。
6 ※印欄には、記載しないこと。
7 なお、本手続は電子申請による届出も可能です。詳しくは公共職業安定所までお問い合わせください。

2021.9

書式30　雇用保険関係各種届書等再作成・再交付申請書

雇用保険関係各種届書等再作成・再交付申請書

事 業 所 名	株式会社 緑商会	事業所番号	1 3 0 6 － 7 8 9 1 2 3 － 4

1　再作成届書等（該当箇所に☑をつけてください。）

☐	資格喪失届	☐	事業所設置届事業主控
☑	資格取得等確認通知書	☐	事業所廃止届事業主控
☐	資格喪失確認通知書	☐	事業主事業所各種変更届事業主控
☐	離職票－1	☐	
☐	離職票－2	☐	
☐	転勤届受理通知書（転勤前事業主通知用）	☐	
☐	その他（ ）		

2　申請理由

資格取得等確認通知書を紛失したため

3　対象被保険者

フリガナ 氏　　名	生年月日	被保険者番号	取得年月日
スズキ ハナコ 鈴木 花子	昭和60年 8 月19日	5018－012012－1	平成24年 8 月 1 日
	年 月 日	－ －	年 月 日
	年 月 日	－ －	年 月 日
	年 月 日	－ －	年 月 日

上記について、申請します。

　　令和　5　年　7　月　26　日

	所 在 地	品川区五反田1－2－3
事 業 主	名 称	株式会社 緑商会
	代 表 者 氏 名	代表取締役 鈴木太郎　　　　印
	電 話 番 号	03-3321-1123

公共職業安定所長　殿　〔本人申請の場合は押印不要。事業主申請の場合は、提出者が事業主（当該事業所の従業員を含む）又は事業主から委任を受けて代理人であることが確認出来る場合は押印不要。〕

社 会 保 険 労 務 士 記 　 載 　 欄	作成年月日・提出代行者・事務代理者の表示	氏　　　名	電話番号

所　長	次　長	課　長	係　長	係	操作者	備 考

雇用保険の被保険者番号を訂正する場合の手続き

● 被保険者番号が不明または複数もっているときの手続き

　雇用保険の資格取得・喪失の届書の記載事項を間違えてしまった場合に、記載事項を訂正したり、その届書自体をなかったことにしたりするときには、雇用保険被保険者資格取得・喪失等届 訂正・取消願を提出します。

　特に被保険者番号が2つになってしまった場合、そのまま放置しておくと雇用保険受給の際に不利になる場合がありますので、必ず番号を統一しなければなりません。

【届出】

　間違いに気づいたときは、事業所を管轄するハローワークに速やかに雇用保険被保険者資格取得・喪失等届 訂正・取消願（次ページ）を提出します。

【添付書類】

　雇用保険被保険者証、雇用保険被保険者資格確認通知書、訂正・取消の根拠を説明できる書類

【ポイント】

　ハローワークにより、提出を求められる添付書類が異なることもありますので、管轄のハローワークに確認するようにしましょう。

【参考】

　氏名や生年月日の訂正には、運転免許証や住民票、資格取得日の訂正には、雇用契約書や賃金台帳、タイムカードなどが必要になります。

書式31 雇用保険被保険者資格取得・喪失等届 訂正・取消願例

雇用保険被保険者資格 ~~取得~~ ~~喪失~~ 等届 ~~訂正~~ ~~取消~~ 願

① 取得 ~~喪失~~ 届等確認通知年月日	令和5年 8 月 15 日	フリガナ	ヨシタケ カズオ
		④ 被保険者氏名	吉竹 一夫

② 被 保 険 者 番 号	⑤ 被 保 険 者 となった年月日	令和 5 年 8 月 1 日
3 4 1 0 ー 2 3 4 7 8 9 ー 5		

③ 事 業 所 番 号
1 3 0 6 ー 7 8 9 1 2 3 ー 4

		誤 (旧)	正 (新)
訂正事項	フリガナ ⑥ 被 保 険 者 氏 名		
	⑦ 生 年 月 日	大・㊀昭・平 53 年 8 月 12 日	大・昭・㊢平 28 年 8 月 12 日
	⑧ 被 保 険 者 となった年月日	昭・平・令 年 月 日	昭・平・令 年 月 日
	⑨ 離 職 年 月 日	昭・平・令 年 月 日	昭・平・令 年 月 日
	⑩ そ の 他		
統一事項	⑪ 重 複 統 一 被保険者証を二枚以上持っている場合に統合します。	ー ー	ー ー
取消事項	⑫ 資 格 取 得 届	⑯取消理由	
	⑬ 資 格 喪 失 届		
	⑭ 転 勤 届		

上記のとおり ~~訂正~~ ~~取消~~ していただきたくお願いいたします。

令和 5 年 11 月 14 日

事業主　所在地　品川区五反田 1 - 2 - 3
　　　　名称　　株式会社 緑商会
　　　　代表者氏名　代表取締役 鈴木 太郎　　㊞

品川 公共職業安定所長 殿

※ 確認書類	労働者名簿　賃金台帳　出勤簿　住民票 ⓗ戸籍謄(抄)本
	被保険者証　各種届確認通知書　契約書　その他関係書類

記入方法
1. ※欄は記入しないでください。
2. ①〜⑤欄は、訂正または取消などを行う確認通知書(各届出書の提出時に安定所からお渡ししたもの)の内容をそのまま記入してください。
3. ⑥〜⑮欄は、該当する欄のみを記入してください。ただし、取消の場合には⑯欄に取消理由を記入してください。
4. 代表者氏名について、記入押印又は自筆による署名のいずれかにより記載してください。
5. この願には、被保険者証、確認通知書、様式第4号を必ず添付し、訂正、取消の根拠を確認できる上記書類を持参してください。

			受理(処理)年月日

課長	係長	係	社会保険労務士記載欄	作成年月日・事務代理者の表示	氏 名	電 話 番 号
					㊞	

第6章

会社に関する定例・変更事務

労働保険の申告のための手続き

● 昨年分の保険料の確定額と今年の予定額はあわせて申告する

労働保険の保険料は、毎年7月10日までに1年分を概算で計算して申告・納付し、翌年度の7月10日までに確定申告の上、精算する方法をとっています。会社は、前年度の確定保険料と当年度の概算保険料を一緒に申告・納付します。この手続きを年度更新といいます。一般の会社は、労働保険料（労災保険分・雇用保険分）の徴収事務が一体のものとして取り扱われており、労働基準監督署が窓口となります。

【申告手続】

事業主が毎年6月1日から7月10日までの間に手続きを行います。前年度の確定保険料と当年度の概算保険料を「労働保険概算・確定保険料申告書」（234ページ）に記載し、併せて申告・納付します。

【ポイント】

労働保険料は、社員に支払う賃金の総額に保険料率（労災保険率＋雇用保険率）を乗じて算出された額です。しかし、社員のうち、雇用保険の被保険者とならない者に対して支払った賃金がある場合には、労災保険に係る賃金総額と雇用保険に係る賃金総額とを区別して計算し、それぞれの保険料率を乗じて保険料を計算します。

賃金の総額については、「確定保険料算定基礎賃金集計表」（235ページ）を作成の上、保険料申告書の確定保険料算定内訳欄の労災保険分と雇用保険分の算定基礎額欄にそれぞれ転記します。

「労働保険概算・確定保険料申告書」（234ページ）の概算・増加概算保険料算定内訳の算定基礎額欄については、賃金総額の見込額を記入します。見込額が前年度の賃金総額（確定保険料の算定基礎額）の50%以上200%以下である場合は、前年度の賃金総額（確定保険料の算定基

礎額）と同じ額を転記します。保険料率は業種によって異なります。労災保険についてはかなり細かく分類されています（42ページ）。一方、雇用保険については、一般の事業、農林水産の事業、建設の事業に大別されています（25ページ）。実務上は「年度更新」の時期に、都道府県労働局から送付されてくる保険料申告書に保険料率が印字されています。

なお、年度当初に年度更新を行った場合、条件がそろえば、保険料を分割して納付することができます（延納）。概算保険料額が40万円（労災保険又は雇用保険のどちらか一方の保険関係だけ成立している場合は20万円）以上の場合、または労働保険事務組合に労働保険事務の事務処理を委託している場合には、労働保険料を3回に分納できます。

【参考】

労働保険の申告・納付の手続きは継続事業だけでなく、有期事業においても必要です。単独の有期事業の場合、継続事業や一括有期事業と異なり、様式第6号（乙）の書式を用います。有期事業の途中で賃金総額が2倍以上になり、かつ、増加した賃金総額から見込まれる概算保険料と、すでに納めた概算保険料との差額に13万円の増加が見込まれるときは、増加した日から30日以内に増加概算保険料（労働保険料の徴収について、保険料の増加が見込まれる場合に新たに申告が必要になる保険料のこと）を申告納付しなければなりません。

「増加概算保険料申告書」（236ページ）には⑲欄に増加後の保険料算定基礎額の見込額を記入します。また、単独有期事業が終了した場合には、工事が終了した日から50日以内に「確定保険料申告書（有期事業）」（237ページ）を提出します。事業が終了するので、確定保険料のみを記入し、概算保険料の欄には何も記入しません。

なお、書式1と書式2は、今年度の年度更新に限って使用する書式です。来年度は、書式1の⑨欄は確定保険料の料率が表示され、㉜欄（期間別確定保険料算定内訳）がなくなります。書式2の確定保険料算定内訳は、前期分と後期分に区分けされていないものになります。

書式1　労働保険概算・確定保険料申告書 ·················

様式第6号（第24条、第25条、第33条関係）（甲）（1）

標準字体 **0123456789**

第3片「記入に当たっての注意事項」をよく読んでから記入して下さい。
OCR枠への記入は上記の「標準字体」でお願いします。

労働保険 概算・増加概算・確定保険料 **申告書**

31759　石綿健康被害救済法 **一般拠出金**

下記のとおり申告します。

継続事業
（一括有期事業を含む。）

提出用　5 年 6 月 3 日

種別　**32701**

※修正項目番号　※入力徴定コード

※ 各種区分

管轄②	保険関係等	業 種	産業分類

あて先 〒

①労働保険番号
都道府県 所掌 管轄 基幹番号 枝番号
1 3 1 0 9 6 5 4 3 2 1 - 0 0 0

②増加年月日（元号：令和は9）

③事業廃止等年月日（元号：令和は9）

※事業廃止等理由

東京労働局
労働保険特別会計歳入徴収官殿

④常時使用労働者数　**9**
⑤雇用保険被保険者数　**9**

※保険関係成立
※保険関係成立理由コード

確定保険料算定内訳

⑦区分　算定期間　令和4年4月1日 から 令和5年3月31日 まで

区分	⑧保険料・一般拠出金算定基礎額	⑨保険料・一般拠出金率	⑩確定保険料・一般拠出金額（⑧×⑨）
労働保険料	（イ）	㉜欄参照	（イ） 1065019
労災保険分	（ロ） 74550 千円	㉜欄参照	（ロ） 223650
雇用保険分	（ハ） 72734 千円	㉜欄参照	（ハ） 841369
一般拠出金	（ヘ） 74551 千円	0.02	（ヘ） 1491

概算・増加概算保険料算定内訳

⑪区分　算定期間　令和5年4月1日 から 令和6年3月31日 まで

区分	⑫保険料算定基礎額の見込額	⑬保険料率	⑭概算・増加概算保険料額（⑫×⑬）
労働保険料	（イ）	18.5	（イ） 1351027
労災保険分	（ロ） 74550 千円	3	（ロ）
雇用保険分	（ハ） 72734 千円	15.5	（ハ） 1127377

⑮事業主の郵便番号（変更のある場合記入）

⑯事業主の電話番号（変更のある場合記入）

延納の申請　納付回数　**3**

8/10/12/14/20の（ロ）欄の金額の前に「¥」記号を付さないで下さい。

⑱申告済概算保険料額　**878,265** 円

⑰申告済概算保険料額

⑲増加概算保険料額

⑳差引額　（イ）⑱-⑰の（イ）　（ロ）不足額　**186,754** 円　（ハ）還付額

㉙個人番号　**9876543210987**

期別納付額	第1期（初期又は全期） ㊾	㉑今期労働保険料充当額	㊽不足額（㉑の（ハ））	㉓一般拠出金充当額（⑳の（イ）一般拠出金分より）	㉔今期納付額（イ）＋（ニ）
第1期	450,343 円	186,754 円	0 円	1,491 円	638,588 円
第2期	450,342 円				
第3期	450,342 円				

㉖事業又は作業の種類　**衣料品の小売業**

㉗事業主	（イ）住所	〒141-0000　電話番号（03）3321-1123 品川区五反田1-2-3
	（ロ）名称	株式会社 緑商会
	（ハ）氏名	代表取締役 鈴木 太郎

㉕加入している労働保険　①労災保険 ②雇用保険
㉒特掲事業　①該当する ②該当しない
㉘保険関係成立年月日

⑤事業（イ）所在地　品川区五反田1-2-3
（ロ）名称　株式会社 緑商会

社 会 保 険 労 務 士 記 載 欄
作成年月日　氏名
提出代行者の表示　電話番号

㉚事業廃止等理由
(1)廃止 (2)委託
(3)個別 (4)労働者なし
(5)その他

期別算定確定保険料算定内訳

労災保険分	保険料算定基礎額	労災保険率	確定保険料額	雇用保険分	保険料算定基礎額	雇用保険率	確定保険料額
前期分	（イ）35,890 千円	1000分の 3	（ニ）107,6700.0 円	前期分	（ホ）35,135 千円	1000分の 9.5	（チ）333,782.5 円
後期分	（ロ）38,660 千円		（ホ）115,980.0 円	後期分	（ト）37,599 千円	1000分の 13.5	（リ）507,586.5 円
合計	（ハ）74,550 千円		（ヘ）223,650.0 円	合計	（チ）72,734 千円		（ヌ）841,369.0 円

（なるべく折り曲げないようにし、やむをえない場合には折り曲げマーク（▶）の所で折り曲げて下さい。）

書式2　確定保険料算定基礎賃金集計表

令和4年度 確定保険料・一般拠出金算定基礎賃金集計表／令和4年度 確定保険料算定内訳
（算定期間 令和4年4月1日～令和5年3月31日）

※前期＝令和4年4月1日～同年9月30日 後期＝令和4年10月1日～令和5年3月31日
※概算・確定保険料・一般拠出金申告書（事業主控）と一緒に保管してください。

労働保険番号	都道府県	所掌	管轄	基幹番号	枝番号
	13	1	09	654321	000

出向者の有無　受 0 名　出 0 名
事業の名称 株式会社 緑商会　電話 03-3321-1123
事業の所在地 東京都品川区五反田1-2-3　郵便番号 141-000
具体的な業務又は作業の内容 衣料品の小売業

月	労災保険および一般拠出金（対象者数及び賃金）					雇用保険（対象者数及び賃金）		
	(1)常用労働者	(2)役員で労働者扱いの人	(3)臨時労働者	(4)合計(1)+(2)+(3)		(5)常用労働者・パート・アルバイトで雇用保険の資格のある人（実質的な役員報酬分を除きます）	(6)役員で雇用保険の資格のある人	(7)合計(5)+(6)
	(人)(円)	(人)(円)	(人)(円)	(人)	(円)	(人)(円)	(人)(円)	(人)(円)
令和4年4月	8 5,535,000	0	0 0	8	5,535,000	8 5,535,000		8 5,535,000
5月	9 5,720,000	1 151,000	10		5,871,000	9 5,720,000		9 5,720,000
6月	9 5,820,145	1 151,000	10		5,971,145	9 5,820,145		9 5,820,145
7月	9 5,801,452	1 151,000	10		5,952,452	9 5,801,452		9 5,801,452
8月	9 5,720,000	1 151,000	10		5,871,000	9 5,720,000		9 5,720,000
9月	9 5,901,222	1 151,000	10		6,052,222	9 5,901,222		9 5,901,222
賞与4年7月	638,000				638,000	638,000		638,000
令和4年度前期計	35,135,819	755,000	(10-1) 35,890,819			35,135,819		(12-1) 35,135,819
10月	9 6,024,000	1 151,000	10		6,175,000	9 6,024,000		9 6,024,000
11月	10 6,125,000	1 151,000	11		6,276,000	10 6,125,000		10 6,125,000
令和5年1月	9 6,012,300	1 180,000	10		6,192,300	9 6,012,300		9 6,012,300
2月	9 6,152,242	1 189,000	10		6,341,242	9 6,152,242		9 6,152,242
3月	9 6,250,000	1 195,000	10		6,445,000	9 6,250,000		9 6,250,000
	9 6,012,000	1 195,000	10		6,207,000	9 6,012,000		9 6,012,000
賞与4年12月	1,024,000				1,024,000	1,024,000		1,024,000
令和4年度後期計	37,599,542	1,061,000	(10-2) 38,660,542			37,599,542		(12-2) 37,599,542
合計	108 72,735,361	11 1,816,000	(9)119 (10) 74,551,361			108 72,735,361		(11)118 (12) 72,735,361

常時使用労働者数（労災保険対象者数）119 (9)の合計人数÷12＝申告書⑧欄へ転記 9人
雇用保険被保険者数 118 (11)の合計人数÷12＝申告書⑤欄へ転記 9人

《 令和4年度 確定保険料算定内訳 》

(1)一元適用事業の場合は、次の確定保険料算定内訳により保険料算定基礎額及び保険料額を算定し、当該額を申告書に転記してください。

労災保険分 確定保険料算定内訳	(イ)算定基礎額	(ロ)保険料率 1000分の	(ハ)確定保険料額
前期分（令和4年4月1日～令和4年9月30日）	35,890 千円	3	107,670.0 円
後期分（令和4年10月1日～令和5年3月31日）	38,660 千円		115,980.0 円
合計	74,550 千円		223,650.0 円 223,650 円

雇用保険分	(ニ)算定基礎額	(ホ)保険料率 1000分の	(ヘ)確定保険料額
前期分（令和4年4月1日～令和4年9月30日）	35,135 千円	9.5	333,782.5 円
後期分（令和4年10月1日～令和5年3月31日）	37,599 千円	13.5	507,586.5 円
合計	72,734 千円		841,369.0 円 841,369 円

(2)二元適用事業が労災保険分を申告する場合は、算定基礎額は次表により算定し、申告書に転記してください。
労災保険分の算定基礎額（雇用保険対象者のみが対象） | (10)の合計額の千円未満を切り捨てた額 | 千円

(3)一元適用事業及び二元適用事業が一般拠出金を申告する場合は、算定基礎額は次表により算定し、申告書に転記してください。
一般拠出金の算定基礎額（労災保険が成立している全ての事業が記入） | (10)の合計額の千円未満を切り捨てた額 | 74,551 千円

書式３　増加概算保険料申告書（単独有期事業）…………

様式第6号（第24条、第25条、第33条関係）（乙）（1）（表面）

労働保険　概算・増加概算・確定保険料　申告書
石綿健康被害救済法　一般拠出金

有期事業（一括有期事業を除く。）

下記のとおり申告します。　令和5年　9月14日

標準字体 `0 1 2 3 4 5 6 7 8 9`

第3欄「記入に当たっての注意事項」をよく読んでから記入して下さい。
OCR枠への記入は上記の「標準字体」でお願いします。

東京 労働局労働保険特別会計歳入徴収官殿

種別 `3 2 7 0 2`　※修正項目番号

※各種区分　提出用

①労働保険番号
都道府県 `1 3` 所掌 `1` 管轄(1) `06` 基幹番号 `604302` - 枝番号 `000`

②法人番号 `9 7 8 6 7 5 6 4 5 3 4 2 3`

③保険関係成立年月日 令和 5 年 1 月 10 日

常時使用労働者数 `10` 人

⑤増加年月日（元号 令和は9）`9 - 05 - 09 - 01`

⑥事業終了（予定）年月日（元号 令和は9）`9 - 06 - 12 - 20`

④事業又は作業の種類　**建築事業**

⑦賃金総額の算出方法
(イ) 支払賃金　(ロ)○労務費率又は労務費の額　(ハ) 平均賃金

賃金総額の特例（⑦の（ロ）による場合）

⑧請負金額の内訳
(イ) 請負代金の額 `401,000,000` 円
(ロ) 請負代金に加算する額 `0` 円
(ハ) 請負代金から控除する額 `0` 円
(ニ) 請負金額〔(イ)＋(ロ)－(ハ)〕 `401,000,000` 円

⑨素材の（見込）生産量 立方メートル

⑩労務費率又は労務費の額 `23` ％/円

確定保険料

⑪算定期間　年 月 日 から 年 月 日 まで

⑫保険料率 1000分の

⑬保険料算定基礎額 千円

⑭確定保険料（⑬ × ⑫）

⑮申告済概算保険料額 円

⑯差引額
(イ) 充当額（⑮ － ⑭）円
(ロ) 還付額（⑮ － ⑭）円
(ハ) 不足額（⑭ － ⑮）円
⑲充当意思

一般拠出金

㉙一般拠出金算定基礎額 千円
㉚一般拠出金率 1000分の
㉛一般拠出金（㉙ × ㉚）

（注）石綿による健康被害の救済に関する法律第35条第1項に基づき、労災保険適用事業主から徴収する一般拠出金。

増加概算保険料

⑰算定期間　5 年 1 月 10 日 から 6 年 12 月 20 日 まで
⑱保険料率 1000分の `9.5`

⑲保険料算定基礎額又は増加後の保険料算定基礎額の見込額 `92,230` 千円

⑳概算保険料又は増加後の概算保険料額（⑲ × ⑱）`876185`

㉑申告済概算保険料額 `437,000` 円

㉒差引納付額（⑳ － ㉑）`439,185` 円

㉓延納の申請 納付回数

※有期メリット識別コード
※データ指示コード
※再入力区分

㉔概算保険料又は増加概算保険料の期別納付額

	金額
第1期（初期）	`439,185` 円
第2期 以降	円

㉕今期納付額

	金額
(イ) 概算保険料又は増加概算保険料	`439,185` 円
(ロ) 確定保険料	
(ハ) 一般拠出金	

※修正項目（英数 カナ）

㉕の（ロ）、㉕の欄の金額の前に「¥」記号を付けないで下さい。
㉕の(ハ)、㉚㉛欄は事業開始が平成19年4月1日以降の場合に記入して下さい。

㉖発注者（立木の伐採の事業の場合は立木所有者等）の住所又は所在地及び氏名又は名称

住所又は所在地	東京都大田区大森北4-10-1	郵便番号 143-0016
氏名又は名称	青森サービス株式会社	電話番号 03-1155-2266

事業

㉗所在地	東京都大田区羽田2-5-6
名称	青森ビル新築工事

事業主

(イ) 住所（法人のときは主たる事務所の所在地）	東京都品川区五反田東5-3-1	郵便番号 141-0001
(ロ) 名称	株式会社 品川工業	電話番号 03-3434-4545
(ハ) 氏名（法人のときは代表者の氏名）	代表取締役 品川 一男	

236

書式4　確定保険料申告書（単独有期事業）································

様式第6号（第24条、第25条、第33条関係）（乙）（1）（表面）

労働保険　~~概算・増加概算・~~確定保険料　申告書
石綿健康被害救済法　一般拠出金

有期事業（一括有期事業を除く。）

下記のとおり申告します。　令和6年 1月19日

標準字体 `0 1 2 3 4 5 6 7 8 9`
※印欄への記入は上記の「標準字体」でお願いします。

※各種区分　提出用

種別 `3 2 7 0 2`　※修正項目番号

東京 労働局労働保険特別会計歳入徴収官殿 `7 3 1`

①労働保険番号
都道府県 `1 3` 所掌 `1` 管轄(1) `0 6` 基幹番号 `6 0 4 3 0 2` - 枝番号 `0 0 0`
③法人番号 `9 7 8 6 7 5 6 4 5 3 4 2 3`

②保険関係成立年月日　令和5年 1月10日
常時使用労働者数　10人

④事業又は作業の種類　建築事業

⑤増加年月日(元号 令和は9) 元号 `-`年`-`月`-`日
⑥事業終了(予定)年月日(元号 令和は9) `9` - `0 6` - `1 2` - `2 0`

⑦　賃金総額の算出方法
(イ) 支払賃金　(ロ) 労務費率又は労務費の額　(ハ) 平均賃金

⑧請負金額の内訳
賃金総額の特例（⑦の(ロ)）による場合
(イ) 請負金の額 `250,000,000` 円
(ロ) 請負代金に加算する額 `0` 円
(ハ) 請負代金から控除する額 `0` 円
(ニ) 請負金額(イ)+(ロ)-(ハ) `250,000,000` 円
⑨素材の(見込)生産量 `23` 立方メートル
⑩労務費率又は労務費の額 `%` 円

確定保険料

⑪算定期間　5年 1月10日 から 6年12月20日 まで
⑫保険料率 1000分の `9.5`
⑬保険料算定基礎額 `57,500` 千円
⑭確定保険料額（⑬×⑫）`5 4 6 2 5 0` 円
⑮申告済概算保険料額 `437,000`

差引額
(イ) 充当額（⑮-⑭）円
(ロ) 還付額（⑮-⑭）円
(ハ) 不足額（⑭-⑮）`109,250`
※充当意思　※印欄の一般拠出金に充当する場合は2を記入

一般拠出金

⑳一般拠出金算定基礎額 `57,500` 千円
㉑一般拠出金率 1000分の `0.02`
㉒一般拠出金（⑳×㉑）`1 1 5 0` 円
(注) 石綿による健康被害の救済に関する法律第35条第1項に基づき、労災保険適用事業主から徴収する一般拠出金

増加概算保険料

⑯算定期間　年 月 日 から 年 月 日 まで
⑰保険料率 1000分の
⑲保険料算定基礎額又は増加後の保険料算定基礎額の見込算 千円
⑳概算保険料額又は増加後の概算保険料額（⑲×⑰）円
㉑申告済概算保険料額
㉒差引納付額（⑳-㉑）円
㉓延納の申請　納付回数
※有期メリット識別コード
※データ指示コード
※再入力区分

㉔概算保険料又は増加概算保険料の期別納付額
第1期(初期) 円
第2期 以降 円

㉕今期納付額
(イ) 概算保険料又は増加概算保険料 円
(ロ) 確定保険料 `109,250` 円
(ハ) 一般拠出金 `1,150` 円

※修正項目（英数・カナ）

⑭⑮の(ロ)、㉒㉚欄の金額の前に「¥」記号を付さないで下さい。
㉕の(ハ)、㉑㉒㉚欄は事業開始が平成19年4月1日以降の場合に記入して下さい。

㉖発注者(立木の伐採の事業の場合は立木所有者等)の住所又は所在地及び氏名又は名称
住所又は所在地　東京都大田区大森北4-10-1
郵便番号 143-0016
氏名又は名称　青森サービス株式会社
電話番号 03-1155-2266

㉗事業所在地　東京都大田区羽田2-5-6
㉗事業名称　青森ビル新築工事

㉙事業主
(イ)住所(法人のときは主たる事務所の所在地)　東京都品川区五反田東5-3-1
郵便番号 141-0001
(ロ)名称　株式会社 品川工業
電話番号 03-3434-4545
(ハ)氏名(法人のときは代表者の氏名)　代表取締役 品川 一男

2 有期事業者が定期的に行う報告

● 保険年度ごとの手続き

　一括有期事業の適用を受けている事業主は、毎年4月1日から翌年の3月31日の保険年度に終了した事業について、「一括有期事業報告書」にまとめて報告します。

　また、建設の事業は、事業の種類によって保険料の算定のベースとなる、労務費率も保険料率も異なります。そこで、「一括有期事業総括表」で、事業の種類ごとに整理して、それぞれの事業の種類ごとの請負金額を集計し、それぞれに該当する労務費率、保険料率を乗じて保険料を算出します。

【届出】

　「一括有期事業報告書」（次ページ）と「一括有期事業総括表」（240ページ）をセットで次の保険年度の6月1日から40日以内または保険関係が消滅した日から50日以内に管轄の労働基準監督署長を経由して都道府県労働局労働保険特別会計歳入徴収官に提出します。

【添付書類】

　確定保険料申告書

【ポイント】

　対象とする保険年度末において終了していない事業は除外して、次年度の事業分に含めます。

書式5 労働保険一括有期事業報告書（建設の事業）……

様式第7号（第34条関係）（甲）

一括有期事業報告書（労働保険）（建設の事業）

| 労働保険番号 | | | | | | 枚のうち 1 | | 1枚目 | 事業主控 |

労働保険番号				
府県	所掌	管轄	基幹番号	枝番号
1　3	1	0　6	6　0　4　3　0	2　0　0　0

事業の名称	事業場の所在地	事業の期間	請負代金の額	請負代金に加算する額	請負代金から控除する額	請負金額	② 労務費率	賃金総額
福島郵新築工事	東京都品川区五反田3-6-9	令和4年3月10日から 令和4年8月31日まで	50,000,000			50,000,000	23	11,500,000
千葉郵新築工事	東京都品川区大崎2-3-5	令和4年3月7日から 令和4年9月30日まで	80,000,000			80,000,000	23	18,400,000
		年 月 日から 年 月 日まで						
		年 月 日から 年 月 日まで						
		年 月 日から 年 月 日まで						
	計		130,000,000			130,000,000		29,900,000

前年度中（保険関係が消滅した日まで）に廃止又は終了があったそれぞれの事業の明細を上記のとおり報告します。

事業の種類	35 建築事業

令和5年 4月 19日

東京 労働局労働保険特別会計歳入徴収官 殿

事業主 住所 東京都品川区五反田5-3-1 郵便番号（ 141 - 0001 ）
電話番号（ 03 - 3434 - 4545 ）

氏名 株式会社品川工業 代表取締役 品川 一男
（法人のときはその名称及び代表者の氏名）

（作成年月日・提出代行者・事務代理者の表示） 氏 名 電話番号

（注意）
社会保険労務士記載欄は、この報告書を社会保険労務士が作成した場合のみ記載すること。

社会保険労務士記載欄

書式6　労働保険令和4年度一括有期事業総括表（建設の事業）

事業主控

労働保険等
令和4 年度一括有期事業総括表（建設の事業）

労働保険番号	府県	所掌	管轄	基幹番号	枝番号
	1 3	1	0 6	6 0 4 3 0 2	0 0 0

一括有期事業報告書　1　枚添付

業種番号	事業の種類	事業開始時期	請負金額	労務費率	賃金総額 (千円)	保険料率 基準料率 (1000分の)	保険料率 メリット料率 (1000分の)	保険料額
31	水力発電施設、ずい道等新設事業	平成27年3月31日以前のもの	(円)	18		89		(円)
		平成30年3月31日以前のもの						
		平成30年4月1日以降のもの		19		79		
32	道路新設事業	平成27年3月31日以前のもの		20		16		
		平成30年3月31日以前のもの						
		平成30年4月1日以降のもの		19		11		
33	舗装工事業	平成27年3月31日以前のもの		18		10		
		平成30年3月31日以前のもの						
		平成30年4月1日以降のもの		17		9		
34	鉄道又は軌道新設事業	平成27年3月31日以前のもの		23		17		
		平成30年3月31日以前のもの		25		9.5		
		平成30年4月1日以降のもの		24		9		
35	建築事業	平成27年3月31日以前のもの		21		13		
		平成30年3月31日以前のもの				11		
		平成30年4月1日以降のもの	130,000,000	23	29,900	9.5		284,050
38	既設建築物設備工事業	平成27年3月31日以前のもの		22		15		
		平成30年3月31日以前のもの						
		平成30年4月1日以降のもの		23		12		
36	機械装置の組立て又は据付けの事業 — 組立て又は取付けに関するもの	平成27年3月31日以前のもの		38		7.5		
		平成30年3月31日以前のもの		40				
		平成30年4月1日以降のもの		38		6.5		
	その他のもの	平成27年3月31日以前のもの		21		7.5		
		平成30年3月31日以前のもの		22				
		平成30年4月1日以降のもの		21		6.5		
37	その他の建設事業	平成27年3月31日以前のもの		23		19		
		平成30年3月31日以前のもの				17		
		平成30年4月1日以降のもの		24		15		
		平成19年3月31日以前のもの		①				
	合　計		130,000,000		29,900			284,050

② （①を除いた合計）　29,900 千円
一般拠出金率　1000分の 0.02
一般拠出金額（②×③）　598 円

郵便番号（　141　　0001　）
電話番号（　03　3434　4545　）

別添一括有期事業報告書の明細を上記のとおり総括して報告します。

令和5 年　4 月　19 日

東京 労働局労働保険特別会計歳入徴収官　殿

住所　東京都品川区五反田東5-3-1

事業主
氏名　株式会社 品川工業
代表取締役　品川　一男

（法人のときはその名称及び代表者の氏名）

	作成年月日・提出代行者・事務代理者の表示	氏　名	電　話　番　号
社会保険労務士記載欄			

労働保険の届出事項に変更
があったときの手続き

事務所移転の場合は移転後の労働基準監督署に提出する

　労働保険の適用事業所の名称や所在地に変更があったときに提出する届出書です。具体的には事業主の氏名、事業所の名称・住所・電話番号が変更になったときや、事業の種類が変更になったときに変更届を提出しなければなりません。なお、事業所所在地の変更の場合は、変更後の労働基準監督署に提出します。

【届出】

　名称、所在地に変更があった日の翌日から10日以内に管轄の労働基準監督署に「労働保険名称・所在地等変更届」を届け出ます。

　【添付書類】

　登記事項証明書・住民票・賃貸借契約書などの変更書類

【ポイント】

　変更届の⑧欄の変更理由は具体的に記入します。

　⑮欄の変更年月日については、変更の事実があった日（登記事項に変更があった場合はその登記日）を記入します。

【備考】

　建設業（二元適用事業）の名称、所在地変更届は、労災保険についての届出を労働基準監督署に、雇用保険についての届出を公共職業安定所にそれぞれ提出します。

書式7　労働保険名称、所在地等変更届 ·····················

様式第2号（第5条関係）

労働保険　**名称、所在地等変更届**
下記のとおり関係事項に変更があったので届けます。

提出用

令和 5 年 1 月 7 日

種別
|3|1|6|0|4|

三田　労働基準監督署長
公共職業安定所長 殿

※修正項目番号　※漢字修正項目番号

労働保険番号
府県　所掌　管轄(1)　基幹番号　枝番号
|1|3|1|0|7|2|3|2|3|2|3|-|0|0|0|（項1）

変更前の事業主又は事業

① 事業主　住所又は所在地　品川区五反田 1-2-3
　　　　　　氏名又は名称　株式会社 緑商会

② 変更前の事業　所在地　郵便番号 141-0000　品川区五反田 1-2-3　電話番号 03-3321-1123
　　　　　　名称　株式会社 緑商会

③ 事業の種類

④ 事業予定期間　　年　月　日 から　　年　月　日 まで

変更後の事業主又は事業

⑨ 住所（カナ）
郵便番号 |1|0|8|-|0|0|0|1|（項2）
住所 市区・郡名 |ミ|ナ|ト|ク|（項3）
住所（つづき）町村名 |シ|バ|タ|（項4）
住所（つづき）丁目・番地 |5|-|1|4|-|3|（項5）
住所（つづき）ビル・マンション名等（項6）

⑩ 住所（漢字）
住所 市区・郡名 |港|区|（項7）
住所（つづき）町村名 |芝|田|（項8）
住所（つづき）丁目・番地 |5|-|1|4|-|3|（項9）
住所（つづき）ビル・マンション名等（項10）

⑪ 名称・氏名（カナ）
名称・氏名 |カ|ブ|シ|キ|カ|イ|シ|ヤ|（項11）
名称・氏名（つづき）|グ|リ|ー|ン|ス|ト|ア|（項12）
名称・氏名（つづき）（項13）
電話番号 |0|3|-|5|4|3|2|-|1|2|3|4|（項14）

⑫ 名称・氏名（漢字）
名称 氏名 |株|式|会|社|（項15）
名称 氏名（つづき）|グ|リ|ー|ン|ス|ト|ア|（項16）
名称 氏名（つづき）（項17）

⑤ 事業主　住所又は所在地　港区芝田 5-14-3
　　　　　　氏名又は名称　株式会社 グリーンストア

⑥ 変更後の事業　所在地　郵便番号 108-0001　港区芝田 5-14-3　電話番号 03-5432-1234
　　　　　　名称　株式会社 グリーンストア

⑦ 事業の種類

⑧ 変更理由　社名・所在地変更のため

⑭ 事業終了予定年月日（元号　令和は9）
元号　|　　|年　|　　|月　|　　|日（項18）

⑮ 変更年月日（元号　令和は9）
|9|-|0|5|-|0|1|-|0|1|（項19）

※変更前の労働保険番号
府県　所掌　管轄(1)　基幹番号　枝番号
|　|　|　|　|　|　|　|　|　|-|　|　|　|（項20）

※変更後の元請労働保険番号
府県　所掌　管轄(1)　基幹番号　枝番号
|　|　|　|　|　|　|　|　|　|-|　|　|　|（項21）

②変更後の事業所番号
|　|　|　|-|　|　|　|　|　|-|　|（項22）

※保険関係等区分　※府県区分　※管轄(2)
|　|　|　|（項23）

※業種　※産業分類　※特掲コード　※片保険理由コード
（項26）（項27）（項28）（項29）

※データ指示コード　※再入力区分
（項30）（項31）

※修正項目（頒数・カナ）

※修正項目（漢字）

※法人番号（項32）

事業主
住所　港区芝田5-14-3
株式会社 グリーンストア
氏名　代表取締役 鈴木太郎
（法人のときはその名称及び代表者の氏名）

4 適用事業所の名称などに変更があったときの手続き

● 労働保険名称・所在地等変更届の控えを添えて届出をする

事業主の氏名、事業所の名称・所在地・事業の種類・労働保険番号（成立届の14ケタの番号）が変更になったときに提出する届出です。また、この届出手続きの前提条件として、事前に「労働保険名称、所在地変更届」（前ページ）を所在地管轄の労働基準監督署に提出しておく必要があります（所在地変更の場合は変更後の管轄の労働基準監督署に提出する）。

【届出】

事業主が、名称、所在地などに変更があった日の翌日から10日以内に「雇用保険事業主事業所各種変更届」（次ページ）を管轄の公共職業安定所に届け出ます。

【添付書類】

①労働保険名称、所在地等変更届の控え、②登記事項証明書（法人の場合）または住民票（個人の場合）、③賃貸借契約書などが必要です。

【ポイント】

・②欄の変更年月日については、変更の事実のあった日（登記事項に変更があった場合はその登記日）を記入します。

・⑪欄の労働保険番号については、移転に伴って労働保険番号（14ケタ）が変更になる場合がありますので、必ず変更後の労働保険番号を記入します。

雇用保険事業主事業所各種変更届

（必ず第2面の注意事項を読んでから記載してください。）
※ 事業所番号

帳票種別
```
1 3 0 0 3
```
※1.変更区分 □

2.変更年月日
```
5 - 0 5 0 1 0 1
```
（4 平成 5 令和）
元号　　年　　月　　日

3.事業所番号
```
1 3 0 6 - 7 8 9 1 2 3 - 4
```

4.設置年月日
```
4 - 2 4 0 7 0 6
```
（3 昭和 4 平成 5 令和）
元号　　年　　月　　日

（この用紙は、このまま機械で処理しますので、汚さないようにしてください。）

●下記の5～11欄については、変更がある事項のみ記載してください。

5.法人番号（個人事業の場合は記入不要です。）
```
カ ブ シ キ カ イ シ ャ
```

6.事業所の名称（カタカナ）
```
グ リ ー ン ス ト ア
```

事業所の名称〔続き（カタカナ）〕

7.事業所の名称（漢字）
```
株 式 会 社
```

事業所の名称〔続き（漢字）〕
```
グ リ ー ン ス ト ア
```

8.郵便番号
```
1 0 8 - 0 0 0 1
```

10.事業所の電話番号（項目ごとにそれぞれ左詰めで記入してください。）
```
0 3        - 5 4 3 2 - 1 2 3 4
```
市外局番　　　　　市内局番　　　　番号

9.事業所の所在地（漢字）　市・区・郡及び町村名
```
港 区 芝 田
```

事業所の所在地（漢字）　丁目・番地
```
5 - 1 4 - 3
```

事業所の所在地（漢字）　ビル、マンション名等

11.労働保険番号
```
1 3 1 0 9 4 5 6 4 5 6 0 0 0
```
府県　所掌　管轄　　基幹番号　　　　枝番号

※公共職業安定所記載欄

12.設置区分	13.事業所区分	14.産業分類
□（1当然 2任意）	□（1個別 2委託）	□□

変更事項	15.	（フリガナ）	ミナトクシバタ		18.変更前の事業所の名称	（フリガナ）	カブシキガイシャ　ミドリショウカイ
	住所（法人のときはその主たる事務所の所在地）	港区芝田5－14－3				株式会社　緑商会	
事業主	名称	（フリガナ） カブシキガイシャ　グリーンストア			19.変更前の事業所の所在地	（フリガナ） シナガワクゴタンダ	
		株式会社　グリーンストア				品川区五反田1－2－3	
	氏名（法人のときは代表者の氏名）	（フリガナ） ダイヒョウトリシマリヤク　スズキ　タロウ			20.事業の開始年月日	24 年 7 月 6 日	24.社会保険加入状況
		代表取締役　鈴木　太郎			※事業の21.廃止年月日	令和　年　月　日	（健康保険 厚生年金保険 労災保険）

16.変更後の事業の概要
衣料品の小売業

22.常時使用労働者数
21 人

25.雇用保険被保険者数
一般　18 人
日雇　0 人

17.変更の理由
事業所の名称・所在地を
変更したため

23.雇用保険担当課名
総務課
労務係

26.賃金支払関係
賃金締切日　末 日
賃金支払日 翌月 25 日

備　考		※	所長	次長	課長	係長	係		操作者

（この届出は、変更のあった日の翌日から起算して10日以内に提出してください。）

2021.9

労働保険の事務を本社でまとめて行うための届出

● 労働保険の適用事業所を本社で一括したいときの手続き

労働保険では、原則として1つの会社であっても支店や工場を単位としてそれぞれを適用事業所とみなしますが、支店や工場を労働保険の事務手続上1つの事業所とみなしてまとめることを継続事業の一括といいます。

一括のメリットは、本来であればそれぞれ行わなければならない各支店・工場の保険料の申告・納付を本社（指定事業）でまとめて行える点にあります。ただし、同一会社であっても事業の種類が異なる場合は、一括することができません。継続事業の一括を行うための前提として、一括しようとする支店・工場の所轄労働基準監督署に「保険関係成立届」を提出する必要があります。

【届出】

「労働保険継続事業一括認可申請書」を、保険関係を一括して処理する本社等の所在地を管轄する労働基準監督署に届け出ます。

【添付書類】

一括される支店・工場の労働保険保険関係成立届

【ポイント】

申請書は3枚の複写式になっています。申請書の③、④、⑤欄には本社の労働保険番号（14ケタ）と所在地、名称をそれぞれ正確に記入します。⑧、⑩欄には一括される支店や工場の労働保険番号と所在地、名称をそれぞれ正確に記入します。

様式第5号(第10条関係)

労　働　保　険
継　続　事　業　一　括　認　可・追　加・取　消　申　請　書

提出用

種別	※修正項目番号
３１６４０	□□

①下記のとおり継続事業の一括に係る { 認可・認可の追加・認可の取消 } の申請をします。

指定を受けることを希望する事業又は既に指定を受けている事業

③労働保険番号

府県	所掌	管轄(1)	基幹番号	枝番号
１３	１０７	２	３２３２３	０００ |(項1)

②申請年月日(元号 令和は9)

元号	年	月	日
９	０５	０９	２６ |(項2)

④所在地　品川区五反田1-2-3

郵便番号　141-0000

⑥保険関係成立区分
(イ)労災 雇用
(ロ)労 災
(ハ)雇 用

⑦事業の種類(労災保険率表による)　小売業

⑤名称　株式会社　緑商会

電話番号　03-3321-1123

申請書の指定事業に一括され又は一括を取消される事業

1

⑥労働保険番号

府県	所掌	管轄(1)	基幹番号	枝番号
１３	１０５	４	５６７６７	０００ |(項3)

※認可コード □(項?)　※管轄(2) □(項?)　⑨整理番号 □□□□(項?)

所在地　台東区上野2-4-6

郵便番号　126-0001

⑪保険関係成立区分
(イ)労災 雇用
(ロ)労 災
(ハ)雇 用

⑫事業の種類(労災保険率表による)　小売業

名称　株式会社　緑商会　上野店

電話番号　03-5566-7890

2

⑬労働保険番号

府県	所掌	管轄(1)	基幹番号	枝番号

※認可コード □(項8)　※管轄(2) □(項9)　⑩整理番号 □(項10)

⑮所在地

郵便番号

⑯保険関係成立区分
(イ)労災 雇用
(ロ)労 災
(ハ)雇 用

⑰事業の種類(労災保険率表による)

名称

電話番号

3

⑱労働保険番号

府県	所掌	管轄(1)	基幹番号	枝番号
				|(項11)

※認可コード □(項12)　※管轄(2) □(項13)　⑩整理番号 □(項14)

⑳所在地

郵便番号

㉑保険関係成立区分
(イ)労災 雇用
(ロ)労 災
(ハ)雇 用

㉒事業の種類(労災保険率表による)

名称

電話番号

4

㉓労働保険番号

府県	所掌	管轄(1)	基幹番号	枝番号
				|(項15)

※認可コード □(項16)　※管轄(2) □(項17)　⑮整理番号 □(項18)

所在地

郵便番号

㉖保険関係成立区分
(イ)労災 雇用
(ロ)労 災
(ハ)雇 用

㉗事業の種類(労災保険率表による)

名称

電話番号

※認可 取消年月日(元号 令和は9)

元号	年	月	日
			|(項23)

※データ指示コード □(項24)

※修正項目 □□□□□□□□□□□□□

① 新規申請
③ 追加の申請
④ 認可の取消し

東京　労働局長　殿

事業主

住所　品川区五反田1-2-3

株式会社 緑商会
氏名　代表取締役 鈴木　太郎
(法人のときはその名称及び代表者の氏名)

(3 3)

6 支店などが雇用保険の適用事業所に該当しない場合に承認を得るための届出

● 雇用保険の事務を本社で一括して行うための手続き

　雇用保険では、1つの会社であっても支店や工場を単位として、それぞれを別々に適用事業所としてみなします。しかし、小規模な営業所では、その営業所の雇用保険事務を本社などで一括して取り扱った方が効率がよいこともあります。支店や営業所などの雇用保険事務を本社で一括して行うためには、その支店や営業所が雇用保険の適用事業所に該当しない（非該当）ことの承認を得なければなりません。これは労働保険料の申告・納付事務の「継続事業の一括」（245ページ）と同じ考え方によりますが、労働保険の継続事業の一括と異なり、本店と支店の事業の種類が異なっていても一括することができます。

【届出】

　「雇用保険事業所非該当承認申請書」（次ページ）を、雇用保険の適用事業所に該当しないこととする事業所を管轄する公共職業安定所に提出します。

【添付書類】

　「事業所非該当承認申請調査書」（249ページ）を提出します（ただし、添付書類は都道府県によって異なります）。

【ポイント】

　「事業所非該当承認申請書」を作成する上での注意点は以下のとおりです。

・①②欄には非該当事業所の名称、所在地をそれぞれ記入します。
・③欄には非該当事業所の設置年月日を記入します。
・⑥欄に非該当事業所の事業所番号、⑧欄に労働保険番号を記入します。
・⑩欄は非該当事業所に備えつけている帳簿を○で囲みます。

書式10　雇用保険事業所非該当承認申請書··················

雇用保険　事業所非該当承認申請書（安定所用）

1．事業所非該当承認対象施設

①名　　称	株式会社 グリーンストア 上野店	⑦労働保険料の徴収の取扱い　労働保険の保険料の徴収等に関する法律施行規則上の事業場とされているか　（いる）・いない
②所　在　地	〒126-0001　台東区上野2−4−6　電話 03（5566）7890	⑧労働保険番号　府県 所掌 管轄 基幹番号 枝番号　1 3 1 0 5 4 5 6 7 6 7 − 0 0 0
③施設の設置年　月　日	令和5年　9月21日	⑨社会保険の取扱い　健康保険法及び厚生年金保険の事業所とされているか　いる・（いない）
④事業の種類	衣料品の小売業	⑩各種帳簿の備付状況　労働者名簿・賃金台帳・（出勤簿）
⑤従業員数	2（うち被保険者数　2　）	⑪管轄公共職業安定所　上野 公共職業安定所
⑥事業所番号	1 3 0 7 − 8 9 0 1 2 3 − 4	⑫雇用保険事務処理能力の有無　有・（無）
⑬申請理由	給与計算及び人事労務関係の全てを本社で行っているため	

2．事業所

⑭事業所番号　1 3 0 6 − 7 8 9 1 2 3 − 4	⑱従業員数	（うち被保険者数 14　14　）
⑮名　　称　株式会社 グリーンストア	⑲適用年月日	令和5年　7月　1日
⑯所　在　地　〒108-0001　港区芝田5−14−3　電話 03（5432）1234	⑳管轄公共職業安定所	品川 公共職業安定所
⑰事業の種類　衣料品の小売業	㉑備　考	

上記1の施設は，一の事業所として認められませんので承認されたく申請します。
　　令和 5 年 10 月 1 日
　　品川 公共職業安定所長殿

　　　　　　　　　　　　　　　　　　　港区芝田5−14−3
　　　　　　　　　　　　　住　所　株式会社 グリーンストア
　　事業主（又は代理人）
　　　　　　　　　　　　　氏　名　代表取締役 鈴木　太郎

（注）　社会保険労務士記載欄は，この届書を社会保険労務士が作成した場合のみ記入する。

社会保険労務士記載欄	作成年月日・提出代行者の表示	氏　　名	電話番号

━━━━━━━━━━━━━━━━━━━━━━━━━━━━━━━━━━━━━

※公共職業安定所記載欄

上記申請について協議してよろしいか。		所　長	次　長	課　長	係　長	係
	年　　月　　日					
調査結果	・場所的な独立性　有・無　・事務処理能力　有・無　・経営上の独立性　有・無　・その他[　]　・施設としての持続性　有・無					
協議先　主管課・　　　安定所	協議年月日　　　年　　月　　日					

下記のとおり決定してよろしいか。		所　長	次　長	課　長	係　長	係
	年　　月　　日					
協議結果　　適・否						
承　認・不承認						
備考		決定年月日	年　月　日			
		事業主通知年月日	年　月　日			
		主管課報告年月日	年　月　日			
		関係公共職業安定所連絡年月日	年　月　日			

事業所非該当承認申請調査書

①	当該施設名	株式会社 グリーンストア 上野店
②	当該施設代表者 又は担当者	（役職）　マネージャー　　　　（氏名）　　若井　光
③	当該施設の事業内容	衣料品の小売業 （労働者派遣事業）行っている・行っていない　（労働者派遣事業の許可又は届出の有無）している・していない・申請中

④	当該施設の人事組織	役職・職種等（雇用保険被保険者以外の労働者を含む） 販売　：　2　名　　　　　　　　　：　　　名 　　　：　　　名　　　　　　　　：　　　名　　合計　2　名 　　　：　　　名　　　　　　　　：　　　名　　（うち常駐役員　名）

⑤	当該施設の人事権	1 当該施設にある　②当該施設に一部ある（常用、パート、臨時、その他　）・3 当該施設に無し ※「2 当該施設に一部ある」の場合、その内容 　募集・面接・採用・配置・解雇・その他（　　　　　　　　）：最終決定権（当該施設・事業所 ）

⑥	経営の状況	指 揮 監 督 権	①事業所　　・2 当該施設　　・3 その他（　　　　　　　）
		業務計画（企画・立案）	①事業所　　・2 当該施設　　・3 その他（　　　　　　　）
		当該施設代表者又は担当者の責任範囲	1 当該施設全体　②当該施設の一部　・3 その他（　　　　　） ※「1 当該施設全体」「2 当該施設の一部」の場合、その内容（店舗管理 ）

⑦	経理の状況	賃 金 計 算	①事業所　　・2 当該施設　　・3 その他（　　　　　　　）
		賃 金 支 払	①事業所　　・2 当該施設　　・3 その他（　　　　　　　）

⑧	労働保険の適用状況 （当該施設での適用の有無）	①あり 2 なし	Ⅰ 施設独自で適用　　Ⅱ 事業所で一括適用 Ⅲ 継続一括認可済み　Ⅳ 継続一括認可申請中 Ⅴ その他（　　　　　　　　　　　　　）

⑨	施設としての持続性	無期 ・ 有期 （自　　　年　　月　　　日 ～ 至　　　年　　月　　　日）

⑩	他の施設の取扱状況	県（都）内　　　　　ヶ所 （うち既承認数　　　　ヶ所）	県（都）外　　　　　ヶ所 （うち既承認数　　　　ヶ所）

⑪	備考	

安定所の意見	1　承認可 2　承認不可（理由　　　　　　　　　　　　　　　）　　　　　　　）
調査年月日	令和　　年　　月　　日 調査者　　　　　　　　　　　　　　　　　印

※記入上の注意
① 欄　　…　非該当承認対象施設の名称を記載すること。
③ 欄　　…　当該施設の事業内容を具体的に記載すること。
④ 欄　　…　職名別に具体的に記載すること　（例、所長1名、営業3名、事務2名）
⑤～⑨ 欄　…　該当項目を○で囲むこと。
⑩ 欄　　…　施設数は他の施設数を記載し、既承認数は非該当承認承認済みの他の施設数を内数で記載すること。

単独の有期事業者が事業を開始するときの届出

● 概算保険料を納める

　一定の期間だけ行われる工事など、期間の定めのある事業を有期事業といいます。有期事業の事業主は、事業を開始した日の翌日から10日以内に保険関係成立届を管轄の労働基準監督署に提出します。また事業を開始した日の翌日から20日以内に、「労働保険概算保険料申告書」を提出し、概算保険料を納付しなければなりません。

　事業主が概算保険料申告書を提出しないときや、記載内容に誤りがあるときは、政府が職権で労働保険料の額を決定します。これを「認定決定」といいます。

【手続】

　工事現場の管轄の労働基準監督署を経由して都道府県労働局労働保険特別会計歳入徴収官に「労働保険概算保険料申告書」を提出します。

【添付書類】

　有期事業についての労働保険保険関係成立届

【ポイント】

　概算保険料の計算は、賃金総額に保険料率を乗じて算出しますが、賃金総額が正確に把握できない場合は、請負金額に労務費率を乗じ、それに保険料率を乗じて算出します。

　労働保険事務組合（商工会、商工会議所、事業協同組合など、事業主の委託を受けて、労働保険の事務を代行する中小事業主などの団体のこと）に事務委託している事業主は、概算保険料の額が75万円以上で、工事の期間が6か月を超えるものについては、分割納付することができます。

書式12 労働保険概算保険料申告書（単独有期事業）…

様式第6号（第24条、第25条、第33条関係）（乙）（1）（表面）

労働保険 概算・増加概算・確定保険料 申告書
石綿健康被害救済法 一般拠出金

有 期 事 業
（一括有期事業を除く。）

下記のとおり申告します。 令和5年 1月20日

標準字体 **0 1 2 3 4 5 6 7 8 9**
第3項「記入に当たっての注意事項」をよく読んでから記入して下さい。
OCR枠への記入は上記の「標準字体」でお願いします。

※各種区分
※保険料算定基礎額 産業 種類
提出用

種別 **3 2 7 0 2**　※修正項目番号 [ ][ ]

東京 労働局労働保険特別会計歳入徴収官殿 **7 3 1**

① 労働保険番号
都道府県 所掌 管轄(1) 基幹番号 枝番号
1 3 1 0 6 6 0 4 3 0 2 - 0 0 0 項13

⑫ 法人番号
9 7 8 6 7 5 6 4 5 3 4 2 3

②保険関係成立年月日 **令和5年 1月10日**
③常時使用労働者数 **10人**

⑤増加年月日（元号 令和は9）
元号 [ ] - [ ][ ] - [ ][ ] 日 項2

⑥事業終了（予定）年月日（元号 令和は9）
9 - 0 6 - 1 2 - 2 0 項3

④事業又は作業の種類 **建築事業**

⑦ 賃金総額の算出方法
（イ）支払賃金 （ロ）労務費率又は労務費の額 （ハ）平均賃金

賃金総額の特例（⑦の（ロ）による場合）

⑧請負金額の内訳
（イ）請負代金の額 **200,000,000**
（ロ）請負代金に加算する額 **0**
（ハ）請負代金から控除する額 **0**
（ニ）請負金額（イ）+（ロ）-（ハ）**200,000,000**
⑨素材の（見込）生産量 立方メートル
⑩労務費率又は労務費の額 **23 %**

確定保険料

⑪算定期間 [ ] 年 [ ] 月 [ ] 日 から [ ] 年 [ ] 月 [ ] 日 まで
⑫保険料率 1000分の
⑬保険料算定基礎額 千円
⑭確定保険料（⑬×⑫）円
⑮申告済概算保険料

⑯差引額
（イ）充当額（⑮-⑭）円
（ロ）還付額（⑮+⑭）円
（ハ）不足額（⑭-⑮）円
㉛充当意思 [ ]（項11）

一般拠出金

㉙一般拠出金算定基礎額 千円
㉚一般拠出金率 1000分の
㉜一般拠出金（㉙×㉚）項10

（注）石綿による健康被害の救済に関する法律第35条第1項に基づき、労災保険適用事業主から徴収する一般拠出金

増加概算保険料

⑰算定期間 **5年 1月10日** から **6年12月20日** まで
⑱保険料率 1000分の **9.5**
⑲保険料算定基礎額又は増加後の保険料算定基礎額の見込額 **46,000** 千円
⑳概算保険料額又は増加後の概算保険料額（⑲×⑱）**4 3 7 0 0 0** 円
㉑申告済概算保険料

㉒差引納付額（⑳-㉑）円
㉓延納の申請 納付回数 項6

※有期メリット識別コード
※データ指示コード

㉔概算保険料又は増加概算保険料の期別納付額
第1期（初期）**437,000** 円
第2期 以降 [ ] 円

㉕今期納付額
（イ）概算保険料又は増加概算保険料 **437,000** 円
（ロ）確定保険料 [ ] 円
（ハ）一般拠出金 [ ] 円

※両入欄区分 項9

※修正項目（英数）（カナ）[ ][ ][ ][ ][ ][ ][ ][ ]

保険の（ロ）、㉚㉜欄の金額の前に「¥」記号を付さないで下さい。
㉙の（ハ）、㉚㉜欄は事業開始が平成19年4月1日以降の場合に記入して下さい。

㉗発注者（立木の伐採の事業の場合は立木所有者等）の住所又は所在地及び氏名又は名称
住所又は所在地 **東京都大田区大森北4-10-1** 郵便番号 **143-0016**
氏名又は名称 **青森サービス株式会社** 電話番号 **03-1155-2266**

㉘事業所在地 **東京都大田区羽田2-5-6**
事業の名称 **青森ビル新築工事**

㉖事業主
（イ）住所（法人のときはまた住所事業所の所在地）**東京都品川区五反田5-3-1** 郵便番号 **141-0001**
（ロ）名称 **株式会社 品川工業** 電話番号 **03-3434-4545**
（ハ）氏名（法人のときは代表者の氏名）**代表取締役 品川 一男**

第6章　会社に関する定例・変更事務 **251**

事業を廃止したときの労働保険の届出

● 前払いした保険料を精算する

　労働保険に加入している事業所が事業を廃止した場合は保険関係が消滅（終了）することになります。この場合に行う手続きは基本的には年度更新（18ページ、通常の保険料申告）と同じ手続きです。したがって、見込みで申告・納付してあった概算保険料を精算する必要があります。確定保険料の額が概算保険料の額よりも多い場合は、その差額を追加して納付し、逆に少ない場合は事業主自身で還付請求の手続きをすることになります。

　なお、事業を廃止した場合、雇用保険についての事業廃止の手続きも必要です。具体的には、廃止日の翌日から起算して10日以内に所轄公共職業安定所に「雇用保険適用事業所廃止届」の届出を行います。

【届出】

　保険関係消滅日（事業廃止日）から50日以内に所轄の労働基準監督署に「労働保険確定保険料申告書」を届け出ます。

【ポイント】

　申告書中の⑧保険料算定基礎額は、実際に雇用した労働者に支払った賃金総額を記入します。

・⑱の申告済概算保険料額は、すでに概算（見込み）で申告した保険料額を記入します。

・⑳の差引額には、⑩の確定保険料額で確定した保険料と⑱の申告済概算保険料額に記載された保険料を精算し、納めすぎであれば（ロ）の還付額へ記入します。逆に不足であれば（ハ）の不足額へ記入します。

・㉔の事業廃止等理由には、該当する理由に○をつけます。

書式13　労働保険確定保険料申告書

様式第6号（第24条、第25条、第33条関係）（甲）（1）

労働保険　概算・増加概算・確定保険料　**申告書**
石綿健康被害救済法　一般拠出金

下記のとおり申告します。

継続事業（一括有期事業を含む。）

標準字体 0 1 2 3 4 5 6 7 8 9

第3片「記入に当たっての注意事項」をよく読んでから記入して下さい。OCR枠への記入は上記の「標準字体」でお願いします。

提出用

種別 **32700**

※修正項目番号　※入力確定コード　項①

令和6年 4月30日

あて先 〒

①労働保険番号
都道府県 所掌 管轄 基幹番号 枝番号
13 1 09 654321 - 000

※ 各種区分
管轄(2) 保険関係 業種 産業分類

②増加年月日（元号 令和は9）
③事業廃止等年月日（元号 令和は9）
④常時使用労働者数　⑨
⑤雇用保険被保険者数　⑨

※事業廃止等理由
※保険関係 ※片保険理由コード

東京 労働局
労働保険特別会計歳入徴収官殿

確定保険料算定内訳

⑦算定期間 5年4月1日から 6年3月20日まで

区分	⑧保険料・一般拠出金算定基礎額	⑨保険料・一般拠出金率	⑩確定保険料・一般拠出金額（⑧×⑨）
労働保険料		1000分の	4 6 2 5 0 0
労災保険分	2 5 0 0 0 千円	1000分の 3	7 5 0 0 0
雇用保険分	2 5 0 0 0 千円	1000分の 15.5	3 8 7 5 0 0
一般拠出金	2 5 0 0 0 千円	1000分の 0.02	5 0 0

概算・増加概算保険料算定内訳

⑪算定期間 年月日から 年月日まで

区分	⑫保険料算定基礎額の見込額	⑬保険料率	⑭概算・増加概算保険料額（⑫×⑬）
労働保険料		1000分の	
労災保険分	千円	1000分の	
雇用保険分	千円	1000分の	

⑮事業主の郵便番号（変更のある場合記入）
⑯事業主の電話番号（変更のある場合記入）
延納の申請 納付回数

※概算有無区分
※賃率調査区分
※データ指示コード　※再入力区分　※修正項目

⑧⑩⑫⑭の(ロ)欄の金額の前に「¥」記号を付さないで下さい。

⑱申告済概算保険料額 **594,000**
⑲申告済概算保険料額

⑳差引額
(イ)充当額 (②-⑳の(イ)) **500** 円
(ハ)不足額
(ロ)還付額 (⑳-②の(イ)) **1 3 1 0 0 0**

⑳充当意思
2 1 労働保険料のみに充当 2 一般拠出金のみに充当 3 労働保険料及び一般拠出金に充当

増加概算保険料額
労働保険番号

期別納付額	第1期	⑨算定保険料額 ⑪の(イ)+⑮+大昇 ⑬の(イ)は全額据置 0円	(ロ)労働保険料充当額 (⑳の(イ)-(ロ)) 0円	(ハ)不足額(⑳の(ハ)) 0円	(ニ)今期分保険料額 (イ)-(ロ)又は(イ)+(ハ) 0円	(ホ)一般拠出金充当額 (⑳の(イ)-(ハ)) 500円	(ヘ)一般拠出金額 0円	(ト)今期納付額 (ニ)+(ヘ)
	第2期	⑩概算保険料額充当額 ⑪の(ロ)+⑮ 円	(チ)労働保険料充当額 ⑳の(ロ)-(ロ) 円	(ヌ)第2期納付額 (ナ)-(リ) 円				
	第3期	⑪概算保険料額充当額 ⑪の(ロ)+⑮ 円	(ヲ)労働保険料充当額 ⑳の(ロ)-(ワ) 円	(カ)第3期納付額 (ル)-(ワ) 円				

㉑加入している労働保険
(イ)労災保険
(ロ)雇用保険

㉒特掲事業
(イ)該当する
(ロ)該当しない

事業又は作業の種類
衣料品の小売業（小売業）

※保険関係成立年月日
※事業廃止等理由
(イ)廃止 (ロ)委託 (ハ)労働者なし

㉓事業
(イ)所在地 **品川区五反田1-2-3**
(ロ)名称 **株式会社 緑商会**

事業主
郵便番号 **141-0000**
電話番号 **(03) 3321 - 1123**
(イ)住所（法人のときは主たる事務所の所在地） **品川区五反田1-2-3**
(ロ)名称 **株式会社 緑商会**
(ハ)氏名（法人のときは代表者の氏名） **代表取締役 鈴木 太郎**

社会保険労務士記載欄
作成年月日・提出代行者・事務代理者の表示
氏名
電話番号

きりとり線（1枚目はきりはなさないで下さい。）

書式14　労働保険料還付請求書··

様式第8号（第36条関係）

労　働　保　険　労働保険料
石綿健康被害救済法　一般拠出金　　**還付請求書**

還付金の種別

31751

労働保険番号

都道府県	所掌	管轄	基幹番号	枝番号
1 3	1	09	654321	- 000

① 還付金の払渡しを受けることを希望する金融機関（金融機関のない場合は郵便局）

金融機関

金融機関名称（漢字）　略称を使用せず正式な金融機関名を記入して下さい
帝国銀行

支店名称（漢字）　略称を使用せず正式な支店名を記入して下さい
三田支店

種別　1 普通　2 当座　3 通知　4 別段
1

口座番号　※右詰で空白は0を記入して下さい
0123122

ゆうちょ銀行記号番号
記号 [ ] － 番号 [ ]　※右詰で空白は0を記入して下さい

※金融機関コード　**0004**　※支店コード　**005**

郵便局

郵便局名称（漢字）　略称を使用せず正式名称で〇〇郵便局まで記入して下さい
[ ]

区・市・郡（漢字）
[ ]

フリガナ　(カ) ミドリショウカイ　ダイヒョウトリシマリヤク　スズキ　タロウ
口座名義人　**株式会社 緑商会　代表取締役 鈴木 太郎**

② 還付請求額（注意）各欄の金額の前に「¥」記号を付さないで下さい

労働保険料

内訳

(ア)納付した概算保険料の額又は納付した確定保険料の額
594000 円

(イ)確定保険料の額又は改定確定保険料の額
462500 円

(ウ)差額
131000 円

(エ)労働保険料・一般拠出金への充当額（詳細は以下③）

(オ)労働保険料に充当
[ ] 円

(カ)一般拠出金に充当
500 円

(キ)労働保険料還付請求額(ウ)−(オ)−(カ)
131000 円

一般拠出金

内訳

(ク)納付した一般拠出金
[ ] 円

(ケ)改定した一般拠出金
[ ] 円

(コ)差額
[ ] 円

(サ)一般拠出金・労働保険料への充当額（詳細は以下③）

(シ)一般拠出金に充当
[ ] 円

(ス)労働保険料に充当
[ ] 円

(セ)一般拠出金還付請求額(コ)−(シ)−(ス)
[ ] 円

③ 労働保険料等への充当額内訳

充当先事業の労働保険番号	労働保険料等の種別	充当額
1 3 1 09 654321 - 000	令和 6 年度	500 円
	年度	円
	年度	円
	年度	円
	年度	円

上記のとおり還付を請求します。

令和6年 4月30日

官署支出官厚生労働省労働基準局長　殿
東京局労働保険特別会計資金前渡官吏　殿

（郵便番号）　141-0000　）電話（ 03 - 3321 - 1123 ）
事業主　住所　**品川区五反田1−2−3**
名称　**株式会社　緑商会**
氏名　**代表取締役 鈴木　太郎**
（法人のときは、その名称及び代表者の氏名）

還付理由
2 1 年度更新　2 事業廃止　3 その他（算調等）

還付金発生年度
9 - **06**

※確定区分 [ ]

書式15　雇用保険適用事業所廃止届··························

雇用保険適用事業所廃止届

標準字体 `0 1 2 3 4 5 6 7 8 9`
（必ず第2面の注意事項を読んでから記載してください。）

帳票種別 `1 4 0 0 2`

1.法人番号（個人事業の場合は記入不要です。）
`1 2 3 4 5 6 7 8 9 0 1 2 3`

※2.本日の資格喪失・転出者数
`□□□□□` 人

（この用紙は、このまま機械で処理しますので、汚さないようにしてください。）

3.事業所番号 `1 3 0 6 - 7 8 9 1 2 3 - 1`

4.設置年月日 `4 - 2 5 0 7 0 1`　（3昭和 4平成 / 5令和）
元号

⑤ 5.廃止年月日 `5 - 0 6 0 3 2 0`　（4平成 / 5令和）
元号

6.廃止区分 `□`

7.統合先事業所の事業番号 `□□□□□□ - □□□□□□□ - □`

8.統合先事業所の設置年月日
`□ - □□□□□□`　（3昭和 4平成 / 5令和）
元号　　年　　月　　日

9.事業所	（フリガナ）	シナガワク　ゴタンダ
	所在地	品川区五反田1－2－3
	（フリガナ）	カブシキガイシャ　ミドリショウカイ
	名称	株式会社　緑商会

10.労働保険番号

府県	所掌	管轄	基幹番号	枝番号
1 3	1	0 9	6 5 4 3 2 1	0 0 0

11.廃止理由　不況により事業を廃止したもの　⑪

上記のとおり届けます。

令和 6 年 3 月 23 日

公共職業安定所長　殿

事業主
住所　品川区五反田1－2－3
名称　株式会社 緑商会
氏名　代表取締役　鈴木 太郎
電話番号 03-3321-1123

※公共職業安定所記載欄

届書提出後、事業主が住所を変更する場合又は事業主に承継者等のある場合は、その者の住所・氏名

	（フリガナ）	
	名称	
	（フリガナ）	
	住所	
	（フリガナ）	
	代表者氏名	
	電話番号	郵便番号 □□□ - □□□□

備考

※ | 所長 | 次長 | 課長 | 係長 | 係 | 操作者 |

労働保険事務組合記載欄

所在地

名称

代表者氏名

社会保険労務士記載欄	作成年月日・提出代行者・事務代理者の表示	氏名	電話番号

（この届出は、事業所を廃止した日の翌日から起算して10日以内に提出してください。）

2021.9

【監修者紹介】

林　智之（はやし　ともゆき）

1963年生まれ。東京都出身。社会保険労務士（東京都社会保険労務士会）。早稲田大学社会科学部卒業後、民間企業勤務を経て2009年社会保険労務士として独立開業。開業当初はリーマンショックで経営不振に陥った中小企業を支えるため、助成金の提案を中心に行う。さらに「真のGIVERになり世界に貢献する」という理想を掲げ、中小企業の業績向上に寄与できる方法を模索し、そのためには従業員がその能力を十分に発揮することが最善の策という考えにたどりつく。労働者が安心安全に働くことができる職場づくりのための「パワハラ予防社内研修」の実施や、中小零細企業に特化したモチベーションの向上を図れる「人事評価、処遇制度」の構築を提案している。

主な監修書に、『障害者総合支援法と障害年金の法律知識』『建設業の法務と労務 実践マニュアル』『給与計算・賞与・退職手続きの法律と税金実務マニュアル』『最新　会社の事務と手続きがわかる事典』など（いずれも小社刊）がある。

櫻坂上社労士事務所（旧さくら坂社労士パートナーズ）
http://www.sakurazakasp.com/

事業者必携　最新
労働保険【労災保険・雇用保険】のしくみと
届出・申請書類の書き方

2023年10月30日　第1刷発行

監修者	林智之
発行者	前田俊秀
発行所	株式会社三修社
	〒150-0001　東京都渋谷区神宮前2-2-22
	TEL　03-3405-4511　FAX　03-3405-4522
	振替　00190-9-72758
	http://www.sanshusha.co.jp
	編集担当　北村英治
印刷所	萩原印刷株式会社
製本所	牧製本印刷株式会社

©2023 T. Hayashi Printed in Japan
ISBN978-4-384-04925-1 C2032